KB116270

TA 상담의 실제

Transactional Analysis Counselling in Action (3rd ed.)

Ian Stewart 저

최외선 · 최웅용 · 김갑숙 · 제석봉 공역

학지사

Transactional Analysis Counselling in Action, 3rd Edition
by Ian Stewart

English language edition published by Sage Publications of London,
Thousand Oaks and New Delhi, ⓒ Ian Stewart, 2007.

Korean translation copyright ⓒ **2013** by Hakjisa Publishers
The Korean translation rights published by arrangement with
Sage Publications.

All rights reserved.

본 저작물의 한국어판 저작권은
Sage Publications와의 독점계약으로 (주)학지사가 소유합니다.
저작권법에 의해 한국 내에서 보호를 받는 저작물이므로
무단 전재와 무단 복제를 금합니다.

역자 서문

　최근 우리나라에서 TA(Transactional Analysis, 교류분석)에 대한 관심이 날로 고조되고 있는데 이는 전공자로서 매우 고무적인 현상이라 여긴다. 하지만 관심이 많아진 만큼 TA의 제 이론들을 제대로 소개하는 자료가 충분하지 못한 것도 사실이다. 모든 학문 분야가 그러하겠지만 특히 사람을 직접적인 대상으로 하는 심리상담의 경우는 이론과 그 이론에 등장하는 많은 개념들을 정확하게 소개하는 것이 매우 중요하므로 이를 위한 좋은 자료들을 제공하는 것은 매우 의미 있는 작업이라 생각한다.

　이 책은 상담에 TA를 활용하기 위해 TA의 구성 체계와 상담 과정을 쉽게 풀어낸 실제적인 안내서다. 저자들은 서문에서 이 책의 목적을 분명하게 밝히고 있다. 이 책은 우선적으로 상담 방법으로의 TA가 아닌 다른 분야의 배경을 지니면서 자신의 상담기술에 TA를 추가하고자 하는 상담사나 상담수련생들, 그리고 직업적으로 이미 TA를 훈련시키거나 연구소를 운영하고 있는 상담사 및 심리치료사들을 위해 쓰였다.

　이 책에서는 TA를 이론적으로 전해 주는 동시에 저자들의 실무 경험에 기반을 둔 생생한 실제 사례들을 제시하고 있다. 특히 책을 읽는 독자들은 자신이 그동안 TA에 기반을 둔 개인 상담이나 집단 상담에서 느끼고 체험했던 개별 기술들을 체계적으로 정리할 수 있으며, 산발적인 경험들을 연결시킬 수 있는 좋은 기회가 될 것이다. TA를 공부하는 사람들은 이 책을 통해서 개별 기술들의 전개와 그 의미를 쉽게 이해할 수 있으며, 특히 전문상담가로서 경험하게 되는 다양한 상황에서 어떻게 구체적으로 대처할 수 있는가를 실제적으로 파악할 수 있을 것이다. 이미 우리나라에 소개된 TA 관련 책들과 다른 이 책의 특징은 각 장마다 핵심 개념들이 간략히 소개되어 있고, 이에 따른 설명과 실습 내용, 그리고 토론 소재들이 제시되어 있다는 점이다. 또한 계약을 포함한 치료과정을 다루는 부분이 특별히 강조되었고, 특별한 기술에 대한 묘사와 기술을 설명하는 사례가 제시되어 있어서 TA를 체계적으로 이해하고 활용하는 데 매우 유용하도록 구성되었다. 이 책의 구성을 체계적으로 따라가다 보면 독자들은 인본주의적 입장에서 인간의 변화를 이끌고자 하는 Eric Berne의 인간관을 쉽게 이해할 수 있을 것이다.

아무쪼록 이 책이 TA를 공부하고 있거나 공부하려는 학도들, 그리고 넓게는 심리상담 관련 분야의 종사자들이 좋은 상담자가 되도록 하는 데 도움이 될 수 있기를 바란다. 끝으로 좋은 책이 나오도록 편집에 여러모로 애써 주신 학지사 김진환 사장님과 편집부 선생님들께 특별한 감사를 전한다.

2013년 9월
역자 일동

초판에 부치는 글

이 책은 상담에 TA를 활용하기 위한 실제적인 안내서로, 주 전공이 TA가 아니지만 상담할 때 TA를 활용하고자 하는 상담사나 상담수련생들을 위해 집필되었다. 또한 이미 TA로 상담을 하거나 전문적 훈련을 받은 상담사 및 심리치료사들에게도 이 책이 유용하리라 기대한다.

이 책이 다루고 있는 내용

이 책이 다루고 있는 적용 범위는 『상담의 실제(*Counselling in Action*)』 시리즈의 다른 책들에서 다루는 범위와 유사하다.

- 여기서는 실제적인 적용에 초점을 맞추고 있다. 이론적인 부분은 실제를 이해하는 데 필수적이라 여겨지는 한도 내에서 지극히 기본적인 내용만을 다루고 있다.
- 각 장의 순서는 TA로 상담하는 전형적인 과정에서 순차적인

단계들을 반영하고 있다.

• 이 책은 집단작업이 아닌 일대일 상담을 다룬다.

• 여기서는 정신과적 도움을 요구하는 사람들보다는 임상적
  용어로 기능이 온전한 사람들에게 사용하기 위한 적용들을
  기술한다.

이 책은 TA에 대한 일반적 소개를 목적으로 하지 않는다. TA는
다수의 설명 모델들을 제공하며 적용분야에 있어서는 적어도 3개
의 큰 학파가 있다(Barnes, 1977). 실용적인 면을 강조하고자 하는
이 책에서는 세세한 부분들을 방대하게 다루기보다는 최근 TA 상
담사들에게 실제적으로 필요하다고 생각되는 영역들을 골라서 제
시하기로 한다. 여기서는 각 영역들을 골고루 다룰 것이다.

TA는 Eric Berne이 시작했고 그의 아이디어는 지금껏 TA 이론
의 핵심을 형성하고 있다. Berne의 죽음 이후 20여 년이 지난 지
금, TA는 혁신을 지속하고 있다. 많은, 아마도 거의 대부분의 TA
상담사들은 Berne 이후에 개발된 새로운 이론과 실제에 의존하
고 있을 것이다. 이 책에서는 이러한 새로운 자료들을 내용적으로
강조하고 있다.

다루는 주제들을 선택함에 있어서 기준으로 삼는 다른 두 개의
목적을 소개하면 다음과 같다.

• TA가 자신의 주된 상담 접근법이 아닐지라도 매우 유용하게
  사용할 수 있는 이론과 기법들에 중점을 둔다.

- 전문가가 아닌 한 TA 관련 서적들에서 쉽게 얻을 수 없는 TA의 실제적 영역을 강조한다.

실제로 이 책 전체는 현재 TA 실제에 있어서 중심적인 두 개의 관련된 개념인 **치료 방향**과 **치료 순서**를 중심으로 구성되어 있다. 내 생각에 이러한 생각이 개업 상담사들에게 더 많은 것들을 제공한다고 믿는다. 내가 아는 한 이 책은 다른 어떤 워크숍 자료집들보다 더 체계적인 묘사를 담고 있는 첫 번째 작품이 아닌가 한다.

이 책은 TA 훈련과정의 기초가 되는 것이지 훈련과정에의 등록을 위한 것이 아니다. 공인된 TA 전문가가 되기를 원하는 사람은 다양한 국내외의 TA 학회로부터 훈련과 시험 절차에 대한 상세한 정보를 얻을 수 있을 것이다.

'상담' 또는 '심리치료'?

이 분야에서 책을 쓴 다른 작가들처럼 나는 '상담'과 '심리치료'를 구분하는 문제에 대해 생각을 해 보았다. 이 둘을 구분하는 미묘한 차이가 있기는 하나 이를 구분하는 경계선은 결국 임의적인 것처럼 보인다. 지금까지 제안된 다양하고도 임의적인 구분 중 어떤 것을 사용해야만 하겠는가?

이 책에서 내 대답은 구분선을 두지 않는 것이다. 내가 이 책의 적용 범위에 관한 유일한 제한점은 매우 심각한 문제나 특수한 내담자 집단에 사용하기 위해 설계된 경우에는 그 적용을 제외시

키라는 것이다. 이 조건하에 그 일이 '상담'이든 '심리치료'든 상
관없이 내가 이 책에서 말하는 모든 것은 개인적 변화를 목적으
로 하는 모든 직업적 관계에 적용할 수 있다.

이 책의 배열

제 1부 1장은 TA 실제에 있어서 몇 가지 차별화된 특징들을 소
개한다. 2장은 접수에서 일정을 잡는 데까지 TA 상담 과정의 개
관을 제공한다. 또한 여기서는 TA 치료에서 연속적 단계들을 반
영하는 방식으로 배열되어 있는 나머지 장들의 구조를 '간결한 스
케치'로 제공한다. 3장에서는 개인적 문제들의 구조와 그 본질을
설명하는 TA 이론을 개괄하고 있다. 4장은 TA 이론과 실제의 토
대가 되는 성격 모델을 설명한다.

제 2부는 치료 과정에 대해 단계적으로 묘사하고 있다. 5장에
서는 전형적인 TA 접수 과정을 개괄한다. 6장은 체계적인 치료
계획을 위한 기본 자료로 사용하기 위해 내담자에 대한 자료를
어떻게 수집하는지를 묘사하고 있다. 7장에서는 TA 분석가들이
자살 위험을 모니터링하고 미리 예방할 수 있도록 개발한 절차를
설명한다.

8장은 상담자와 내담자가 어떻게 변화를 위한 명확한 계약을
조절해 나갈 수 있는지를 보여 준다. 9장과 10장에서는 내담자의
변화를 이루어 내기 위해 상담자가 할 수 있는 개입의 상세한 면
을 기술하였다. 마지막으로 11장에서는 결정을 위한 준거들에 대

해 토론한다.

TA 실제의 각 관점을 묘사함에 있어서는 (융통성이 있는) 표준 절차들을 따랐는데, 그 단계들은 다음과 같다.

- 실제 영역에 기반이 되는 이론의 기초적 윤곽. 이론은 '핵심 개념' 패널 형태로 제시하였으며 중요 이론의 핵심들을 나열했다. 여기서 이론의 근거를 확장하거나 그 기반이 되는 상세한 증거를 검증하는 등의 노력은 하지 않았다. (이러한 질문에 좀 더 깊이 들어가기를 원한다면 이 책의 끝 부분에 있는 참고문헌을 통해 TA 서적을 공부해 보시오.)
- 이론에서 나오는 실제적 행위들에 대한 토론. 이러한 측정이나 개입을 하는 이유는 무엇인가? 이렇게 하는 목적은 무엇인가?
- 특별한 기술들에 대한 묘사
- 기술을 설명하는 사례
- '자기-수퍼비전' 결과. 이는 내담자와의 작업에 대한 평가를 원할 때 사용할 수 있는 질문 목록들을 제시한다. 각각의 자기-수퍼비전은 실제적 영역과 관련한 상담자의 TA 기법들을 정교화하는 것을 돕는 목적이 있다.

TA 상담 과정에서 연속적인 단계들을 진행할 수 있는 내담자를 한 명 고른 다음, 그 내담자와의 작업에 자기-수퍼비전 연습을 연속적으로 적용해 볼 수 있다. 당신이 이를 행하지 않는다면 내가 자기-수퍼비전 패널에 쓴 '당신의 선택된 내담자'에 있는 '내담자'를 한 번 읽어 보길 권한다.

사례와 이름

이론과 실제를 나타내기 위해 확장된 사례 줄거리가 책 전체에 흐르고 있다. '존'(John)의 사례는 실제 내담자의 이야기다. 하지만 나는 그의 줄거리에서 몇 가지 핵심들을 변형시켰다. 이를 위해 존의 사례와 비슷하게 전개되는 다른 내담자들과의 작업에서 재료들을 모았다. 존의 사례에 대한 자세하고 정확한 기술을 하게 된다면, 가상의 이름일지라도 개인 신상이 알려질 위험이 있을 수 있다.

몇몇 핵심에서는 존에게 처방했던 것과 비슷한 방법으로 맞춰지는 다른 내담자와의 작업으로부터 예들을 사용하였다.

모든 사례에서 내가 사용한 이름은 지어낸 것이다. 누군가의 실제 이름과 유사성을 지닌다면 이는 순전히 우연의 일치일 것이다.

대명사와 성별

이 책에서는 대명사(pronoun)를 사용함에 있어서 단순한 체계를 사용하였다. 상담자를 뜻하는 당신은 '당신'(you)이며, 나, 이언 스튜어트(Ian Stewart)는 '나'(I)다. 내담자는 '그녀' 혹은 '그'이며, 내담자의 성별(gender)은 임의로 바꾸었다.

감사와 답례

내가 이 책에서 사용한 자료들은 수많은 TA 전문가들의 서적들과 강의에서 온 것이다. 내가 인용한 작품을 알 때는 그 이름을 참고문헌에 기재하였다. 이름을 모르고 내가 사용한 다른 개념들도 있을 수 있다. 이름을 언급했든 하지 않았든 이를 제공해 준 모든 분들께 감사한다.

이 책에서 반복하여 언급한 몇몇 분들의 특별한 작품이 있다. 그들은 TA의 대가이면서 실무자들이다. 나는 그들의 작품에서 도움을 받았고, 그들의 워크숍과 수퍼비전에서 배웠으며, 그들에게 상담을 받으면서 변화하였다. Fanita English, Richard Erskine, Mary Goulding, Robert Goulding, Ken Mellor, Shea Schiff, Marilyn Zalcman 등이 그들이다. 이 모든 분들께 감사드린다.

Petrūska Clarkson은 이 책의 '숙독 전문가'였다. 연속적인 초안에 대한 그녀의 논평에서 그녀의 TA와 다른 심리학과 심리치료 분야에서의 넓은 경험들은 많은 도움이 되었다.

Dennis Bury는 TA와는 다른 접근을 사용하는 경험이 많은 상담자의 관점에서 원고에 대한 논평을 해 주었다. 그는 나에게 '변론'(apologia)의 중요성, 즉 '외부로부터' TA를 바라보는 사람들에게 의미 있는 방식으로 서술해 나가야 할 필요성에 대해 알게 해 주었다.

이 시리즈의 편집자인 Windy Dryden은 동기부여의 대가다. 당근과 채찍을 휘두르며 하나의 원고가 끝나면 바로 다음 원고로

몰아가곤 했다. 그는 모든 (재)집필의 모든 단어를 독자들의 입장에서 언제나 주의 깊고 상세하게 검토했다. 이 책은 그의 노력 덕분에 훨씬 좋아졌다.

『TA 저널(*Transactional Analysis Journal*)』에 있는 자료들에 대한 저작권을 사용할 수 있도록 허가를 내준 다음의 작가들에게도 감사를 드린다.

- Erskine, R. & Zalcman, M. (1979). "The Racket System: A Model for Racket Analysis", *Transactional Analysis Journal, 9*(1), 51-90.

- Mellor, K. & Sigmund, E. (1975). "Discounting", *Transactional Analysis Journal, 5*(3), 295-302.

- 1986년 네덜란드의 노르트비커후트(Noordwijkerhout)에서 열린 EATA 학술대회에서 '라켓 분석과 라켓 체계'란 제목으로 발표한 자료들을 사용할 수 있도록 허가해 준 Marilyn Zalcman에게도 감사한다. 여기에는 '각본 상상'(scripty fantasies)이라는 용어와, 각본 느낌들을 서술함에 있어서 '격정'(rage), '공포'(terror), '절망'(despair), '황홀'(ecstasy) 등의 단어를 사용하는 것을 포함한다.

나는 책이 일방통행이 아닌 쌍방통행으로 의사소통한다고 믿는다. 이 책을 쓰면서 나는 독자들에게 아이디어를 날라 주는 기쁨을 맛보았다. 당신이 이 책을 읽을 때 당신의 아이디어를 나에

게도 돌려주길 희망한다. 비판이나 칭찬, 제언 등이 있다면 Sage
출판사를 통해 나에게 전달해 주길 바란다. 즐거운 독서가 되길.

1989년 2월 노팅엄에서

Ian Stewart

제2판에 부치는 글

이 책의 초판 서문에서 나는 "Berne의 죽음 이후 20여 년이 지난 지금, TA는 혁신을 지속하고 있다."라고 말했다. 이제 20여 년은 30여 년이 되었으며 TA는 여전히 혁신 중이다. TA 관련 서적은 늘어나고 있고, 이는 상담과 심리치료의 방법으로 TA의 사용이 확대되고 있음을 반영한다.

과거 10년간 TA에서의 혁신은 확연히 구분되는 방향 전환을 보여 주고 있다. 새로운 최첨단의 사고는, TA의 핵심 개념과 기본 기법들을 본질적으로 건드리지 않은 상태에서, TA 이론과 실제에 있어서 좀 더 발전적이고 특성화된 분야로 옮겨갔다. 아마도 이러한 강조점의 변화는 문헌상으로 그 역사가 40년이 넘은 성숙한 분과에 걸맞은 것이라 할 수 있다(Stewart, 1996b). 지난 10여 년간 TA 이론가들은 크게는 비교학문적이고 다학제적인 이슈들에 집중해 왔다(특히 TA 이론과 정신역동 그리고 대상관계적 접근에 대한 이론 사이의 관계). 과거 10년이 넘는 동안 TA 실제에 있어서의 혁신은 특정 내담자 집단―특히 경계선장애, 자기애성장애를 가진 내담자들, 중독이나 남용에 빠진 아이와 성인을 도와주는 수퍼바이저들 등—에의 적용에 초점을 맞추었다. 이제 TA는 이론과 실제 모두 집대성되었으며, 고유한 '사전'도 갖게 되었다(Tilney, 1998).

따라서 이 두 번째 개정판 작업은 매우 즐겁고 쉬웠다. 이 책에서 다루어지고 있는 이론과 실습의 모든 특징적인 내용들은 TA의 정립된 핵심에서 도출된 것들이며, 십 년 전 내용들만큼이나 직접적이며 유효하다. 따라서 이 새로운 판의 구조와 내용은 본질적으로는 바뀌지 않았다.

초판에서의 변화들

두 번째 판에서 개정된 부분은 주안점의 확장 또는 변화를 명확하게 하기 위해 용어의 변화가 주를 이루었다. 이 개정에 대해 많은 제안을 해 준 초판의 독자들과 평론가들에게 감사한다.

특별히 나는 '비상구 닫기'(7장) 부분의 서술을 확대했는데, 상담에서 이 과정을 '의례적'으로 또는 '틀에 박혀서' 하는 것이 아닌 매우 중요하고 필수적인 단계로 항상 주의를 기울일 것을 강조하기 위함이다. 4장의 자아상태이론에서 각 개인은 '세 가지 자아상태'가 아니라 세 가지 자아상태등급을 가지고 있다는 점을 강조하기 위해 용어를 표준화했다. 나는 계약 맺기 토론(8장) 부분을 새롭게 표현했는데, 이는 계약이 필연적으로 '행동화'가 되지 않고도 관찰될 수 있다는 중요한 깨달음에 따른 것이다. 이 밖에도 전반적인 용어의 명확화 작업이 있었고, 참고문헌 역시 새로워졌다.

이 책은 『TA 상담 개발』과 어떤 관계가 있는가?

나의 책 『TA 상담 개발』(Stewart, 1996a)에서 나는 TA 상담의 효율성을 증대시키기 위해 30가지 실제적인 제안들을 했다. 30가지 제안을 고르면서 나는 이 책에 있는 어떤 자료들과도 중복되지 않게 하려는 원칙을 따랐다. 『TA 상담 개발』은 오히려 이 책을 보충하도록 설계되었다. 이는 '이 책이 끝나는 곳에서 시작'하는 의미를 지닌다. 이 책은 TA 상담을 위해 견고한 기본 작업을 제공하고, 『TA 상담 개발』은 TA 기법들의 확장과 정교한 조정을 하기 위함이다. 각각의 책은 유용성의 손실 없이 동시에 읽을 수 있다.

『TA 상담 개발』에 있는 특정한 제안들('핵심'이라 불림)은 이 책의 주제들과 바로 연결되며, 이 핵심들에 대한 참고문헌은 연결된 각 장의 끝에 나오는 '『TA 상담 개발』에서 더 읽을거리'라는 제목으로 나와 있다.

다시 한 번 행복한 독서를 바라며, 이 책이 앞으로 10년 동안 당신에게 유용하게 쓰이기를 바란다.

1999년 5월 노팅엄에서

Ian Stewart

제3판에 부치는 글

내가 예견했던 10년보다는 이르지만 7년이라는 세월이 흘렀고, 여기 이 책의 제3판이 나왔다. 10년 전 제2판에서 읽은 바와 같이 TA는 또다시 혁신을 계속하고 있고 그 영역의 경계를 확장하고 있다. 여기 기술된 TA의 잘 정립된 핵심 이론과 기법들은 역시나 실제적으로는 변한 것이 없다.

따라서 이 책의 구조와 범위는 앞선 두 권의 개정판들과 본질적으로 같다. 그러면서도 이 3판은 몇 가지 중요한 개정 사항과 추가 내용을 담고 있다.

제2판에서의 변화들

가장 주된 변화는 제2부에 나오는 계약 맺기를 포함한 치료 과정을 다루는 부분이다. 제2판에서 나는 이미 7장 '비극적 결말 차단'을 재집필했었고, 이는 '비상구 닫기'라는 치료 과정이 결코 '의례적으로' 행하는 단순한 조작으로 여겨져서는 안 된다는 점을 강조했다. 이 제3판을 준비하던 지난 몇 달 중에도 나는 몇몇 TA 훈련생들 사이에 여전히 떠돌고 있는 '기계적인 비상구 폐쇄'라는 '도시의 신화'(urban myth)와 마주쳤다. 이 때문에 나는 이번 판에서 7장을 또다시 재집필하면서 내가 동원할 수 있는 모든 언어와 조판술을 사용해서 현실을 명시하고자 했다. 이는 '기계적인 비상구 닫기'와 같은 것은 없다는 현실이며, 만약 그 과정이 기계적으로 행해졌다면 내담자는 분명 비상구에 가까이 오지도 않았을 것이다. 또한 나는 "상담 초기에 비상구 닫기를 요청하지 않는다면, 언제 하란 말입니까?"와 같은 좋은 질문들에 대해 몇 가지 답변들을 제시했다.

8장 '변화를 위한 계약'에서는 TA에서 계약에 적용되는 '행동적'과 '관찰할 수 있는'이라는 용어들 사이의 구분을 명확히 하기 위해 제2판에서 처음 소개된 몇 가지 개정들을 확장했다. 이러한 구분을 위해 관련 부분을 다시 집필했으며 왜 이것이 중요한지를 구체적으로 설명하였다. 또한 효과적인 계약의 특징 목록에 새로운 하위부분을 추가하였는데, 계약의 목표는 분명한 맥락에서 설정되어야 한다는 것이다.

나는 '새로운 결정'인 10장에 '난국' 부분을 재집필하였는데, 이는 '최신 TA'에서 사용하고 있는 이론적 모델을 일관되게 따라가는 서술방식이며, Ken Mellor(1980a)가 난국의 세 유형을 각각 구분하기 위해서 실질적인 가이드라인을 제시한 것이다.

이 개정판에는 모든 장들에서 세부적인 변화가 이루어졌으며, 세세한 부분들에 대한 설명을 명확히 했고, 실제적인 적용에 대한 힌트들을 추가하고, 상호참조를 제공하였다. 참고문헌 역시 업데이트되었다.

감사와 답례

Mark Widdowson은 이 제3판의 '비평가'로 출판사로부터 초대되었다. 그는 제2판 내용을 꼼꼼하게 살펴봤으며, 상세하고 수용할 만한 수정 제안 리스트를 제시하였다. 내 마음을 증폭시킨 생각과 반영 그리고 그의 제안들은 내가 윤곽을 잡은 모든 주요 변화들(그리고 세세한 변화들까지도)의 근원이었다. 그에게 깊은 감사를 전하는 바다. 개정판을 위해서 나에게 연락을 준 독자들과 나에게 지속적인 가르침을 주는 수련생과 내담자들에게도 감사한다.

2000년부터 TA에 있어서 새로운 생각들

특정 내담자 집단에 대한 진단과 치료가 1990년대 TA에서 주된 혁신 영역이었다면, 21세기의 첫 10년간은 TA의 철학과 통합 이론에 새로운 사고를 불어넣는 쪽으로 이동하고 있다고 볼 수 있다. 많은 신간 서적들은 소위 TA에 '관계적 접근'이라 불리는 곳에 집중되어 있다. 이러한 생각을 하는 학파는 구성주의(Allen & Allen, 1997), 융합-혁신 TA(Summers & Tudor, 2000), 그리고 통합적 심리치료(Moursund & Erskine, 2004) 등의 요소를 포함하는 광(廣)교회파다. 이들은 TA와 정신분석의 화해를 강조한다(예, Novellino, 2005).

관계적 접근을 짧게 정리해 보자면 다음과 같다. 무의식적 과정과 상담자-내담자 간에 전이와 역전이가 교환되는 과정을 분명하게 나타내는 것에 초점을 증대할 것을 요구한다. TA의 실제에 관해서, 관계적 접근은 합의된 계약의 목표를 향한 계획된 움직임으로서보다는 상담자와 내담자의 관계에서 순간순간 나타나는 변화의 과정으로 본다. 관계적 접근에 대해 구체적으로 탐색해 보고 싶다면 『교류에서 관계로』라는 심포지엄 자료집(Cornell & Hargaden, 2005)이 관련 서적을 따라가는 데 좋은 출발점이라고 추천한다.

Cornell과 Hargaden(2005: 5)은 관계적 접근방식을 '패러다임의 변화'로 선정하고 TA 분야를 재정의할 것을 제안한다. 내 생각에 이 주장은 다소 과장된 면이 있다. 다소 혼란의 시기가 지나고 나면 관계적 접근은 TA의 이론과 실제에서 많은 유용한 관점 중 하나로 자리매김할 것이며, 주된 공헌은 내담자-상담자의 관계가 의식적, 무의식적으로 항상 치료 계획과 기법에 따라서 고려된다는 점을 상기시키는 것이다. 시간이 말해 줄 것이다. 어쨌든 이는 1990년대의 새로운 사고처럼 TA의 혁신적 영역이 여전히 학문의 외부 미개척 영역에 놓여 있는 것 같다. 지금까지 관계적 학파의 구성원에 의해 출간된 서적과 논문들은 상급 실무자와 이론가를 겨냥하였다. 이는 상담자들과 치료사들, 그리고 수련과정생들이 즉시 적용하기 위한 실제적인 안내서로는 다소 어려워 보인다. 그렇다고 이 책에서 관계적 이론가들의 아이디어나 잘 정립된 이론과 실제를 비방하거나 부정하는 것은 결코 아니다.

'상담' 대 '심리치료'

초판 서문에서 나는 '상담'과 '심리치료'의 구분은 임의적이므로 이 둘을 구분 짓지 않는다고 했고, 제3판에서도 같은 입장을 취한다. 이러한 입장을 여기서 다시 한 번 밝히는 바다. 이 책에서 상담에 대해 말하는 모든 것은 심리치료에도 동등하게 적용할 수 있다.

나는 몇몇 유럽 국가들에서 '상담'과 '심리치료'라 명명한 활동들에 대한 명확한 구분이 이 분야 종사자들에게 정치적으로 법적으로 중요하다는 것을 알고 있다. 다행히 영국에서는 이럴 필요가 없다. 이와 반대로 제2판이 등장한 이래로 두 명칭을 함께 병기하는 움직임이 지속적으로 이루어졌다. 일부 동향으로서 예전의 영국상담협회(British Association for Counselling)는 이제 영국상담 및 심리치료협회(British Association for Counselling and Psychotherapy)로 명칭을 바꾸었다(이름을 바꾸기 전에도 BAC는 내 관점에서는 매우 분명하게 상담에 대해 심리치료를 포함한 개념으로 정의하였다). 이전에 『상담에서의 계약』이라 불렸던 계약 맺기에 대한 Sage 출판사의 책은 제2판에서는 『상담과 심리치료에서의 계약』(Sills, 2006)이라고 제목을 붙였다. 이 책의 제4판이 나올 즈음에는 『액션』시리즈의 전체 제목들이 『상담과 심리치료 인 액션

(*Counselling and Psychotherapy in Action*)』이라 불리길 바란다.

나는 이 책 전반에서 '상담'과 '심리치료'라는 말을 서로 교체할 수 있게 사용하였으나, 출판 마감 즈음에 Windy Dryden이 요청한 내용은 고려되지 않았다. 내가 이를 실행한 것처럼 가정해 줄 것을 요청한다. 따라서 나는 1989판 서문의 첫 문장을 소급해서 다음과 같이 바꾸기로 하겠다. "이 책은 상담과 심리치료에서 TA의 사용을 위한 실제적인 안내서다." 이것이 17년 전 책의 목적이었고 지금도 그러하다. 이 새 개정판이 독자들에게 유용하게 쓰이길 바란다.

2007년 1월 노팅엄에서

Ian Stewart

목 차

TA의 구성 체계

1 장
TA 상담

이 장에서는 TA 상담과 그 기술에 대한 개관을 제공한다. 첫 부분은 TA 실제의 특징에 대해 요약하고 두 번째 부분은 유능한 상담자가 되기 위한 개인적이고 전문가적인 자질에 대해 논할 것이다.

TA의 실제와 철학

TA는 인간과 변화 목적에 대한 일단의 철학적 관점을 토대로 삼고 있다. TA의 철학적 가정은 다음 세 가지로 요약할 수 있다.

- 사람들은 모두 다 OK다.
- 모든 사람은 사고할 수 있는 능력이 있다.

- 사람들은 자신의 운명을 결정하며, 이 결정들은 변화될 수 있다.

이와 같은 가정에 따라 TA로 상담하는 데 다음 두 가지의 원리가 성립된다.

- 계약 방법
- 개방적 대화

사람들은 모두 다 OK다

인간은 누구나 가치 있고, 중요하고, 존엄한 존재다. 이 말은 인간의 행동이 아니라 존재에 대한 표현이다. 어떤 사람의 행동을 존중하거나 수용하지 않을 때도 있다. 그러나 (나는) 항상 그 사람의 존재를 존중하고 수용한다.

상담자와 내담자와의 관계에 비춰 본다면, 이것은 상담자와 내담자가 같은 위치에 있다는 것을 의미한다. 누구도 서로에 비추어 높거나 낮지 않다. Rogers(1961: 62; Mearns & Thorne, 2007)의 '무조건적인 긍정적 존중'을 내포하고 있는 인간중심상담을 안다면 이 가정을 익숙하게 받아들일 수 있을 것이다. 이 가정은 내담자뿐만 아니라 상담자 자신도 괜찮다는 무조건적인 긍정적 존중을 유지할 필요가 있다는 것을 강조한다.

모든 사람은 사고할 수 있는 능력이 있다

심한 뇌손상을 입은 사람들 외에는, 모든 개인은 생각할 수 있는 능력이 있다. 그러므로 개개인은 자신의 인생에서 원하는 것을 결정할 수 있는 능력이 있으며 그 결정의 결과물에 대해서도 궁극적인 책임을 진다.

결정모델

개인은 행위, 사고, 감정, 그리고 궁극적으로 자신의 운명을 자기가 결정한다. 물리적인 강압 외에는, 누구도 타인이나 환경에 의해 특정한 방법으로 행동하거나, 사고하거나, 느끼도록 만들어질 수는 없다. TA는 이러한 결정모델을 따르기 때문에, 자신의 감정과 사고와 행동에 대한 '개인의 책임'을 강조한다. 이 결정모델은 또한 TA의 정신병리학적 이론의 근간을 이룬다. 어린 아동은 외부 환경의 압력에 대한 자신의 반응을 결정한다. 이것은 성인기의 개인적 변화 과정에 있어서도 마찬가지다. 역기능적 행동유형은 개인에게 강요된 것이 아니라 원래 결정했기 때문에 새로운 결정을 내림으로써 얼마든지 변화시킬 수 있다.

이와 같이 TA는 사람들이 변화할 수 있다는 사실을 신봉한다. 이 변화들은 진실하며 지속적인 것이다. 변화는 관습적 패턴에 대한 통찰로 이루어지는 것이 아니다. 그보다는 인간이 이러한 방식을 대체하기로 적극적으로 결심하는 데서 이루어지는데, 이것은 성인으로서의 자질에 적합한 행위, 사고, 감정의 새로운 방법을 찾는 것이다.

계약 방법

인간은 누구나 평등하고 자기 행동에 책임이 있다는 가정은 상담자와 내담자 모두 변화 과정에 공동 책임을 가지고 있다는 것을 나타낸다. 이와 같이 공동 책임을 지기 위해 상담자는 '계약'을 하게 된다. 당신의 내담자가 이루고 싶은 목표를 이야기하고 그것을 이루기 위해 기꺼이 노력하겠다고 이야기한다. 상담자는 내담자가 그 목표를 이룰 수 있도록 기꺼이 동참하며 전문가로서 최상의 방법을 동원할 것이라 이야기한다.

개방적 대화

TA 상담에서는 상담자가 상담일지를 내담자에게 개방한다. 이것은 내담자에게 이러한 변화 과정에 평등한 역할을 하도록 도와준다.

치료 방향

'치료 방향'은 미리 치료 절차를 알려 주고 선택하는 것을 의미하는데 이 치료 절차들은 정신 진단학적 관점에서 결정된 것이며, 계약된 목적을 실행하는 것을 통해 체계적으로 행해진다. 현행 TA 실제는 치료 과정의 방향을 선택하고 유지하는 필요성에 중점을 두고 있다.

TA 상담사에게 '치료 계획'은 항상 의도적이고 분명한 과정이다. 치료 계획에는 '치료 순서'에 대한 결정도 내포되는데, 치료 과정에서 전개될 다양한 단계에 대한 순서를 말한다. 교류분석가가 치료 계획을 수행하기 위해서 주로 따르는 세 가지 단계가 있는데 이것은 제2부에서 자세히 설명할 것이다. 2장에서는 전형적인 치료 순서에 대한 거시안적인 접근이 있을 것이다.

과정 각성: 화성인 생각하기

TA는 대화 내용뿐만 아니라 대화 '과정'도 인지하고 있어야 할 필요성을 강조하고 있다. 즉, 상담자는 사람들이 무엇을 말하고 있는가뿐만 아니라 어떻게 이야기하는가에도 주의를 기울일 필요가 있다.

Eric Berne은 TA 상담자들에게 '화성인 생각하기'(thinking Martian)를 하라고 권한다. 지구를 알기 위해 화성에서 온 작은 초록색 사람을 그려 보자. 이 화성인은 지구인들의 대화가 무엇을 의미하는지 알지는 못할 것이다. 단지 지구인을 관찰하고 결과를 고찰할 것이다. 이로부터 특정한 대화가 그 무엇인가를 의미할 것이라는 결과를 도출해 낼 것이다. Berne은 상담자들이 이러한 기술을 재발달시킬 필요가 있다고 한다. 즉, 선입견 없이 사람들의 교류를 관찰할 필요가 있다. 이 기술은 영아들이 자연스럽게 지니고 있는 것이다. 성장하는 과정에서 대부분의 사람들은 이러한 기술을 사용하지 않도록 배우고(그렇게 빤히 쳐다보는 건 버릇없는 거야!) 사용하지 않기 때문에 잃어버린다.

TA 상담에서 상담자는 내담자가 보이는 호흡신호, 신체적 긴장, 자세의 변화와 같은 비언어적 암시에 주의를 기울일 것을 배운다. 이러한 신호는 순식간에 바뀌기 때문에 짧은 시간 동안만 관찰 가능하다.

또한 상담자는 내담자가 선택하는 단어에도 주의를 기울여야 한다. 이것은 어떻게 말하는가를 진단하는 부분이다. 예를 들면, "그것이 나를 기분 나쁘게 해요."와 "나는 그것 때문에 기분이 나빠요."는 다른 의미로 해석될 수 있다(나는 9장에서 그 차이점을 설명한다). 상담자도 이와 같이 주의 깊게 자신의 말을 선택해야 한다.

사회적 수준과 심리적 수준

화성인 생각하기의 일부분으로, TA는 두 가지 수준의 대화 방법을 구별한다. 그것은 '사회적 수준'과 '심리적 수준'이다. 이것은 사람들이 대화할 때 한 번에 한 가지 메시지보다 더 많은 것을 내포한다는 것이다.

다음 상담자 – 내담자의 대화는 그것을 잘 보여 준다.

상담자: 그럼, 우리가 결정한 과제를 하실 거죠?
내담자: (눈을 마주치지 않고 머리를 가볍게 흔들며) 네, 할 거예요.

직관적으로 당신은 내담자가 문자적 의미로 나타내는 것과 다른 무엇인가로 대화하고 있다는 것을 느낄 수 있을 것이다. 다음의 핵심 개념(key ideas)은 TA에서 이러한 대화를 설명하기 위해 사용하는 개념을 보여 준다.

핵심 개념 1.1

사회적 수준의 메시지와 심리적 수준의 메시지

1. 모든 대화는 두 가지 수준에서 진행된다: 사회적 수준과 심리적 수준.

2. 사회적 수준의 메시지는 사람들이 생각하는 사회적 틀에서 의례적으로 이해되는 대화의 의미를 말한다. 예를 들면, 앞의 대화에서 내담자가 과제를 하겠다고 한 것은 사회적 수준의 메시지를 표현한 것이다.

3. 심리적 수준의 메시지는 대화가 뜻하는 실제적 의미를 말한다. 상담자는 직관적 판단으로 이것을 알아차릴 수 있다. 이 판단이 정확한지 아닌지는 주로 타인에게 물어서 확인할 수 있다. 상담자는 앞의 사례에서 내담자가 "아니요, 안 할 거예요." 또는 "내가 할지 잘 모르겠네요."라는 의미인지를 판단해야 할 것이다.

4. 항상은 아니지만 때때로 사회적 수준의 메시지는 언어의 문자상 의미를 내포하며 심리적 수준의 메시지는 비언어적 표현을 내포한다. 앞의 예에서 내담자가 머리를 흔들고 눈길을 피한 것은 심리적 수준의 메시지를 보이는 것이다.

5. 사회적 수준과 심리적 수준이 같은 메시지를 보인다면 이 두 수준이 일치된다고 말한다. 앞의 예에서는 일치성이 나타나지 않았다. 일치된 메시지를 나타내기 위해서는, 내담자는 상담자와 눈을 마주치고, 고개를 흔드는 대신 가볍게 고개를 끄덕이는 것을 보여야만 한다.

6. 심리적 수준의 메시지와 사회적 수준의 메시지가 다르다면 이것은 '불일치'로 간주되며 심리적 수준에서 숨은 메시지가 있다고 말할 수 있다. 앞의 예에서 내담자의 머리를 흔드는 행위는 과제를 할 것에 동의한다고 말하는 것과 상반되는 의미다. 그러므로 이것은 불일치의 신호다. 불일치에 의해 전달된 메시지의 가능성은 위 3번에 언급되었다.

7. 대화의 행동적 결과는 사회적 수준이 아니라 심리적 수준에서 결정된다.

Eric Berne(1966: 227)은 위 7가지를 '대화의 규칙'으로 정의하였다. 우리가 주목해야 할 것은 Berne이 '결정될지도 모른다'가 아닌 '결정된다'라고 기술한 부분이다. Berne은 심리적 수준의 메시지가 항상 진실한 메시지를 표현한다고 확신한다. 앞의 사례가 말하고자 하는 의도는 만약 상담자가 대화에서 내담자가 진짜로 의도한 것을 알기 위해서는, 내담자가 보인 사회적 수준의 메시지가 아닌 숨은 의도에 주의를 기울여야 한다는 것이다.

처음에 보기에 대화의 결과가 항상 심리적 수준에서 결정된다는 것이 너무 광범위하게 보일지도 모른다. 하지만 몸짓 언어에 치중하는 연구가들에게는 '비언어적 누출'(표현)이라는 개념이 친숙할 것이다(예를 들어, Scheflen, 1972). 이 개념이 함축하는 것은 비언어적 신호가 무엇이 '진짜로 일어나고 있는 것'을 항상 보여 준다는 것이다.

명시적 메시지와 암묵적 메시지

처음 보기에 사회적 수준의 메시지는 명시적인(overt) 것이며 심리적 수준의 메시지는 암묵적인(covert) 것처럼 보인다. 사실상 이 두 가지 모두는 명시적이다. 대화가 의미하는 것은 '이러해야만 한다.'는 관습적인 틀 안에서 해석하면 심리적 수준의 메시지는 단지 암묵적인 것처럼 보일 뿐이다. 관습적인 틀은 우리가 비언어적 신호를 인식한다는 것을 지워 버리게 하며 대부분의 사람들은 아동 시절을 통해 그렇게 하도록 배운다.

심리적 수준의 메시지는 단어의 문자적 의미에서도 명백하게 드러나는 경우가 있다.

> 상담자: 우리가 결정한 과제 하실 거죠?
>
> 내담자: 네, 노력해 볼게요.

TA 상담에서 본다면 내담자의 진짜 메시지는 자신이 말한 바를 정확하게 내포하고 있다고 할 수 있을 것이다. 내담자는 그 과제를 끝내도록 노력할 것이다. 하지만 내담자가 그 과제를 사실상 끝내지는 않을 것이다. 왜냐하면 그가 끝낼 것이라면, 노력할 것이라는 표현을 쓰지 않을 것이기 때문이다. 만약 우리가 일상생활에서 흔히 관습적으로 가정되는 범위 내에서 위 대화를 해석한다면 위 예에서 나타내는 메시지는 암묵적인 것으로 보인다. 이러한 사례들처럼, 이중성을 지니는 메시지는 내담자가 상담자의 질문에 실질상 대답한 것이 아니라는 것을 의미한다(위 상담자가 질문한 것은 과제를 할 것인가라는 것이지, 과제를 하도록 노력을 하겠느냐는 것은 아니었다). 이것은 9장에서 더 설명될 것이다.

유능한 상담자

Berne은 TA 상담자들이 '진정한 의사'가 될 필요가 있다고 이야기한다. 그것은 의사들만이 교류분석가가 될 수 있다는 것은 아니다. 그가 의미하는 것은 TA 전문가는 의사들에게 요구되는 특정한 책임감을 가지도록 준비해야 한다는 것이다(Berne, 1966: xvii). '진정한 의사'들이란 다음과 같아야 한다.

- 내담자들을 치료하는 것에 최우선 순위를 두어야 한다.
- 각 단계마다 무엇을 해야 하는지, 왜 그것을 하고 있는지에 대한 치료 계획을 세울 수 있어야 한다.
- 전문지식 내에서 내담자의 복지에 대한 책임을 질 수 있어 야 한다.

허용, 보호, 그리고 잠재력

Crossman(1966)은 유능한 상담자라면 세 가지 P를 갖추고 있어야 한다고 말했다. 그것은 허용(Permission), 보호(Protection), 잠재력(Potency)이다.

허용

어떤 사람에게 '허용'을 제공한다는 것은 자신과 타인과 그리고 세상에 대한 새로운 메시지를 제공한다는 것이다. 이러한 메시지는 사람이 성장한 사람으로서 가진 자원과 선택권을 말한다. 어린 시절 부모에게서 받았던 제한적이거나 부정적인 메시지를 새로운 메시지로 바꾸는 데 사용할 수 있을 것이다. 예를 들면, 다음과 같다.

"당신에게는 생각하고 결정할 능력이 있습니다."

"당신은 가치 있고 사랑스러운 사람입니다."

"지나치게 열심히 하지 않더라도 당신은 생존할 수 있고 자신의 목표를 이룰 수 있습니다."

"당신은 성인으로서 부모님 도움 없이도 살아갈 수 있을 것입니다."

상담자는 내담자들에게 말을 할 때 '허용'의 의미를 실을 수 있을 것이다. 하지만 더 중요한 것은 **상담자 자신이 이 모델에 일치하**도록 해야 한다는 것이며 그것은 상담자 자신이 하는 일이 그의 말과 일치해야 한다는 것이다.

예를 들어, 당신이 내담자에게 "당신은 똑바로 생각할 수 있는 힘이 있습니다."라는 의미를 주고 싶다고 가정을 하자. 먼저 당신의 내담자에게 그것을 얘기하고 당신이 내담자가 똑바로 생각할 수 있다는 것을 믿는다는 것을 보여 준다면 그는 '허용'을 받아들일 것이다. 이 개념을 실행하는 또 하나의 방법은 내담자가 스스로에 대해 생각할 수 있도록 계속해서 권유하는 것이다. 상담자는 내담자를 대신해서 그 입장에서 생각하는 것을 피해야 한다. 예를 들면, 당신이 질문을 했을 때 내담자가 어떻게 대답해야 할지 모른다면, 그 대답을 내담자를 대신해 채우려 하지 말아야 한다. 대신 당신은 내담자가 자신의 대답을 찾을 때까지 기다려 주어야 한다. 다른 방법은 상담자가 생각을 똑바로 할 수 있다는 것을 내담자에게 보여 주는 것이다. 내담자에게 이 '허용' 방법을 통합적으로 실행하기 위해서는 상담자가 자신에게 '허용'을 먼저 실행하는 것이 필요하다.

보호와 잠재력

만약 내담자가 새로운 '허용'을 받아들인다면, 그는 어린 시절 부모에게 받았던 지시사항들을 거스르게 될 것이다. 기존에 가졌던 인식과 다르다는 점에서, 내담자는 이 변화를 위험하고 심지어 생명을 위협하는 것으로 받아들일지도 모른다(6장). 또한 내면화된 부모상(가상의 부모)을 잃게 될지도 모른다는 공포심을 유발하고 단절이나 유기와 같은 비극적 상황을 부를지도 모른다고 생각한다. (치료 절차/과정을) 완전히 이해하지 못한 상황에서, 내담자는 위와 같은 가공의 비극을 상쇄하기 위해 상담자에게 '보호'를 구하게 될 수도 있다. 이러한 상황에서 내담자는 상담자가 필요한 보호와 지지를 공급할 수 있는 '잠재력'을 가졌다고 생각한다.

예를 들어, 자신의 감정을 좀 더 자유롭게 표현하기를 원하는 내담자와 일한다고 가정해 보자. 그래서 상담자가 내담자에게 "성인으로서 해도 무방한 방법으로 자신의 감정을 표현하는 것은 괜찮습니다."라는 식으로 '허용'을 해 주었다고 하자. 하지만 이 내담자가 자신의 가상세계에서 '만약 내 감정을 표출한다면, 엄마가 나를 떠나서 다시 안 돌아올 것이고 결국 나는 죽고 말 거야.'라고 생각한다면 내담자는 상담하는 동안 이런 유아적인 발상에만 집착할 것이다. 그러므로 상담자는 내담자가 우려하는 버려지거나 죽을지도 모른다는 생각에서 내담자를 보호할 것이라고 그를 설득시켜야 한다. 즉, 내담자는 그가 가진 유아적 발상의 테두리 내에서 상담자에 대해 필요한 보호를 해 줄 수 있는 잠재력을 가진 존재라고 보아야 설득이 관철될 수 있다.

허용과 같이 보호와 잠재력은 일체감 있는 모델링에서 먼저 실행된다. 상담자는 내담자가 생각하는 가공의 부모보다 더 큰 힘을 가지고 있다고 확신해야 한다. 또한 변화의 과정 동안 내담자를 보호하고 지지하는 능력이 있다는 안정된 느낌을 가져야 한다.

내부적인 자신감뿐만 아니라 '잠재력'과 '보호'는 상담자가 상담하는 방법에서 보이기도 한다. 유능한 상담자는 자신이 무엇을 하는지와 왜 하는지를 아는 사람이다. 이러한 자질은 효율적이고 적절한 상담 작업으로 드러난다.

'보호'의 한 부분으로, TA는 다음 세 가지 비극적 결말을 예방하는 데 중점을 둔다. 그것은 자살이나 자해, 타인을 살해하거나 해를 끼치는 것, 실성하는 것이다. 7장에서 이 부분에 대해 더 논할 것이다.

내담자를 보호한다는 것은 내담자에게 신체적으로 안전한 환경을 제공해야 한다는 뜻이기도 하다. 예를 들면, 만약 상담시간에 분노로 인한 신체적 발산이 있을 것 같다면, 상담자와 내담자 모두가 다치지 않도록 방을 정렬할 필요가 있다. '보호'의 다른 두 가지 중요한 요소는 비밀보장과 의료/정신과 분야로 내담자를 배치하기 위한 효과적인 시스템이다(5장).

내담자를 다른 분야로 위탁하는 데 있어 자신 있게 결정하기 위해서는, 자신의 분야와 다른 분야에 걸쳐 중요한 주제들에 대한 지식이 있어야 한다. 그 분야들은 다음과 같다.

- 아동발달
- 심리학과 행동발달에 있어서 최근의 주요 이론들
- 일반 심리학과 생화학
- 기질성 장애와 약물 남용 진단
- 약물치료와 신체치료법의 효용성
- 표준 진단방법을 포함한 일반 심리진단법
- 상담 분야의 법적 문제들

상담과 상담자를 위한 수퍼비전

유능한 상담자가 되고 싶다면 먼저 자신의 문제들을 해결해야 한다. 이것은 '세 가지 P'를 실행하기 위해서 상담자 자신이 그에 맞게 본보기를 보이는 것이 아주 중요하기 때문이다. 상담자가 자신의 특정한 목표에 도달하기 위해 노력한 만큼, 그는 내담자가 목표를 달성하도록 도와줄 수 있다.

상담자가 아직 해결하지 못한 자신의 개인적 문제를 인식한다면 그 자신도 상담이나 심리치료를 해야 한다. 다양한 범위의 내담자들에게 유용한 상담자가 되려면 자신의 개인적 문제도 해결하도록 노력을 기울여야 한다. 상담자가 아직 해결하지 못한 자신의 문제를 인식하고 이것이 내담자와의 상담에 방해가 된다면, 그 내담자를 다른 상담자에게 위탁하는 것이 필요하다.

똑같이 중요한 것은 수퍼비전을 지속적으로 받는 것이다. TA 모델을 사용한다면 공인된 TA 수퍼바이저와 함께 하는 것이 이상 적일 것이다. 나는 이 책에 '자기-수퍼비전' 순서들을 제공했고, 자기-수퍼비전은 실제로 매우 유용한 도구다. 이는 자신의 상담 에서 잠시 물러서서 이를 '외부에서' 생각해 보도록 도울 것이다. 이렇게 하는 동안 당신은 종종 어느 시점에서 다르게 개입하고, 좀 더 효율적으로 개입할 수 있는지를 가려낼 수 있을 것이다. 당 신은 내담자와 실제로 상담하면서 깨닫지 못했던 자신의 '맹점'을 알아차리게 될 것이다.

수퍼바이저와 함께 일한다는 것은 당신에게 다른 시각에서 자 신의 상담을 바라보는 다양한 시각을 제공한다는 또 다른 이점을 제공한다. 중요하게도 이는 종종 수퍼바이저가 당신이 자기-수 퍼비전에서조차 알아차리지 못한 당신의 지각에서의 '맹점들'에 대해 반영해 주고 이를 집어낼 수 있게 한다(이 '맹점들'에 대해서 는 재정의와 디스카운트라는 TA의 개념들을 살펴보는 제9장에서 자세 히 논의할 것이다). 수퍼비전의 또 다른 명확한 이점은 당신이 경험 이 매우 풍부한 상담자가 아닌 한 수퍼바이저가 자신의 경험에서 나오는 기법과 치료 계획의 세부사항들에 대해 조언할 수 있다는 것이다. 수퍼비전은 당신이 '쓸데없이 시간을 보내는 것'을 피하 도록 도와준다.

다음 장에서는 TA 상담의 일반적인 과정을 일련의 단계로 이 야기할 것이다. 내가 생각하는 이 과정의 단계는 집을 짓는 것과 유사하다. 먼저 튼튼한 기초를 세우고 그다음 바닥에 벽돌을 놓은 후 위로 올리기 시작한다. 전체 구조의 견고함은 기초와 제일 밑 벽돌을 어떻게 놓느냐에 달려 있다.

이것은 효과적인 치료의 단계를 묘사할 뿐만 아니라 상담자가 자신의 TA 기술을 발달시키는 데 있어 최상의 방법이기도 하다. 치료의 각 순서에 숙달됨으로써 상담자는 다음에 따르는 기술을 발전시키기 위한 견고한 기초를 놓는 것이다.

『TA 상담 개발』에서 더 읽을거리

『TA 상담 개발』(Stewart, 1996a)의 '후기'에서 '개인적 OK' 개념과 상담에서 이의 적용에 대해 더 탐구하였다.

2 장
변화 여정 계획

치료 방향

치료 순서

『TA 상담 개발』에서 더 읽을거리

　'치료 계획'(treatment planning)은 내담자를 처음 접했을 때 시작되어 상담 관계가 종료될 때까지 계속된다. 치료 계획의 목적은 Berne의 말과 같이 어느 단계에서든 당신이 무엇을 하는지 그리고 왜 그렇게 하는지 확실히 알게 해준다.

　효과적인 치료 계획을 위해서는 '치료 방향'(treatment direction)에 대해 결정해야 한다. 그다음 치료 방향은 '치료 순서'(treatment sequence)를 결정하는 일을 수반한다. 다음 단락에서 이런 내용들에 대해 설명하고자 한다.

치료 방향

TA 상담에는 항상 여러 개입들에 대한 상담자의 선택 및 내담자와의 협의에 의해 이루어진 치료 계약과 내담자에 대한 상담자의 진단 사이에 상호작용하는 세 가지 방법이 있다. 이것이 바로 '치료 방향'을 나아가게 한다.

🔍 **핵심 개념** 2.1

치료 방향

1. 치료 방향이란 내담자에 대한 진단을 토대로 내담자와 합의한 계약을 달성하기 위해 개입방법을 선택하는 것을 의미한다.
2. 개입방법의 선택이란 어떤 개입방법을 어떤 순서로 할 것인가를 선택하는 것을 의미한다.
3. 활용할 개입방법을 선택할 때, 상담자는 무엇을 어떻게 개입할 것인지에 대한 내용과 과정을 고려해야 할 필요가 있다.
4. 상담자는 개입 순서를 선택하는 동안 치료 순서를 결정하게 되는 것이다.

TA에서 계약 성립의 기본적인 이해를 재고하기 위해 1장의 'TA의 실제와 철학'이라는 제목의 내용을 살펴보아야 한다. 그리고 8장의 계약을 성립시키기 위한 기술들에 대해 충분히 검토해야

할 것이다.

치료 삼각형

나는 [그림 2-1]을 '치료 삼각형'이라 칭한다. 그것은 진단과 계약, 그리고 치료 방향 간의 관련성을 세 가지 측면으로 묘사하고 있다[그림은 Guichard(1987)에 의해 표현된 것을 저자가 발전시켰다]. 그림 전체는 전반적인 치료 계획을 제시해 주고 있다.

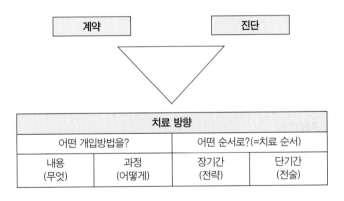

그림 2-1 치료 삼각형

TA에서의 심리진단의 역할

나는 이 책에서 심리진단에 대한 찬반토론을 벌이는 것이 유용하지 않다고 생각한다. 어떤 경우라도 논쟁거리는 다른 연구들에서 철저하게 조사되어 왔다(예를 들어, Rowan, 1981; Szasz,

1961; Zigler & Phillips, 1961을 보라. TA관점에서의 검토를 위해서는 Clarkson, 1987, 1992: 55-74를 보라).

나는 단지 대부분의 교류분석가들이 심리진단을 효과적인 치료 계획에 있어 중요하게 여긴다고 말하고 싶다. 치료 삼각형에서는 진단이 계약 및 치료 방향 결정과 어떤 관련이 있는지를 강조한다. 계약은 치료의 목적을 명확하게 밝힌다. 또한 진단은 이러한 목적을 위해 당신과 당신의 내담자가 어디서부터 출발해야 하는지를 제시해 준다. 치료 방향은 어떤 개입을 어떠한 순서로 선택해야 하는지를 의미한다. 진단은 내가 다음 장들에서 설명하는 방식들을 선택할 수 있도록 안내해 준다.

심리진단을 반대하는 사람들은 심리진단이 '사람들에게 꼬리표를 다는 행위'라고 불평해 왔다. 대부분 TA에서 진단이 사람들의 어떤 행위에 꼬리표를 다는 것이라는 견해를 보인다. 각 진단상의 꼬리표는 일단의 특별한 징후와 증상을 나타낸다. 확실한 치료 방법은 상대적으로 이러한 징후와 증상을 가진 내담자와 작업할 때 효과적이며, 이에 비해 다른 방법들은 비효과적이라는 것을 경험적으로 제안하였다. 그래서 당신이 적절한 진단상의 꼬리표를 결정할 수 있다면, 당신은 효과적으로 보이는 치료 방법에 곧장 닿을 수 있다. 당신은 새로운 내담자를 대할 때마다 새로운 방법을 찾을 필요는 없는 것이다.

TA 실제에서 최초의 진단은 흔히 상담자가 내담자에 대해 더 잘 파악하게 됨으로써 바뀔 수도 있다. 진단에 대해 자주 검토해 보는 일은 치료 계획에서 없어서는 안 될 부분인 것이다.

내담자가 상담을 통해 개인적 변화를 이루듯이 적합한 진단 역
시 바뀌는 것이 당연하다.

TA에서의 진단 방법들

TA 실제에서의 진단은 비록 그것이 치료 과정의 일부이긴 하
지만, 단지 표준화된 진단 매뉴얼을 사용하는 것만을 의미하지는
않는다. 물론 상담자는 전형적으로 TA 구조에서 도출된 다양한
진단 모델들을 사용할 것이다. 진단의 목적이 단순히 진단의 꼬리
표를 붙이기 위한 것은 아니다. 오히려 그것은 치료 계획에 대해
자세하게 안내해야 할 내담자에 대한 정보들을 많이 모으기 위한
것이다.

진단에 대한 최근의 표준화된 매뉴얼로서, 교류분석가들은 관
례대로 *DSM-IV-TR*(American Psychiatric Association, 2000)을 사
용한다. 표준화된 진단의 주목적은 상담자와 그의 의학 동료들 사
이에 통용 가능한 의사소통 언어를 제공해 주는 것이다. 그러므로
매뉴얼을 선택하는 것은 상담자의 영역 안에서 정신의학 전문가
들에 의해 사용될 것이다.

진단에 주로 사용되어 왔던 두 가지 TA 모델은 이 책의 뒷장에
충분히 설명되어 있다. 그 모델들은 진단 기능뿐만 아니라 개입에
대한 구체적인 안내 자료도 제공해 준다.

- 라켓 체계(3장과 6장)
- 디스카운트 매트릭스(9장)

치료 순서

'치료 순서'의 이론적 근거로 치료는 특정 순서로 다루어야 하는 단계가 있다는 것이다. 만약 당신이 이러한 단계들을 한 가지 혹은 그 이상 빠뜨리게 된다거나 단계의 순서가 뒤바뀌게 된다면, 치료의 효과는 감소될지도 모른다(Boyd, 1976; Clarkson, 1992: 90-147; Erskine, 1973; Pulleyblank & McCormick, 1985; Stewart, 1996a: 34-8; Ware, 1983; Woollams & Brown, 1978).

전반적 치료 순서: 첫 계약에서 종결까지

나는 [그림 2-2]를 흐름도의 형태로 제시하였다. 이것은 종합적 치료 순서의 전형적인 단계를 간략하게 제시한 것이다. 나는 이 책의 전 단계에서 당신이 치료 순서의 초기 그림을 얻기 위해서는 흐름도를 자세히 조사하라고 제안한다. 당신이 다음 장들을 읽고 난 후, 어떤 방법으로 치료의 다양한 단계들을 내담자와 함께 맞추어 나갈지 이 그림을 통해 되돌아 볼 수 있기를 원한다. [그림 2-2]는 이 책의 여러 장들에서 제시되고 자세하게 논의될 각각의 문제들에 대한 충고를 포함한다.

[그림 2-2]의 기술적 정보에 관한 항목을 써 넣기 위해 일상적 의사소통능력에 대한 다양한 단계들을 요약해 보면 다음과 같다.

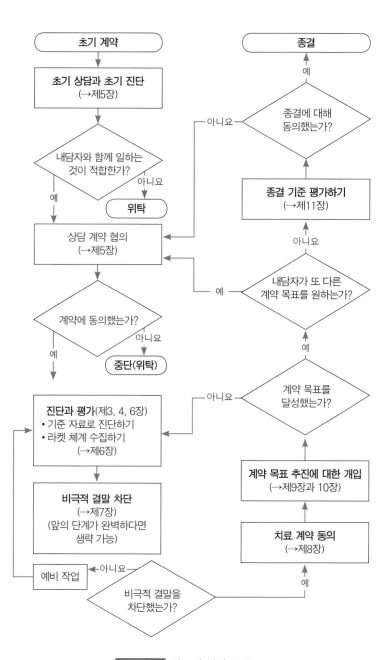

그림 2-2 치료 순서의 흐름도

- **접수**: 여행을 함께하는 것이 OK인지를 결정하기
- **평가**: 다른 이들이 어디서 왔는지를 찾아내기
- **치료 계약**: 내담자가 도착하기를 원하는 곳을 발견하고, 당신
  이 내담자와 그곳에 가기를 원하는지 결정하기
- **치료 방향**: 그곳에 이르는 좋은 방안 결정하기
- **개입**: 다양한 방향 권유하기
- **종결**: 여행을 끝냈을 때 인사하기

피드백 과정으로서의 치료 계획

[그림 2-2]의 흐름 구조는 치료 계획에 있어 피드백의 중요성
을 강조하고 있다. 치료의 각 단계에서 전 단계의 결과는 치료 계
획에 피드백을 제공하는 역할을 한다. 예를 들면, 당신이 종종 개
입을 통해 내담자의 반응으로부터 새로운 증거를 얻게 되면 내담
자에 대한 당신의 초기 평가를 수정해야 한다는 것을 발견할 수
있다. 이에 대한 대답으로 치료 계획에 대한 관점을 다시 써야 할
지도 모른다. 당신이 이러한 변화들을 시도하려고 할 때 새로운
계약 목표를 내담자와의 협의에 맞게 수립할 것이다. 이것은 또한
당신이 개입에 대한 전략을 사용하는 데 있어 더 많은 변화를 의
미할지도 모른다.

내담자가 당신과 협의한 계약 목표들 중의 하나를 성취할 때
마다, 당신은 더 많은 치료 계약에 동의해야 할지에 대해 공동의
선택을 해야 한다. 만약 당신이 그렇게 한다면, 당신은 필요에 의

해 상담계약을 재협상하게 되는 고리에 다시 들어가야 할 것이고, 진단에 대해 재검토하게 될 것이다. 그러나 만약 그렇지 않다면, 당신은 상담을 종결할 수 있을 것이다.

치료 계획의 유연성

[그림 2-2]의 치료 계획 과정은 실제 상담할 때보다 더욱 기계적인 것처럼 보인다. 일단 당신이 순서에 익숙하게 되면, 좀 더 자유롭게 흘러가도록 하는 여유를 가질 수도 있다. 즉, 당신은 생략할 단계나 함께 수행해야 할 단계들에 대한 판단을 할 수 있다. 예를 들면, 당신은 내담자가 계약 목표를 달성할 때마다 항상 진단에 대한 공식적 재평가를 수행할 필요는 없다. 오히려 진단에 대해 재검토하는 것은 내담자와 함께 첫 회기에서 다음 회기로 속행하는 방법에 대해 생각할 때 거의 무의식적으로 이루어지게 되는 것이다.

마찬가지로 평가와 개입 단계는 밀접한 관련이 있다. 두 단계는 종종 순서대로 일어나기보다는 동시에 일어난다. 예를 들면, 당신은 몇 회기를 내담자 스스로 고통스러운 결말을 만들었다고 여기는 그의 과거 신념과 행동들, 감정들의 패턴에 대해 다루며 시간을 보낼 것이다. 이러한 패턴들에 대해 세밀한 계획을 세우는 과정에서 내담자는 그러한 패턴들에 대해 처음으로 명백하게 인식하게 될 것이다. 이러한 인식 자체가 적극적인 변화를 위한 첫 번째 전진이 될 것이다. '비극적 결말 차단'과 '치료 계약에 동의하기' 단계들은 치료 순서에서 겹치거나 되풀이된다.

물론 치료 순서에서 보여 주는 각각의 단계는 치료 계약에 따라 다양성을 가지게 된다. 게다가 이것을 도해로 제시해 주는 것은 쉬운 일이 아니다. 한 방법으로는 [그림 2-2]에서 연결하는 화살표들을 늘어나는 고무 밴드로 만들어진 것처럼 시각화하는 것이다. 예를 들면, 어떤 내담자와는 빠른 속도로 치료 계약을 맺고 대부분의 회기를 상세한 개입으로 시간을 보낼 것이다. 그러나 일부 내담자와는 그들이 원하는 치료 계약을 맺기 위해 많은 시간을 보내지만, 그 계약은 주로 내담자가 원하는 방향으로 이루어질 것이다. 생각건대 전체 치료 순서는 한 상담 회기 내에서 만들어질 수도 있을 것이다. 극단적으로 달리 생각해 보면, 상담은 몇 년 동안 계속될지도 모른다.

지금 당신은 TA의 전형적인 치료 순서에 대한 초안을 가지고 있다. 다음으로 우리는 이러한 초안의 기초가 되는 이론으로 넘어가고자 한다. TA에서는 개인적인 문제와 개인의 변화 과정을 어떻게 설명하고 있을까?

『TA 상담 개발』에서 더 읽을거리

『TA 상담 개발』(Stewart, 1996a)의 핵심 1, 2, 3은 치료 계획에 있어 당신에게 효율적인 도움을 줄 만한 기본 원칙과 기술들을 제시하고 있다.

3장 문제의 구조 파악

다른 치료적 접근처럼 TA에서도 많은 개인의 문제가 아동기에서 유래한다고 본다. 그러나 TA는 독특한 방법으로 설명한다. TA 이론은 '인생각본' 개념, 즉 우리가 아동기에 작성한 개인적인 인생 이야기에 중심을 두고 있다.

나는 이 장에서 다음의 네 가지 주제에 대해 이야기할 것이다.

- 인생각본의 특성과 기원
- 어린 시절 타인의 관심을 얻으려고 발달시킨 전략
- 고통스럽거나 자기제한적임에도 불구하고 어른이 되고 나서도 아동기의 전략을 따르는 이유
- 당신이 이 지식들을 사용하여 효율적 개입을 계획하는 방법

🔍 핵심 개념 3.1

동기와 행동: 기본적 가정들

1. 모든 행동은 생존과 욕구 충족을 하고자 하는 전략을 나타낸다.
2. 인간의 행동이 고통을 주거나 반대의 결과가 나온다면, 이는 아마도 다음과 같은 이유일 것이다.
   - 자신이 행동 결과에 대해 모르고 있거나 아니면 잘못 알고 있기 때문이다.
   - 자기 자신도 모르게 어릴 때 했었던 전략을 다시 보여 주고 있기 때문이다. 어렸을 때 이 전략들은 생존하고 욕구를 충족시키는 최선의 선택으로 인식된 것이다. 하지만 이들은 성인으로서의 현재 상황에는 적합하지 않은 것이다.

상담 대 코칭

정보가 없거나 잘못 알고 있어서 문제가 발생했다면, 최초의 처치는 상담보다는 코칭, 즉 필요한 정보를 찾도록 도와주는 일일 것이다(나는 여기서 '코칭'이라는 용어를 최근 '비즈니스 코칭'의 특화된 의미로 사용하기보다는 일상의 사전적 의미로 사용하였다). 예를 들어, 어떤 사람이 당신한테 와서 비만을 이길 수 있도록 상담을 요청한다고 가정해 보자. 당신은 이 사람이 음식의 칼로리에 대한 지식이나 운동의 효과 등에 대해서 아무런 지식이 없다는 걸 알게 된다. 당신의 첫 번째 처방은 이 주제에 관한 책들을 선별해서 읽어 보라는 것이다. 마찬가지로 만약 누군가가 사람들과 대화하는 데 있어서의 어려움을 토로한다면 상담자의 출발점은 대화를 쉽게 할 수 있도록 도와주는 강좌를 들어 보라고 제안하는 것이 될 것이다. 일반적으로 말해서 상담계약을 체결하기 전에 내담자가 정보가 없는지 또는 잘못 알고 있는지를 점검해 보는 것이 좋다.

물론 코칭과 상담을 명확하게 구분할 수는 없다. 이는 보통 상황에 따라 다르다. 한 개인의 문제는 보통 부분적으로는 잘못된 정보들을 따른 것일 수 있고 부분적으로는 어린 시절의 낡은 전략들을 사용하기 때문일 수도 있다. 따라서 상담자는 코칭과 상담을 번갈아 가면서 반응해야 할 것이다. 이 책의 남은 부분에서는 상담 요소에 대해 다룰 것이다. 이것은 상담자와 내담자가 인생각본 문제를 다룰 때 사용할 수 있는 것들이다.

인생각본

아주 어린 시절부터 모든 사람은 자신의 삶을 위해 계획을 세운다. 이 계획은 '인생각본'이라고 알려져 있다(Berne, 1972; Steiner, 1974; Stewart & Joines, 1987: 99-169). 우리는 종종 간단하게 '각본'이라는 용어를 사용한다.

인생각본은 드라마와 같이 시작과 중간과 끝으로 구성되어 있다. 각본의 끝부분은 '각본 결말'(script payoff)이라 불린다.

사람은 어른이 되어서도 어릴 때 인생 계획의 일부를 표출할 수도 있다. 이는 의식적으로 알아차리지 못하고 일어난다. 이럴 때를 우리는 그가 각본 속에 있다거나 또는 '각본적' 행동, 사고, 감정에 빠져 있다고 말한다.

초기 결정들

어린아이들의 인생 계획은 외부의 압력이나 부모 또는 환경에 의해 단순히 결정되는 것이 아니다. 아이들은 외부 압박에 대한 응답으로 인생각본을 정한다. 이러한 생각을 따른다면 인생각본은 '결정적'(decisional)이라고 말할 수 있다. 이는 두 명의 아이가 동일한 환경적 압박에서 서로 다른 인생각본으로 반응할 수도 있다는 사실을 따른다.

각본 이론에서는 '결정'(decision)이라는 단어가 일상의 사전적 의미와는 다른 특별한 느낌으로 사용된다. 아이의 초기 결정은 보통 어른들이 결정할 때 쓰는 신중한 사고방식으로 이루어지는 것이 아니다. 그 대신 비언어적이고 정서적인 반응 형태로 이루어진다. 이는 또한 신체적 긴장을 유지하는 것처럼 사람의 몸속에도 반영된다.

'비언어적 결정'이란 개념은 이전에 접한 적이 없다면 생소하게 들릴 수도 있을 것이다. 이 과정에 대한 예들과 더 많은 설명은 이 장 뒷부분에 어떻게 초기 결정들이 라켓 체계(racket system)로 알려진 모델에 들어맞는지에 대한 토론, 그리고 6장의 아동 초기 각본 신념 형성에 대한 검토 부분에 나와 있다.

여기 이 개념의 전달을 돕기 위한 비유를 들어 보자. 고양이 한 마리가 어떤 키가 큰 남자에게 학대당했다고 가정하자. 그 고양이는 그 시점부터 모든 키 큰 남자들과 가까이하는 것을 꺼려 할 것이다. 당신이 이 고양이라고 가정해 보라. 당신은 영리한 동물이지만 말을 할 수는 없다. 이제 당신 마음속에 있는 '언어를 끄고' 고양이가 하는 것처럼 생각해 보아라. 고양이가 되어 말없이 키 큰 남자들에 대한 당신의 결정을 깨달아 보아라. 당신이 결정을 내렸다는 것을 어떻게 알겠는가?

각본 메시지

부모들은 아이들의 각본 결정을 강요할 수는 없지만 그들에게 강한 영향을 끼친다. 이는 '각본 메시지'를 통해 아이들에게 전달된다. 이런 메시지들은 언어적 또는 비언어적으로 전달될 수 있다. 아동기 초기에 전달되는 비언어적 메시지들은 분명 사람들의 가장 기초적인 각본 결정에 기저가 된다.

각본 메시지들은 "꺼져 버려!" "사람들한테 가까이 가지 마!"와 같은 '명령'의 형태가 될 수도 있다. 다른 형태로는 아이가 어떻다와 같은 진술, 즉 속성으로 전달될 수도 있다. 속성의 예로는 아이에게 직접적으로 "너는 바보 같다!"라고 말하거나 또는 아이를 "어린 Jean은 강하지 않지, 그렇지?"와 같이 제3자로 취급하는 언급일 수도 있다. 두 종류의 메시지 모두 양쪽 부모 또는 한쪽 부모를 '모델링'하는 요소들을 수반해서 일어난다. 예를 들어, 아이들에게 절대 화내는 모습을 보이지 않는 엄마는 "화내지 마라."와 같은 각본 메시지의 모델이 될 수 있다.

각본의 기원

신생아들은 종종 적대적으로 비치는 이 세상에서 생존하고 자신의 욕구를 충족할 최상의 전략으로서 인생각본을 결정한다 (Woollams, 1977). 어린아이는 작고 신체적으로 약하다. 신생아 초기에 아이는 부모를 자신의 삶과 죽음에 대해 권한을 가진 것처럼 정확하게 받아들인다. 그 후 걸음을 걷게 되는 유아 시기엔 부모가 화를 내거나 잠시 자리를 비워도 살 수 있다는 것을 깨닫게 된다. 하지만 아이는 여전히 부모가 자신의 욕구를 채워 주거나 또는 채워 주지 않을 수 있는 힘을 지닌 존재로 여긴다. 아이는 또한 부모를 현실을 규정하는 존재로 본다. 아이는 부모가 말하는 것을 엄연한 사실로 받아들인다.

신생아는 성인과는 다르게 감정을 경험하며 현실 검증을 다른 형태로 한다(예를 들어, Erickson, 1950; Piaget, 1951 참조). 이러한 기초 위에 초기 결정들이 이루어지는 것이다. 어린아이의 정서적 경험은 분노, 절망, 공포, 황홀 등이다(Zalcman, 1986). 또한 아이들은 어른과 같은 시간의 이해를 가지고 있지 못하다. 예를 들어, 엄마가 일정 시간 곁에 없으면 아이는 '엄마는 가 버렸고 아마도 다시는 돌아오지 않을 거야. 그래서 나는 영원히 홀로 남겨질 거야.'라고 결론을 내릴지도 모른다. 이러한 지각과 함께 자신의 자포자기 행위로 공포, 슬픔, 분노의 감정이 엄마에게 향하게 된다.

신생아의 구체적이고도 이상한 생각으로 아이는 말없이 결정하는 데 있어서 어떤 일이 일어났는지를 '이해하게' 된다. '엄마는 가 버렸고 나를 떠났다. 비록 엄마가 무슨 일인지 나에게 말은 안 했지만 나에게 뭔가 잘못된 점이 있는 게 분명하다.' 이렇게 아이는 가설적인 각본 결정을 하게 된다. 아이가 자신에게 진짜로 어떤 문제가 있다고 확실한 결론에 도달할 때까지 이러한 과정은 여러 번 반복된다.

대부분의 초기 결정들은 반복을 통해 이루어지지만 때때로 단 하나의 외상적 사건에 대한 반응에 의해 각본 결정이 이루어지기도 한다. 나의 내담자 중 한 명인 Maria는 제2차 세계대전 당시 어린아이였고 적군이 집 안에 들이닥쳤을 때 여동생과 2층의 벽장에 숨어 있었다. 그 순간 Maria는 결정을 내렸다. '조용히 숨어 있어야 해. 아니면 끔찍한 일이 생길 거야.'

세 가지 비극적 각본 결말

어린아이가 자신의 인생각본을 구성할 때 비극적 결말을 맞이하는 결정을 내리기도 한다. 각본에는 다음과 같은 세 가지 비극적 결말이 있다.

- 자살 또는 자해
- 타살 또는 가해

- 미치는 것

제6장에서는 유아들이 인생각본을 위해 어떻게 이러한 재앙적 결말을 결정하게 되는지에 대해서 더 많은 설명을 할 것이다. 사실 비극적 결말을 결정하는 사람 대부분은 이를 실행에 옮기지는 않는다. 그러나 그들은 자살, 살인, 또는 미쳐 버리는 것을 방지하기 위해 자기 스스로가 인식하지 못하는 자기 제한적인 다양한 종류의 노력들에 시간을 투자하곤 한다.

현재 TA 실제에서는 개인적 변화에 있어서 필수적인 단계로 가정하는 이러한 비극적 결말들을 미리 막는 데 많은 비중을 두고 있다. 이를 실행하는 원리와 기술들은 제7장에서 설명한다.

인생각본과 인생과정

비극적이든 아니든 각본의 결말은 미리 결정된 것처럼 보이지 않는다. Berne(1972)은 유아기에 개인에 의해서 계획된 인생 이야기인 인생각본을 실제로 일어난 '인생과정'과 구분하였다. 그는 인생과정은 네 가지 상호작용하는 영향들의 결과물이라고 제안하였다.

- 유전
- 외부 사건들
- 인생각본
- 자율적 결정

이 중에서 마지막 네 번째 것은 성인으로서 행동, 느낌, 생각에 대해 지금-여기에서 내린 결정들이다. 여기에는 상담 중 내담자의 변화에 대한 결정이 포함된다.

스트로크와 스트로크 찾기

이미 이야기했듯이 인생각본은 '생존과 욕구 충족을 위한' 어린 시절의 전략을 나타낸다. 이러한 유아기 생존 욕구의 가장 기초는 먹고 마시는 것, 안식처와 양육자의 존재다. 그 다음으로는 자극과 타인과의 접촉 욕구가 온다.

TA 이론에서 Berne(1961)은 발달적 욕구로서 이 '자극-기아'의 중요성을 강조했다. 그는 Spitz(1945)와 Levine(1960)과 같은 연구자들의 업적을 인용했다. 신생아에게 자극의 중요한 근원은 양육자에 의한 신체적 접촉, 즉 글자 그대로 한다면 '스트로킹'(stroking)이다. Berne은 이 스트로킹이라는 용어를 신체적 접촉뿐만 아니라 한 사람이 타인에게 미치는 인식의 모든 형태로 확장하였다. 우리가 비록 스트로크를 상징적, 문자적 형태로 받아들이는 것을 배웠다 할지라도, 그가 제안했듯이 스트로크는 성인이 되어서도 여전히 필요하다.

당신이 다른 상담 양식을 배경으로 하면서 TA를 배운다면 아마도 Berne의 '스트로크' 개념이 Bowlby(1969)나 대상관계 학파의 학자들(Klein, 1987 비교)이 특별히 강조한 인간의 '애착' 욕구와 연결된다고 생각할 것이다. 이 이론가들이나 Berne에게 있어서 애착 욕구는 유아기 때 느끼는 것이지만 성인이 되어서도 중요한 동기로 남아서 지속된다.

스트로킹(Stroking)

1. 자극-기아는 자극이나 타인과의 접촉에 대한 욕구다. 이는 유아에게 핵심이 되는 발달 욕구다.
2. 때문에 유아는 타인에게서 받는 자극과 관심의 공급(구어체로 스트로크의 공급)을 유지하는 데 필요한 전략들을 찾아낸다.
3. 성인이 되어서도 사람은 여전히 스트로크가 필요하다. 성인들은 상징적 형태(말이나 몸짓)나 신체적 접촉을 통해 스트로크를 받는 것을 배운다.
4. 성인은 스트레스하에서는 자각 없이 유아기 때 사용했던 스트로크 찾기로 되돌아간다. 이럴 때를 각본으로 들어갔다고 한다.

긍정적 스트로크와 부정적 스트로크

스트로크는 전통적으로 '긍정적' 스트로크와 '부정적' 스트로크로 나눠진다.

- '긍정적 스트로크'는 주는 사람이 받는 사람에게 즐거움을 주려는 것이다.

- '부정적 스트로크'는 주는 사람이 받는 사람에게 불쾌감 또는 언짢음을 주려는 것이다.

두 가지 스트로크의 유형 모두 언어적 또는 비언어적으로 주어질 수 있다.

왜 사람들은 부정적 스트로크를 추구하는가?

상담을 하다 보면 어떤 사람들은 시간을 정해 놓고 그들에게 고통스런 일들이 되풀이해서 일어나기를 기다린다. 다양한 상담 접근들은 이러한 역설적 행동에 다양한 답변을 내놓고 있다. TA는 이를 스트로크와 인생각본이란 용어로 설명한다.

아이를 얼마나 사랑하든 간에 어떤 부모도 유아가 요구하는 모든 긍정적 스트로크를 모두 제공해 줄 수는 없다. 이는 어린아이의 시각에서 보면 늘 스트로크의 공급이 중단되는 두려운 경우가 생기게 되는 것이다. 아이는 이것을 문자 그대로 삶과 죽음의 문제로 경험하게 된다. 그리하여 모든 아이들은 양육자의 스트로크를 빼앗아 오는 전략을 발전시킨다. 아이는 어떤 것이 가족 내에서 가장 효율적인 결과를 가져오는지를 배우면서 지속적으로 이 전략들을 실험하고 다듬어 나간다.

신생아가 바로 발견하는 한 가지는 긍정적 스트로크가 끝난 듯 보일 때면 그 자리에 부정적 스트로크를 얻기 위해 할 수 있는 일이 많다는 것이다. 만일 엄마가 아이를 안아 주기를 꺼려 한다면 아이는 화를 낼 수 있다. 그러면 엄마는 얼굴을 찌푸리고 거칠게 말하면서도 아이에게 주의를 기울이게 된다. 그러면 유아는 그렇게 행동하는 것이 평균적으로 고통스럽기는 하지만 자신의 자극을 얻고자 하는 선천적인 욕구를 충족시킨다. 유아는 의식적으로 인식하지 못하면서 이 같은 간단한 원리를 따르게 된다. "어떤 스트로크든지 스트로크가 전혀 없는 것보다는 낫다."(Stewart & Joines, 1987: 73) 이를 다시 애착(attachment) 용어로 표현한다면 방임 또는 유기라는 두려운 예상에 직면하는 것보다는 그 애착이 고통스러울지라도 애착상태에 머무르는 것이 낫다는 것이다.

이 아이는 어른이 되어서도 종종 자신의 각본 속으로 들어가게 된다. 그는 동일한 어릴 적 전략을 재생하게 된다. 그는 의식하지 못하는 사이에 스트로크의 공급이 고갈될까 봐 두려워하게 되고, 긍정적 스트로크를 손에 넣는 것이 어렵다는 신념을 갖게 된다. 따라서 그는 주변 사람들이 풍성한 부정적 스트로크를 제공하도록 상황을 조성하여 반응하게 된다.

성인이 되면 그는 이 상황들을 자신이 어떻게 만들어 나가는지, 이렇게 하고자 했던 유아기의 동기가 무엇이었는지에 대해 더 이상 지각하지도 못하게 된다. 따라서 그는 매번 고통스러운 결과를 맛보고 부정적 스트로크를 얻게 되며 자신이 어떻게 또다시 이 상황에 처하게 됐는지 의아해한다. 이것이 TA에서 '게임'(6장과 9장 참조)이라고 부르는 반복적으로 고통스러운 많은 패턴들의 기본이다.

강화로서의 스트로크

행동은 종종 스트로크를 이끌어 내려는 목적이 있다. 따라서 만일 어떤 행동이 스트로크를 이끌어 냈다면 그 사람은 앞으로 같은 행동을 더 많이 반복하게 된다. 이런 의미에서 스트로크는 스트로크를 가져오는 행동을 강화한다고 말할 수 있다.

사람들은 종종 긍정적 스트로크뿐만 아니라 부정적 스트로크도 찾기 때문에 긍정적 반응뿐만 아니라 부정적 반응을 가져오는 행동도 선택한다고도 할 수 있다.

스트로크는 행동뿐만 아니라 인생각본 역시 강화시킨다. 누군가가 각본 신념을 반복하면서 그 신념을 나타내는 방식으로 행동하고 생각하고 느낀다고 가정하자. 만일 다른 사람들이 이 행동과 생각 또는 느낌에 대해 반응한다면 그는 그들의 스트로크를 자신의 각본 신념들을 '확인'하는 것으로 해석할 수도 있다. 그리하여 그는 이전보다 더 강하게 각본 신념들을 유지하게 된다.

이 장의 마지막 부분에서는 상담에서 변화를 촉진하기 위해 어떻게 직접적인 태도로 스트로크를 사용할 수 있는지 설명할 것이다.

어떻게 인생각본이 유지되는가

성인으로서 우리는 우리의 과거 속 각본 형성의 본래 과정을 떠나 있다. 이제 우리는 현재에서 자신과 함께 각본을 수행한다.

보통 우리는 그렇게 하는 것을 알아차리지 못한다. 압박이 가해지면 우리는 자신의 과거 전략으로 되돌아가곤 한다. 불행하게도 이것들은 성인이 된 환경에서는 우리에게 때때로 자기 제한적이거나 고통을 주기도 한다.

핵심 개념 3.3

어떻게 인생각본이 유지되는가?

1. 어린 시절 만들어진 각본 결정은 각본 신념들로서 성인기로 옮겨진다.
2. 성장 과정에서 각본 신념들은 의식적인 각성으로부터 억눌린다.
3. 성인으로서 스트레스를 받을 때 자각 없이 각본 신념들을 되풀이하곤 한다. 이런 경우를 각본 상태에 있다고 한다.
4. 각본 속에서 사람들은 자신의 어린 시절 전략들을 수행함으로써 지금-여기에서 스트레스에 반응한다.
5. 이 전략들은 어린 시절과 같은 동일한 결과를 가져오곤 한다.
6. 자신도 모르게 사람들은 이 결과들을 각본 신념들을 '확인'하는 것으로 지각한다. 그리하여 이러한 과정이 반복될 때마다 자신의 각본 신념들을 이전보다 더 강하게 유지하게 된다.

라켓 체계

각본이 유지되는 과정을 설명하기 위해 Richard Erskine과 Marilyn Zalcman(1979)은 '라켓 체계'란 모델을 발전시켰다([그

림 3-1]). 이 그림은 각본 상태에 있는 한 개인이 어떤 방식으로
신념, 행위, 지각의 폐쇄적이고 자기 영속적인 체계로 들어가는지
를 나타내고 있다.

　'라켓'이라는 단어는 여기서 기술적인 의미로 사용되었다. 라켓
은 각본 상태에 있는 동안 한 개인이 관계하는 행동, 사고, 느낌의
반복되는 패턴을 가리킨다. 라켓에 대한 설명은 다음의 글을 비롯
해 6장과 9장에서 할 것이다.

　Erskine와 Moursund(1988)는 동일 모델에 대한 수정본을 사
용했고 이를 '각본 체계'라 불렀다.

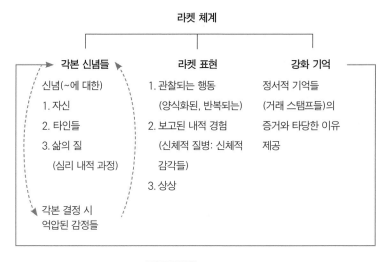

그림 3-1 라켓 체계

각본 신념과 감정

　[그림 3-1]에서 왼쪽 칸은 자기 자신과 타인들, 그리고 삶의 질

에 대한 개인의 각본 신념들을 보여 준다. 각각의 각본 신념은 자신이 어린 시절 만든 각본 결정을 반영한다.

Erskine과 Zalcman은 각본 결정을 채워지지 않은 욕구와 미해결 감정을 '해소하려는' 유아의 시도들을 반영하는 것으로 보았다. 모든 유아에게는 자신이 표현한 감정이 양육자로부터 원하는 응답을 가져오지 않는 순간들이 있게 된다. 이러한 일이 일정 기간 지속되면 유아는 채워지지 않는 욕구에서 오는 불쾌감을 누그러뜨리기 위해 인지적 조정을 사용하게 된다. 이는 자신의 욕구가 충족되지 못한다는 사실을 '해명하는' 방법을 찾는 것이다. 그래서 유아는 일시적으로나마 편안함을 느끼기 위해 이 '설명'을 사용한다. 성인이 된 후에도 우리는 자신을 보살피기 위해 동일한 방법을 자주 사용한다. 그러나 어린아이는 유아기의 전형인 마술적 사고를 사용하면서 비언어적으로 자신의 '설명'에 다다른다.

예를 들어 보자. 유아가 엄마와의 신체적 접촉을 반복해서 요구하지만 주어지지 않는 상황을 가정해 보자. 어린아이는 버림받을 가능성에 대한 공포를 경험한다(Zalcman, 1986). 아이는 소리를 지르면서 이 감정 표현을 고조시키지만 엄마는 여전히 응답이 없다. 경우에 따라서는 아이가 에너지가 고갈되어 소리 지르기를 그칠 수도 있다. 아이는 자신의 본래 욕구가 채워지지 않고 감정 경험도 미해결된 상태로 남겨지게 된다.

이 상황에서의 불편함을 적어도 어느 정도 완화하기 위해 아이는 말없이 '나는 사랑스럽지 않아.'라는 결론을 내림으로써 '이를 잘 해결'해 나간다. 이러한 강화가 일정 기간 지속되면 이는 아이의 자신에 대한 근본적인 신념의 하나가 된다. 이후의 발달 단계에서 아이는 '내가 사랑스럽지 않은 이유는 나에게 뭔가 심각한 문제가 있기 때문이다.'라는 신념을 추가함으로써 자신의 '설명'을 정교화한다.

이 '설명'은 또한 아이에게 자신의 본래의 감정을 표출하는 것이 쓸모없다는 것을 넌지시 암시한다. 아이가 얼마나 격앙되는지 상관없이 아이는 자신의 욕구에 부합되는 것을 계속 얻지 못한다. 그러면 아이는 본래의 감정을 억누르는 반응을 하게 된다. 이는 곧 아이로 하여금 이러한 감정을 느끼지조차 못하는 결정을 하게 한다. 이 억압된 감정은 라켓 체계([그림 3-1])의 왼쪽 칸에 나타나 있다.

이제 성인기에 각본 결정 때와 유사한 상황의 스트레스 상황과 마주한 사람을 떠올려 보자. 위의 예에서 이는 의미 있는 여자로부터 지각한 신체적 거부가 될 것이다. 비록 의식적으로 연결되는 것은 아니지만 이 사람은 유아기 때 엄마로부터 경험한 외상적인 거부의 추억과 다시 맞닥뜨리게 된다. 그는 당시 자신이 느꼈던 공포를 재경험하면서 이 기억에 반응할 것이다. 연결되어 있는 기억과 같은 이 감정은 자신의 의식적 자각 밖에서 일어나는 것이다.

이러한 급성 불쾌감을 재경험하기 시작할 때 사람들은 유아기 때 행했던 것과 같은 방법으로 이를 다루고자 시도한다. 자신이 어떻게 느끼는지를 자신에게 '설명'하기 위해 새로운 시도를 하면서 자신의 각본 신념들을 내부적으로 재진술한다. 이 예에서 성인이 된 사람은 의식하지 못하면서 자신에게 이렇게 말할지도 모른다. '그래, 내가 생각했던 바로 그대로야. 내게 의미 있는 여자들은 모두 나를 거부하지. 이는 내가 사랑스럽지 않다는 것을 확인해 주고 나에게 어떤 심각한 문제가 있다는 거야.'

자신의 각본 신념들을 되풀이하면서 그는 본래의 감정이 미해결로 남는다는 사실을 '정당화'한다. 어린 시절에 했던 것처럼 그는 '두렵기는 하지만 나는 아직 욕구 충족을 원해. 왜냐하면 나는 어차피 사랑스럽지가 않으니까. 내가 두려워 보이는 것은 아무런 의미도 없어. 실은 내가 얼마나 두려워하는지 느끼고 싶지도 않아.'라는 결론을 내린다.

각본 신념들과 억압된 감정들의 상호작용은 [그림 3-1]에 점선 화살표로 된 '피드백 고리'로 표현되어 있다. 이 전 과정은 심리 내적으로 개인의 의식 밖에서 일어난다.

이것은 지금–여기의 현실에 대해 자신의 각본 신념들을 유용하게 갱신하지 못하는 하나의 폐쇄 체계다. 자신의 각본 신념들을 재생할 때마다 위의 예에서 언급한 사람은 자신의 충족되지 못한 욕구들을 '해결해 주는' 유아기의 목표를 성취한다. 그러나 이렇게 함으로써 그는 지금–여기 상황에 더 적절한 다른 가능한 설명들을 지워 버리게 된다. 예를 들어, 위에 언급한 여자는 실제로 그를 거부한 것이 아닐지도 모른다. 설령 그녀가 그랬다 하더라도 그가 본질적으로 사랑스럽지 않다는 것을 암시하는 것은 아니다. 이 모든 것의 가장 기본이 되는 것은 그가 의미 있는 여자에게 거부당하는 일이 일어난다 할지라도 성인으로서 살아갈 수 있는 지금–여기의 현실을 지운다는 것이다.

라켓 표현

누군가 이 심리 내적 과정에 몰두하면 이를 매우 다양한 방식으로 표현하는데, Erskine과 Zalcman(1979)은 이를 '라켓 표현'이라 불렀다. 이것은 라켓 체계 그림([그림 3-1])의 중간 칸에 나와 있다. 여기에는 관찰되는 행동, 보고된 내적 경험, 각본 상상 등이 포함된다. 이 모든 것들은 아이가 본래의 감정 표현이 이루어지지 못할 때 욕구 충족의 의미로 받아들이기로 결정한 전략들을 반영한다. 각본 속에 있는 성인은 이 오랜 패턴들을 되풀이하게 된다.

위의 예를 계속하자면, 공포심이 증대될 때 엄마의 주의를 끌지 못하는 어린아이는 엄마가 결국에는 짜증으로 반응한다는 것을 알게 된다. 따라서 아이는 본래의 공포 감정을 분노라는 대체 감정으로 덮어 버리는 것을 배우게 된다. 아이는 분노 표출이야말로 타인이 자신의 욕구에 부합하도록 만드는 가장 좋은 수단이라고 결정한다.

널리 인정되고 있듯이 엄마가 아이에게 반응할 때는 엄마 자신은 화가 나고 분개한다. 그녀는 아이에게 소리를 지르고 심지어는 흔들거나 때릴지도 모른다. 하지만 최소한 엄마는 아이에게 관심을 주게 되고 이는 버림받는 끔찍한 상황보다는 훨씬 나은 것이 된다. 시간이 지나면서 아이는 '내가 어쨌든 관심을 받게 되면 이는 부정적인 관심이 된다. 그리고 이를 얻어 낼 수 있는 방법은 의미 있는 다른 사람이 화를 내서 내가 필요한 관심을 줄 때까지 짜증을 내는 것이다.'라는 결정을 내리게 된다.

각본 상태에 있는 성인은 이와 같은 어린 시절의 전략들을 그에 수반되는 감정과 함께 재연한다. 각본 신념들에 직면하지 않은 상태로 있는 이상은 어린 시절의 미해결된 욕구들을 다루려는 시도로 이러한 행동과 감정을 반복적으로 되풀이하게 된다.

때때로 라켓 표현은 신념을 표현하는 것이라기보다는 각본 신념에 대한 방어로 나타난다. 유아기에 '나는 사랑스럽지 않아.'라고 결정한 사람을 다시 떠올려 보자. 성인이 되어 그는 '돈 주앙' 스타일로 성적인 모험을 반복적으로 찾음으로써 자기도 모르게 이 신념에 방어할지도 모른다.

라켓 표현을 담고 있는 분명한 행동을 보여 주면서 그는 긴장, 근육통 같은 내적 감각이나 얼굴 붉힘, 소화불량 같은 신체적 불편함 등을 경험할 수도 있다.

각본 상상

사람들은 각본 신념에 더욱 정진하기 위해 상상에 몰두할 수 있다. Zalcman(1986)은 이를 각본 상상이라 불렀다.

위의 예를 계속하자면, 어른이 된 이 사람은 사람들이 그의 등 뒤에서 '그에게 잘못된' 모든 것들에 대해 서로 이야기를 나누는 상상을 하게 된다. 이런 상상은 종종 '일어날 수 있는 최악의 일'에 초점이 맞추어진다. 하지만 그들은 또한 '일어날 수 있는 최선의 일'의 거창한 버전을 묘사하기도 한다. 예를 들어, 동일한 사람이 자신에게 끊임없는 사랑과 관심을 주는 이상적인 여인에 대한 내적 사진을 가지고 있을 수도 있다. '최선'과 '최악' 모두 어른의 현실적 관점에서는 똑같이 비현실적이다.

강화 기억

성인이 각본 상태에서 어린 시절의 전략을 재실행할 때마다 어린 시절의 것과 유사한 결과를 경험하게 된다. 이와 함께 우리는 어린아이 때 느꼈던 것과 같은 감정을 경험한다. 따라서 이러한 과정이 반복될 때마다 우리는 의식도 하지 못하면서 '그래, 세상은 내가 생각했던 것 그대로야.'라고 자신에게 말하게 된다.

사람은 전형적으로 이 결과들에 대한 기억의 저장고를 만든다. 각본 상태에서 우리는 이 기억들을 참조하게 된다. 그것들은 각본 신념들을 지지하는 '증거'를 제공하고 그럼으로써 이 신념들을 강화시킨다. 라켓 체계의 오른쪽 칸에는 이 '강화 기억'들이 열거되어 있다. 강화의 반복되는 과정에 의해서 라켓 체계에 또 다른 폐쇄적인 피드백 고리가 형성된다. 이것은 [그림 3-1]에서 실선 화살표로 나타나 있다.

각각의 강화 기억은 자신만의 정서적 부담을 수반한다. 사람이 각각의 기억을 저장하는 것처럼 이에 수반되는 감정 역시 함께 저장된다. 후에 기억을 재생하면서 우리는 저장된 정서 역시 재경험한다. Berne(1964b)은 이 저장되어 쌓여 있는 감정들을 묘사하기 위해 '거래 스탬프'라는 심술궂은 말을 사용했다. 이는 몇몇 슈퍼마켓에서 구매에 따라 고객들에게 색깔이 있는 스탬프를 찍어 주는 방법에서 나온 것이다. 고객이 스탬프를 충분하게 모으면 이를 '사은품'과 교환할 수 있다. 같은 식으로 우리는 각본 속에서 정서적 거래 스탬프들을 쌓아 간다. 우리는 결국에 가서는 두통, 싸움, 소송, 자살과 같은 각본 지불을 위해 그들을 사용하게 된다.[1]

모든 사람에게 현실에서는 많은 경우 행동 결과가 각본 신념들을 지지하지 않는 경우가 있게 된다. 그러나 각본 속에 있을 때 사람들은 자신의 회상에서 이 경우들을 전형적으로 지워 버리려 한다. 강화 기억들은 상상적 사건 기억들과 실제적 사건 기억들을 포함한다.

우리는 성인들의 삶에서 어떻게 개인 문제들이 발생하는지, 사람들이 어떻게 이 문제들을 지속하고 유지시키는지에 대한 개요를 완성해 왔다. 다음으로는 '사람들의 이러한 문제해결을 돕기 위해 당신은 무엇을 할 수 있는가?'라는 질문이 온다.

상담자의 과제

'각본'의 반대는 '자율'이다. 누군가 자율적으로 행동할 때는 성인으로서 자신의 모든 자원을 활용하는 방식으로 지금 – 여기에서 문제들을 만난다. 이 사람은 자신의 과거로부터의 자기 제한적인

---

1) 2007년 판에 대해 비평가들은 '거래 스탬프'가 역사적으로 이어져 온 것은 맞지만, 많은 상점들이 지금은 정확히 같은 기능을 수행하는 '멤버십 카드'를 갖고 있다는 점을 나에게 지적했다. 이 모든 것에도 불구하고 시대는 실제로는 변하지 않았다. 중요한 것은 TA가 Berne의 원래 이론 용어인 '거래 스탬프'를 유지한다는 사실이다.

전략을 반복하는 대신에 현실에서 현재에 반응한다.

따라서 상담자로서 당신의 과제는 다음의 단어로 요약할 수 있다.

각본 직면–자율성

당신이 사용하기로 선택한 구체적인 상담 기법이 무엇이든지 간에 이것은 개입의 기본적인 목적으로 남게 된다.

핵심 개념 3.4

개입의 목표들

1. 효과적인 개입은 내담자로 하여금 각본에 직면하고 자율성을 발달시키는 개입이다.
2. 해가 되는 개입은 내담자의 각본을 강화시키는 개입이다.
3. 무능한 개입은 각본 속으로 들어가고 나오는 내담자의 움직임과 상관이 없는 개입이다.

이제 자율성과 각본 강화에 대해 말해 보자. TA의 철학적 자세는 당신이 누군가를 좋게 또는 나쁘게 변화'시킬' 수 없다는 점을 강조한다. 최종적으로 변화하거나 또는 변하지 않기로 하는 결정은 내담자가 하는 것이다. 당신의 기술은 성인이 활용할 수 있는 선택권을 내담자에게 계속해서 제공하는 것이다. 이렇게 함으로써 어린아이로서 가지고 있던 자원에 여전히 제한된 신념에 내담자를 직면시키게 된다.

직면의 의미

TA가 '직면'이라는 단어를 쓸 때는 공격적이나 격렬한 중재를 뜻하는 것은 아니다. 이는 당신이 내담자의 각본 신념들을 지금-여기의 현실에서 점검해 보도록 내담자를 이끄는 모든 행위를 뜻한다.

변화를 위한 스트로킹

'직면'의 반대말은 '스트로킹'이다. 이 맥락에서 스트로크를 준다는 것은 일종의 인정이나 보상을 주는 것을 의미한다(이 장의 '스트로크와 스트로크 찾기' 참조). 이를 TA의 간략한 기술적 용어로 다음과 같이 말할 수 있다.

- 효율적인 개입은 '각본에 직면'시키고 '자율성에 스트로크를 주는' 것이다.
- 해가 되는 개입은 '각본에 스트로크를 주는' 것이다.

이 장의 앞부분에서 논의했듯이 스트로킹이란 그것이 행동이든 감정이든 한 사람이 지속적으로 스트로크를 받도록 이끄는 강력한 방법이다. 따라서 내담자가 각본에서 벗어나서 자율로 움직였을 때마다 스트로크를 제공하도록 단계적으로 움직일 수 있게 내담자를 확고히 돕는 것이다(Goulding & Goulding, 1979: 94).

똑같이 중요한 것은 상담자가 각본 신념들과 이에 수반되는 행동이나 감정에 스트로크를 주지 않는 것이다. 상담자는 상담 회기 중에 파괴적이거나 고통스러운 행동에 대해 내담자를 일부러 칭찬하지는 않을 것이 분명하다. 그럼에도 불구하고 각본 상태에 있는 사람은 자신의 각본 신념들을 '확인'하는 것으로 세상을 바라보고자 한다는 것을 상기하자. 따라서 내담자는 때때로 상담자를 자신의 신념에 동참하도록 은근히 이끈다. 내담자는 이를 의식하지 못하는 사이에 언어적 또는 비언어적으로 행하게 된다. 이에 대한 내담자의 행동에는 다음과 같은 것들이 있다.

- 상담자가 동의하기를 기대하면서 자신이나 상담자 또는 다른 사람들을 평가절하하는 말을 한다.
- 어떤 고통스러운 것에 대해 말하면서 웃는다.
- 무엇인가를 원한다고 말하면서 상담자에게 이를 요청하지는 않는다.
- 무기력하게 행동하면서 상담자가 자신의 문제를 해결해 주기를 희망한다.
- 분명한 '카타르시스' 감정을 표출하면서도 아무것도 바꾸지를 않는다.
- 말로는 무언가를 말하면서도 행동으로는 어떤 다른 신호를 준다.

상담자의 기술은 이 모든 초대들을 간파하고 이를 정중히 거절하는 것이다. 제9장에는 상담자가 이를 행하는 방법을 서술할 것이다.

라켓 체계에 개입

라켓 체계 용어에서 개입의 목표는 내담자가 예전의 피드백 고리에서 빠져나와 이를 새로운 옵션으로 대치하도록 돕는 것이다.

라켓 체계의 흐름을 중단시키는 것과 여기서 영원히 '빠져나오는 것' 사이에는 차이가 있음을 잊지 마라(Zalcman, 1986; Erskine & Moursund, 1988). 라켓 체계에서 완전히 빠져나오기 위해서는 다음의 두 가지를 해야 한다.

- 자신의 각본 신념들을 새롭게 하기
- 이 신념들에 수반되는 각본 감정들을 해결하기

우리는 체계의 나머지 부분을 완성하는 행동, 생각, 느낌, 신체적 패턴에서의 영구적인 변화를 가져오기 위해 이 방법을 계속할 수 있다. 이는 마치 각본 신념과 정서가 전체 라켓 체계를 위한 '발전소'인 것과 같다.

반대로 만약 누군가가 각본 신념과 정서를 놔두고 단순하게 체계의 나머지 부분 중 하나에서 변화를 시작한다면 어떤 일이 일어날까? 예를 들어, 습관적으로 사회적 접촉을 꺼려 하는 사람이 사교 클럽에 참가하고 적어도 그곳에서 만나는 한 사람과 대화를 하기로 마음먹었다고 가정해 보자. 이 행동은 자신의 라켓 표현 중 하나에서 이탈하는 움직임을 나타낸다. 이는 예견되는 라켓 체계의 흐름을 중단할 때까지는 진정한 변화다.

 그러나 각본 신념과 감정이 변하지 않는 이상 우리는 자신의 각본 신념을 '확인'하는 다른 방도를 찾게 된다. 앞의 예에서 그 사람은 사교 클럽에 들어가서 그에게 쌀쌀맞게 굴거나 그를 얕보는 각본 논리들을 지닌 여자에게 말을 걸지도 모른다. 거절을 당하면서 그는 자신도 모르게 '거 봐, 내가 옳았어. 사람들과 접촉을 갖는 것은 안전한 게 아니야'라고 말하게 된다. 따라서 개입 지침으로서 라켓 체계를 사용하는 상담자는 내담자의 각본 신념들과 이에 수반되는 각본 감정들을 변화시키도록 돕는 것이 중심 과제가 되어야 한다.

 체계의 나머지 부분 모두에도 주의를 기울이는 것 역시 중요한 일이다. 내담자가 호소하는 문제들은 대체로 각본 표현 영역에 자리해 있다. 상담자는 체계의 어떤 곳이든 내담자가 이를 중단하도록 질문함으로써 개입을 '시작'할 수 있다. 예를 들어, 내담자의 생각이나 감정, 행동 또는 자신의 신체를 사용하는 방법 등을 바꾸도록 질문하면서 이를 실행할 수 있다(Erskine & Moursund, 1988). 이 최초의 변화는 종종 상담자와 내담자에게 각본 신념들과 느낌들을 좀 더 근원적으로 변화시키는 '열쇠'가 될 수 있다.[2] 다시 말하자면, 누군가가 각본 신념에 변화를 가져왔을 때 이를 자신의 삶 속 깊이 온전하게 새로운 양식으로 통합하기 위해서는

---

2) '상담 종결하기'를 다루는 제11장에서는 Eric Berne(1961, 1972)의 네 개의 연속적인 단계의 귀결로서 '치유' 과정을 묘사하는 것을 보게 될 것이다. 첫 두 단계는 우리가 여기서 '라켓 체계 중단하기'라 부르는 것에 해당하는 '사회적 통제력'과 '증상의 완화'다. 사람이 '라켓 체계에서 자유롭게 벗어날' 때 그는 Berne이 제안한 네 번째 치유 단계, 즉 각본 치유를 성취한 것이다.

보통은 일정 기간 동안의 행동 연습이 뒤따라야 한다. 이 점에 대해서는 제10장에서 다시 설명할 것이다.

이 책의 제2부에서 나는 측정과 개입을 위한 구성 주제로 라켓 체계를 사용한다.

다음 장과 제1부 마지막 장에서 보게 되는 TA를 설명하는 구성 틀의 또 하나의 요소가 있다. 이는 자아상태 모델로 TA 이론과 실제의 기본이 되는 성격의 판단이다.

4 장 현재로부터 과거 분리

자아상태 이론
자아상태 파악

제3장의 반복되는 주제는 과거와 현재의 구분이었다. 때때로 사람은 지금–여기에서 일어나는 일에 직접적인 반응으로서 행동하고 사고하고 느낄 것이다. 또 어떤 때에는 과거에 자주 했던 행동, 생각, 감정을 드러내기도 한다.

이 장에서는 과거와 현재 사이의 이러한 구분에 초점을 맞춘 모델을 제시한다. 이는 '자아상태 모델'(ego-state model)로 알려져 있다(Berne, 1961, 1966; Clarkson, 1992: 40-54; Erskine & Moursund, 1988; Sills & Hargaden, 2003; Stewart, 1992: 22-31; Stewart & Joines, 1987; 11-55).

자아상태 모델의 기본개념은 간단하다. 즉, 현재에 반응하는가 아니면 과거로부터 해 오던 행동을 재연하는가를 '관찰에 의해서' 명확하게 판단할 수 있을 것이다.

이 장의 앞부분에서는 자아상태 이론을 개괄한다. 뒷부분에서는 어떻게 자아상태를 확인할 수 있는지를 실제적으로 묘사하며, 자아상태를 진단하는 기술을 향상시킬 수 있는 자세한 자기-수퍼비전 순서를 제시한다.

　나는 이 4장의 내용을 제2부의 치료 순서에 대한 묘사보다는 제1부의 'TA의 구성 체계' 논의 부분에 포함시켰다. 이는 자아상태 모델이 TA 이론의 기초가 되는 부분이기 때문이다. 마찬가지로 자아상태 확인 기술 역시 이를 어느 분야에 적용시키든 간에 모든 TA 실제의 기본이 된다.

🔍 핵심 개념 4.1

자아상태 모델

1. 사람들은 때때로 자신의 어린 시절을 반복하는 방식으로 행동하고 생각하고 느낀다. 이때 어린이 자아상태에 있다고 말한다.

2. 또 어떤 때에는 자신의 부모나 부모와 같은 권위적인 인물들의 사고나 행동 또는 감정을 본보고 따라 할 때도 있다. 이때 어버이 자아상태에 있다고 말한다.

3. 누군가의 행동, 사고, 감정이 어린 시절로부터의 재연이거나 부모를 따라 하는 것이 아니라 지금-여기에 대한 직접적인 반응이라면, 그는 어른 자아상태에 있는 것이다.

자아상태 이론

일상에서 TA를 사용할 때 우리는 누군가가 '어린이' '어버이' 또는 '어른' 상태에 있다고 간단하게 말한다. 어버이, 어른, 어린 이라는 단어들이 자아상태를 가리키는 데 사용될 때는 그 알파벳 첫 글자로 표기한다. 소문자로 시작하는 동일한 단어들은 현재의 어버이, 어른, 어린이를 나타낸다.

자아상태의 정의

자아상태 모델은 성격을 표현하는 세 가지 방식에 초점을 맞추고 있다. 각각의 방식은 일단의 독특하고 '관찰할 수 있는' 행동으로 규정된다. 이 모델은 각 방식의 행동에는 각 자아상태마다 전형적인 사고와 감정이 '일관되게' 수반된다는 사실을 강조한다. 비록 사고와 감정들을 직접 관찰할 수는 없지만 질문을 통해서 알아볼 수는 있다.

자아상태는 "행동의 지속적인 패턴과 일치하는 것에 직접적으로 관계된 감정과 경험의 지속적인 패턴"으로 정의할 수 있다 (Berne, 1966: 364).

자아상태가 두뇌나 신체의 어떤 특정 부위를 차지한다는 암시는 없다. 실제로 자아상태는 어떤 형태의 구체적인 실체가 아니라 단지 '이름'일 뿐이다. 어버이, 어른, 어린이라는 용어는 행동, 사고, 감정의 세 가지 구별되는 이들 집합체를 가리키는 데 사용하는 세 가지 꼬리표다.

자아상태와 시간 차원

시간 차원은 Berne의 본래 자아상태 모델에 있어서 핵심 개념이다. 누군가가 어린이 상태에 있다면 그는 자신의 과거로부터 즉 어린 시절로부터의 행동, 사고, 감정을 되풀이하고 있는 것이다. Berne은 어린이를 '태고' 자아상태라 부르며 강조했다.

어버이 자아상태에서는 부모나 부모 표상으로부터 '과거에' 무비판적으로 받아들인 행동, 사고, 감정의 방식을 사용하게 된다. 이를 표현하기 위해 Berne은 어버이를 '빌려 온' 자아상태라 불렀다.

어른 자아상태에서는 '현재'에 대해 직접적으로 반응하는 방식으로 행동하고 생각하고 느낀다.

자아상태 모델은 어떻게 유용한가

상담에서 자아상태 모델의 실제적인 사용은 다음과 같이 요약할 수 있다.

- 이 모델은 세 가지 유형의 자아상태를 관찰과 질문을 통해서 각각 분명하게 구분할 수 있다고 주장한다.
- 따라서 우리는 한 개인이 순간순간 어떤 상태에 있는지를 판단할 수 있다.
  - 어린 시절을 되풀이하면 어린이 자아상태

- 부모나 부모와 같은 권위적 인물들에게서 본을 본 것들을 되풀이하면 어버이 자아상태
- 지금-여기에 직접적으로 반응하면 어른 자아상태
- 자신의 자아상태 패턴을 알아차리는 것을 배움으로써 상담자는 이 세 가지 동일한 방향으로 내담자에 대한 자신의 반응을 검토할 수 있게 된다.
- 다음으로 이 지식은 상담자와 내담자가 스스로 하고자 하는 반응을 '선택'할 수 있게 도와준다.

자아상태 모델을 배우는 또 다른 실제적인 이유는 이 모델이 TA 이론의 다른 대부분의 영역들에 기초를 이루기 때문이다.

자아상태 파악

자아상태 변화를 파악하는 기술은 TA 실제에 있어서 기초적인 일이다. Eric Berne(1961: 66-9)은 자아상태 진단의 네 가지 모델을 제시했다.

- 행동적
- 사회적
- 역사적
- 현상학적

Berne은 되도록 앞에 제시한 순서대로 가능한 한 이 네 가지를 모두 사용할 것을 강조한다.

행동 진단

이름이 말해 주듯이 행동 진단은 행동 단서들을 관찰함으로써 자아상태를 진단하는 것을 말한다. 각 자아상태는 다음과 같은 내용들의 일관된 결합에 의해서 신호를 준다.

- 말
- 톤
- 몸짓
- 자세
- 얼굴 표정

또한 호흡과 심장박동의 변화와 같은 세세한 생리적 단서들도 있을 수 있다.

행동 단서: 표준 또는 독특함

누군가 어린이 자아상태에 있다는 것은 '어린이들이 일반적으로' 행동하는 것처럼 행동한다는 것은 아니다. 그는 자신의 독특한 어린 시절에 했던 것처럼 행동한다. 어버이 자아상태에서는 '부모들이 일반적으로' 하는 전형적인 행동이 아닌 '자신의' 독특한 부모들로부터 빌려 온 행위를 사용한다는 것을 의미한다.

각 개인은 각각의 자아상태를 위해 자신만의 독특한 행동 단서의 집합체를 가지고 있다. 예를 들어, 어버이 자아상태에 대한 나의 행동 단서 집합체는 부모님과 아마도 조부모님 또는 선생님들과 같은 나의 또 다른 부모상이 행한 행동들을 반영할 것이다. 이는 당신의 부모상이 나와는 다를 것이기 때문에 당신이 어버이 자아상태에서 보이는 행동 단서들과는 차이가 있을 것이다.

자아상태를 인식하는 경험적 작업, 특히 Steere(1982)의 작업은 각각의 자아상태에 대한 세부적 행동 단서들이 개인 간의 차이처럼 같지가 않고 개인마다 독특하다는 것을 증명했다.

실제에 있어서 행동 진단

자아상태의 행동 단서들이 각 개인마다 다르다고 한다면 행동적 진단은 어떻게 가능할 것인가?

대답은 비록 자아상태 행동들이 개인마다 세세하게 차이는 있지만, 특정 자아상태를 빈번하게 암시하는 일반적인 공통의 행동 표상들이 있다는 것이다. 그 원인을 찾는 것은 그리 어렵지 않다. 나의 부모님과 당신의 부모님은 분명 다른 사람들이지만, '일반적인 부모들'은 아이들을 통제하거나 돌볼 때 전형적인 행동을 취하게 된다. 그리고 우리는 서로 다른 아이임에도 불구하고 부모님의 지시에 따르거나 이를 어길 때, 또는 자발적 방식으로 행동할 때도 종종 '일반적인 아이들'이 보이는 공통된 행동 목록을 지니고 있다.

  우리는 이러한 일반적인 '부모와 같은' 또는 '아이와 같은' 행동들을 관찰함으로써 행동 진단을 유용하게 시작할 수 있을 것이다. 자아상태 모델을 온전히 효율적으로 활용하기 위해서는 이러한 일반적인 단서들에 의한 판단이 단지 시발점이라는 점을 명심해야 한다.

  행동 진단의 신뢰도를 향상시키기 위해서는 개개인이 보이는 독특한 자아상태 행동들의 상세한 목록을 수집할 필요가 있다. 이는 한 개인에 대해 시간을 가지고 관찰할 것을 요구한다. 또한 시시각각 관찰한 행동 내용을 그 사람의 감정, 사고, 신념에 대한 보고서와 지속적으로 교차 관련시킬 것을 요구한다. 이러한 보고서 없이는 한 개인이 보여 준 자아상태 행동에 대한 자신의 직감이 정확한지 여부를 검토할 수 있는 방법이 없다.

  이러한 지속적인 교차 검토 과정에 의해서 행동적 진단 기술이 발전하게 된다. Berne은 '직관적인' 판단의 유용성을 언급하면서 이것이 종종 사람들의 자아상태를 놀랍게도 정확히 읽어 낼 수 있다고 하였다. 하지만 Berne은 자아상태 모델의 틀을 가지고 다년간 내담자들과 작업한 경험의 이점을 말하고 있다. 그는 자신의 직관적 행동 진단을 내담자가 보고하는 생각, 신념, 느낌들과 지속적으로 교차 점검하곤 했다. 이 피드백의 중요성을 잘 인지하면서 그는 행동적 진단이 가급적 다른 세 가지 진단, 즉 사회적, 역사적, 현상학적 진단들과 연관 지어야 한다고 말한다.

사회적 진단

사회적 진단에서는 타인에 대해 반응하는 한 개인의 자아상태를 알아차림으로써 이를 판단한다. 이것은 만일 누군가 특정 자아상태를 나타낸다면 그는 분명 상대방의 상보적인 자아상태를 요청할 것이라는 관찰에 근거를 둔다. 만약 누군가 어린이 자아상태에 있다면 분명 상대방의 어버이 자아상태에서의 반응을 얻으려고 할 가능성이 많다. 만일 어버이 자아상태를 표출한다면 아마도 어린이 자아상태의 반응을 얻으려 할 것이다. 어른 자아상태에서는 어른 자아상태에서의 반응을 돌려받으려는 가능성이 높다.

혹자는 '그런데 사회적 진단은 행동적 진단을 단지 한 사람이 아닌 두 사람에게 적용한 것이 아닌가?'라고 물을 수도 있다. 경험상으로 사회적 진단의 주요한 실제적 유용성은 내담자와 상담자 사이의 자아상태 변화를 따라가는 데 도움이 된다는 점이다. 상담자가 내담자에게 어버이 자아상태로 느끼고 행동하고 있는 것을 깨닫게 된다면, 예를 들어 무엇인가를 처리하거나 야단치는 듯이 느낀다면, 사회적 진단은 당신으로 하여금 이들이 어린이 자아상태로부터 나온다는 가정을 하도록 한다. 물론 이러한 진단 방법이 효율적으로 이루어지기 위해서는 상담자 스스로가 자신의 자아상태 변화를 알아차리는 기술을 발전시킬 필요가 있다. 이 기술을 발전시키는 훌륭한 방법으로는 수퍼비전을 위해 상담 회기를 녹음하고, 수퍼바이저와 함께 상담자 자신과 내담자 모두가 보여 준 자아상태 변화에 초점을 맞추는 것이다.

만약 정신역동적 상담 언어에 친숙해 있다면 사회적 진단의 사용이 내담자에 대한 '역전이'를 일깨워 주는 데 적용될 수 있다는 것을 알 것이다. 현대의 정신역동에 있어서 역전이는 넓은 개념으로 '자신의 과거 경험으로부터 나온 그리고 현재 자신과 관련된 타인 앞에 가져온 느낌, 생각, 반응들의 전체 집합체'로 정의한다. TA 용어로 표현하자면 우리는 종종 다른 사람의 '얼굴을 하고 있다'. 이 '얼굴'은 과거에서 오는 얼굴이다. 우리는 때로는 타인의 '어버이 얼굴을 하는데', 이 경우 우리는 어린이 자아상태로부터 그들과 교류하는 것이다. 우리가 다른 사람의 '어린이 얼굴을 하고' 있다면, 이는 우리가 그들의 어버이 자아상태처럼 그들과 만나는 것이다.[1]

전통적 정신분석 언어로는, 내담자가 상담자의 '얼굴을 하고' 있을 때 이 과정을 '전이', 상담자가 내담자의 '얼굴을 하고' 있을 때 이를 '역전이'라 불렀다. 오늘날 사용은 전체 과정이 사실은 두 가지 방식 모두와 서로 관계가 있다는 것에 폭넓게 동의를 한다. 즉, 내담자와 상담자가 서로의 얼굴을 하고 있는 것이다.

사회적 진단의 예로 돌아가서 만약 상담자가 내담자에 대해 어버이처럼 느낀다면, 이는 상담자가 내담자에 대해 '어린이의 얼

---

[1] 이 실용적 안내서는 TA, 심리치료, 상담에서 일반적으로 여러 학자들이 '전이'와 '역전이'라는 용어에 부여하는 여러 의미들에 대해 세부적으로 논의하는 장소가 아니다. 원컨대 내가 여기서 기술한 '역전이'는 실제적 적용에 해당되는 것으로 여겼으면 한다. 어쨌든 Berne의 자아상태, 교류, 각본에 대한 원래 이론은 이미 전이와 역전이였고, 늘 같은 의미로 사용되어 왔다(Erskine, 1991; Stewart, 1992: 36-9 비교). TA에서 전이와 역전이의 역할에 대한 자세한 논의는 Clarkson(1992: 148-74) 그리고 Cornell과 Hargaden(2005)을 보라.

굴'을 하는 순간이기 때문일 수 있는 것이다. 사회적 진단에서의 가정은 내담자가 자신의 어린이 자아상태(그리고 상담자의 '어버이 얼굴'을 하면서)에서 상담자와 실제적 대화를 진행함에 있어서 상담자로 하여금 그렇게 하도록 초대한 것이다. 이 '초대'는 물론 의식적으로 자각하는 것은 아니다. 상담자로서 우리의 과제는 자신의 응답을 모니터링하는 것이고 가능한 한 자신의 의식적 각성 속으로 불러와야 하는 것이다. 이는 자신의 자아상태 변화를 깨닫는 기술을 발전시키고 사용하는 것을 의미한다.

이처럼 사회적 진단은 초반에 설명한 것보다는 잠재적으로 훨씬 더 복잡하다는 것을 알 수 있다. 다시 한 번 말하자면, 상담자의 어른을 발전시키는 핵심은 상담자가 내담자의, 그리고 내담자가 상담자의 '얼굴'을 하는 것을 알아차리기 위해 수퍼비전을 조심스럽게 활용하는 것이다.

역사적 진단

역사적 진단에서는 상담자가 내담자의 어린 시절과 그 속에 누가 등장하는지 물어봄으로써 자아상태 행동 단서들을 점검해 보는 것이다. 이는 어버이를 자신이 동일시했던 특정한 부모 모습에서 빌려 오면서, 어린이 자아상태가 자신의 어린 시절에서 오는 재료들을 반복하는 것이다. 따라서 누군가가 당신의 어린이 자아상태에 대한 직관적 의도에 맞는 듯이 보이는 행동을 보인다면 다음과 같은 질문을 하면서 역사적 점검을 하면 된다.

"당신이 지금 행하는 방법이 어떤 식으로든 당신의 어린 시절을 상기시킵니까?"

계속해서 이런 질문들도 할 수 있다.

"이같이 행동하는 것에 대해 당신 머릿속에서 당신 스스로에게 뭐라고 말을 할까요?"
"그것이 어릴 적 당신 스스로에게 말했던 것입니까?"
"그때 몇 살이었나요?"

당신이 누군가 어버이처럼 보이는 행동을 봤다면 다음과 같은 질문을 할 수 있다.

"잠시 그 상태에 머무르세요. 어렸을 때 부모님 중 누군가가 그런 자세를 취하셨습니까?"

어른 자아상태의 역사적 진단을 위하여, 우리는 '차이에 의한' 어른 자아상태 정의를 신뢰한다. 만약 누군가가 직감적으로 어른처럼 보이는 행동을 보인다면, 우리는 그가 어린 시절의 패턴을 반복하고 있는지, 아니면 부모 표상을 따라 하는지를 발견하기 위해 역사적 점검을 할 수 있다. 만약 이런 것이 아니라면 우리의 행동적 진단인 어른 자아상태는 지지된다.

현상학적 진단

때로는 사람들은 과거 사건을 기억해 내지는 못하지만 그것이 현재 일어나고 있는 것처럼 재경험한다. 이런 현상이 일어난다면 당신은 현상학적 진단을 위한 자료를 갖게 된다. 예를 들어, 한 내담자가 상담 중 어린 시절 결핍에 대해 이야기한다면 그 당시 느꼈던 슬픔과 접촉하고 있을 것이고 울음을 터뜨릴 것이다. 내담자는 어린이 자아상태에 대한 행동 단서를 보일 뿐만 아니라 어린 시절 전체 장면과 이에 수반한 정서를 재경험하고 있는 것이다.

📷 자기 수퍼비전 4.1

자아상태 파악하기

내담자 중에 한 명이 TA 치료 단계에 따르기를 원한다면, 당신이 그 내담자를 지금 골라라. 당신은 아마도 이미 보고 있는 누군가를 선택할 것이다. 또는 새로운 내담자와 새롭게 시작할 수도 있다.

(a) 행동 단서의 최초 확인
내담자의 행동적 자아상태 단서에 대한 초기 판단을 하라. 이는 직접 대면한 상담 회기에서 할 수 있을 것이다. 더 좋은 것은 시설이 허락된다면 비디오 녹화나 오디오 녹음을 하는 것이다. 이를 하기 전에 내담자에게 동의를 구하라. 회기 후에는 녹화나 녹음 내용을 반복해서 틀고 자아상태 단서를 찾아내라.

이 초기 단계에서는 내담자가 어린 시절(어린이)을 재생하는지, 부모 표상에서 빌려 온 재료를 재생산하는지(어버이), 또는 현재의 성장한 자기로 응답하는지(어른)를 판단하는 데 있어서 단순하게 상담자의 직감을 믿어라.

자아상태 단서들은 시시각각 변할 수 있다. 이는 자아상태 변화에 대한 행동 단서들을 알아내는 기술을 발전시키기 위해서 이 짧은 기간에 보인 내담자의 행동적 신호들을 평가하는 습관이 필요함을 의미한다. 이는 상담자가 수련 받은 상담 양식에 따라서 내담자를 관찰하는 방법에 관한 상담자의 마음가짐을 바꿔야 함을 의미하기도 한다.

(b) 자아상태 일관성 점검

당신이 내담자에게서 확인한 어린이 자아상태 행동들의 예로 돌아가 보자. 내담자의 행동들이 시종일관 나타나는지 여부를 점검하라. 이는 내담자를 좀 더 주의 깊게 관찰하거나 또는 지난 회기의 녹화 내용을 다시 점검해 보면 된다. 필요하다면 내담자가 순간순간 바꾸는 행동 진단들에 주의를 기울일 수 있도록 여기서 다시 상담자의 시간 척도를 바꿀 준비가 되어 있어야 한다.

당신이 초반에 어린이(Child)로 확인한 행동들을 수집함에 있어서 내담자가 보고하는 생각과 느낌들을 고려하라. 내담자가 이러한 생각과 함께 그 느낌들을 일관되게 보고하는가? 이 보고들은 내담자의 어린 시절로부터의 자료의 재연이라는 어린이의 정의와 조화를 이루는가?

보고된 사고와 정서들은 어린이로 확인한 행동들을 지속적으로 수반하는가?

내담자에게서 초반에 확인한 어버이와 어른의 예에도 같은 단계를 수행하라.

(c) 행동 진단의 확장

내담자의 어린이, 어버이, 어른 자아상태를 가리킨다고 열거한 행동 진단의 단서들의 세트로 돌아가라. 내담자의 각 자아상태와 연계된다고 확인한 더 많은 행동 진단들을 열거함으로써 이를 확장하라. 말, 톤, 몸짓, 얼굴 표정 등에 주의를 기울여라. 알아차릴 수 있는 심장 박동, 호흡, 근육 긴장 등과 같은 생리적 단서들 역시 열거하라.

지속적으로 함께 일어나는 신호들을 찾도록 집중하라. 이 행동들이 보여 주는 내담자의 생각과 감정들을 보고하게 함으로써 이를 지속적으로 점검하라.

(d) 사회적 진단

내담자가 어린이, 어버이, 어른 자아상태에 있다고 판단되면 (a) 단계에 열거한 예들을 재검토하라. 이때 당신이 내담자에게 보인 자아상태 반응들을 고려하라. 내담자가 어린이 상태에 있다면 당신은 어버이로 반응하였는가? 내담자가 어버이 상태에 있을 때 당신은 어린이로부터의 반응을 촉진하였는가? 내담자가 어른 상태에서 나왔을 때 당신 역시 어른 자아상태에 있었는가? 어떤 행동적, 경험적 단서들에서 이러한 판단을 하였는가?

(e) 역사적, 현상학적 진단

당신은 자아상태 확인을 더 점검하기 위해 질문을 하면서 역사적, 현상학적 진단을 추가할 수도 있다. 예를 들어, 내담자가 '어린 시절을 재생'하고 있다고 판단되는 순간에 당신은 내담자가 어린 시절의 추억들(역사적)을 다시 불러오고 있는지, 또는 어떤 어린 시절의 장면(현상학적)을 재경험하고 있는지를 물을 수 있다. 내담자는 어린 시절의 어떤 시점을 재생하고 있는가? 각 시점에서 내담자

4장 • 현재로부터 과거 분리

는 몇 살이었는가? 어버이 상태도 유사하다. 내담자는 부모 또는 부모 표상 중 누구를 모방하고 있는가? 당신이 내담자가 어른 상태에 있다고 확인할 때 내담자가 자신의 어린 시절을 반복하지도 않고 부모의 행동이나 사고, 감정 등을 재생하지도 않는지를 점검하라.

이제 제1부를 마치면서 당신은 TA의 미래를 규정짓는 두 개의 개념인 자아상태와 인생각본과 마주하게 된다. 이 두 관념은 TA 이론의 근간이며 향후 TA 실제에서 우리가 행하는 모든 것이다.

제2부에서 우리는 실제적인 부분을 자세하게 살펴볼 것이다. 당신은 TA를 상담에 적용하면서 어떤 단계들을 따라오고 있는가?

TA 상담의 과정

5장
첫 단계 밟기

첫 만남과 접수상담
의뢰 기준
상담계약

실제 상담에서 이미 접수상담 절차를 거쳤을 것이다. 그리고 상담에 들어갈지 아니면 그를 다른 전문가에게 의뢰할지 결정할 기준을 가지고 있을 것이다. 이 장에서는 접수상담과 TA 실제의 대표적인 의뢰절차에 대해 살펴볼 것이다. 실례로서 나의 내담자인 John의 접수상담 사례를 설명할 것이다. 당신은 이들 중 어떤 아이디어가 자신의 작업과 통합되는 것이 유용한지를 알게 될 것이다.

첫 만남과 접수상담

내담자와 처음 만날 때, 당신은 상담을 위한 아무런 계약이 없었을 것이다. 그러나 TA 실제에서는 이 초기 단계에서도 계약방법의 개념을 통해 목표를 밝힐 수 있다. 만약 두 당사자가 계약을 할 때 그들의 첫 번째 단계는 서로에 대해 관련성 있는 사실들을 알고 있어야 한다는 것이다. 각 당사자가 계약관계에서 원하는 것이 무엇인지 그리고 각각의 능력과 기꺼이 줄 수 있는지를 알아야 한다. 이러한 여러 사항에 대해 상세하게 답할 수 없을지도 모른다. 그러나 각자 계약을 진행시킬 것인지를 결정할 수 있을 만큼 충분히 대답해야 한다.

그러므로 만약 당신이 그와 함께 상담계약에 돌입한다면, 첫 번째 계약의 목표 중 하나와 접수상담 과정은 충분한 정보를 가진 또 다른 사람의 초기 서술을 얻어 결정할 수 있게 한다. 똑같이 중요한 것은 당신이 그에게 같은 결정을 내리게 할 수 있는데 필요한 당신에 대한 어떠한 정보라도 그에게 준다는 것이다. Cornell(1986)은 잠재적인 내담자에게 '당신은 나에 대해 알기 위해 무엇이 필요한가?'라고 물어보는 것을 통한 시작의 방법을 제안했다.

이와 동시에 당신과 내담자는 아직 계약하지 않았다는 것을 명심할 필요가 있다. 당신은 다른 사람에게 무엇을 원하는지 말하지 않았을 뿐만 아니라 보답으로 기꺼이 무엇을 주려 하는지 동의하지도 않았다. 따라서 이 단계에서 다른 사람에게 상담 조정을 자청하는 것은 적절하지 않다. 계약을 하기 전에 다른 사람이 개인적 변화에 대해 작업을 시작하자는 어떤 명백한 혹은 은밀한 제안을 받아들이는 것은 스스로 보호하는 것이 아니다.

첫 만남

첫 만남에서 내가 하는 일은 가능한 한 짧게라도 첫 전화통화를 하는 것이다. 대신에 그 사람에게 서로 동의한 시간에 30분 동안 면담을 할 수 있게 약속을 하자고 제안한다. 이 면담은 그 사람과 내가 함께 일할지를 결정하기 위해서 서로에 대해 알 필요가 있는 정보를 찾아내려는 데 목적이 있다. 이 정보의 일부로서 나는 비밀보장의 성질과 그것을 타개할 환경을 일일이 열거한다.

나는 이 첫 번째 면담에서 비용을 청구하지 않는다. 면담 말미에 잠정적으로 상담관계를 시작하자고 결정했다면 나는 내담자에게 다음 단계에서 공식적인 접수상담을 완료할 것이라고 말한다. 우리가 결국 함께 일하지 않는 것으로 접수상담을 끝낸다고 하더라도 그가 여기에 동의한다면 내 시간에 대한 비용 청구를 시작할 것이라고 분명히 밝힌다. 종종 접수상담 면담은 첫 번째 면담 말미에 바로 이어지기도 한다.

몇몇 다른 교류분석가들은 내가 첫 면담을 할 때와 같은 방식으로 그것을 사용하여 더 길게 전화통화하는 것을 선호한다(예를 들어, Cornell, 1986 참조).

존: 첫 만남과 첫 면담

내 업무가 항상 그렇듯 존이 나에게 전화를 걸었을 때 그와 첫 만남이 이루어졌다. 존은 내가 몇 년 더 일찍 같이 작업했던 친구의 친구를 통해 나에 관한 이야기를 들었다. 우리의 대화가 이어지는 동안 나는 그가 해결하고자 하는 문제를 간략하게 설명해 보라고 했다. 그는 일상적인 말로 '여자 친구와의 관계에 대한 문제'가 있었다고 대답했다.

나는 존에게 내가 하는 일이 무엇인지 간략하게 설명을 했고 나의 임무가 무엇인지 분명히 말했다. 나는 그에게 나와 같이 일하고 싶은 생각이 있다면 30분 면담을 위한 첫 약속을 정하자고 말했다. 나는 이 첫 회기에서 비용을 청구할 것이라는 점을 분명히 했다. 이 회기의 전적인 목적은 그와 나 사이의 더 많은 정보 교환을 위한 것이고 우리가 함께 일을 할지 상호 결정하는 것이라고 설명했다. 그는 이 회기를 원한다고 말했고 우리는 첫 논의를 위한 시간을 정했다.

이 첫 면담에서 나는 존이 진술하고 있는 문제를 들었다. 내가 더 많은 정보를 원할 때를 제외하면 어떠한 중재도 하지 않았다.

존은 여자 친구 헬렌(Helen)과 동거인의 관계라고 말했다. 그는 그녀를 사랑했고 언제나 이 관계를 유지하고 싶었지만 지금 당장은 둘 다 결혼을 깊이 생각하지 않았다. 하지만 그는 헬렌과 자주 말다툼을 했고 이것은 시간이 지나면서 더욱더 심각해졌다. 이러한 말다툼 도중 지난주 한번은 그가 그녀를 때리는 일이 벌어졌다.

나는 중간에 끼어들어 물었다. "무엇으로 그녀를 때렸습니까?"

존은 대답했다. "손으로 때렸습니다."

존은 헬렌을 때렸고 영구적인 신체적 손상을 입을 정도는 아니었다. 그런데 그녀는 "정말로 할 만큼 충분히 했다."라고 그에게 말했고 그와 헤어질 거라고 겁을 주었다.

존은 이전 두 명의 여자 친구에게도 비슷한 패턴으로 행동했고 결국 둘 다 그를 떠났다고 언짢은 듯이 인정했다. 그는 같은 짓을 다시 하고 싶어 하지 않았다. 반면 그는 화를 조절하는 법을 알지 못했고 예전 여자 친구들을 잃은 것처럼 헬렌도 끝내는 잃지 않을까 두려워했다.

나는 존의 이야기를 들으면서 그의 진술에서 이 단계에서조차 그에게 또 다른 전문가를 찾아볼 필요를 지시할 어떤 특징을 조사하고 있었다. 그런데 나는 가능성 있는 정신 이상이나 의학적 문제를 즉시 지적할 어떤 것도 알아차리지 못했다. 지금까지 그 방식이 우리가 함께 작업하기에 분명한 것 같았다. 따라서 나는 존에게 그 일과 관련된 몇 가지 중요한 것들을 계속 말하도록 했다.

비밀보장

나는 존이 상담을 받기 위해 나를 찾아오기로 결정하면 내가 우리의 모든 회기를 테이프에 기록할 것이라고 말했다(이것은 일반적인 TA 관행이다). 이것은 교류분석가들이 테이프에 녹음된 작업의 세부적인 수퍼비전과 자기 수퍼비전에 덧붙이는 중요성을 반영한다. 나는 그에게 테이프 그리고 우리가 함께하는 작업과 관계되는 어떤 다른 구두 혹은 서면 정보가 우리 사이의 비밀로 남는다고 확신을 주었다. 그리고 다음과 같은 두 가지 예외가 있다는 것을 분명히 했다.

- 나는 내 수퍼바이저와 상의할 때 몇몇 정보를 사용할 수도 있다. 그렇게 한다면 나는 성만 밝히겠다.
- 만일 존이 나에게 준 어떤 정보가 내가 판단하기에 그의 생명이나 건강에 위협이 될 것 같으면 그의 주치의, 응급 구조 서비스 혹은 경찰에 그 정보를 알릴 것이다. 내가 이러한 결과를 피할 실제적인 방법이 없다고 판단하면 최후의 호소 수단으로만 이 시설을 이용할 것이라고 분명히 했다.

나는 이 예외 사항에 동의하는지 물었고 그는 동의했다. 그가 이것의 어떤 부분에 허가를 거부한다면 나는 면담을 끝내고 내가 그렇게 해야 하는 이유를 그에게 분명히 전했을 것이다.

또다시 존과 나는 접수상담 질문지를 계속해서 완성해 나갔다.

접수상담 질문지

대부분의 교류분석가들처럼 나도 비교적 간단한 접수상담 면담을 이용한다.

거기에는 세 가지 주요 목적이 있다.

- 내담자를 식별하기 위해서
- 진술하고 있는 문제의 더 세부적인 정보를 얻기 위해서
- 다른 전문가에 보낼 필요가 있는 어떤 특징을 밝히기 위해서

내가 접수상담 면담에서 사용하는 질문들은 다음과 같다. 대부분의 TA 상담자들은 연속된 순서를 비슷하게 사용한다. 질문들은 고딕체로 되어 있다. 특별한 질문 목적에 대한 설명은 명조체로 적는다.

1. 이름, 주소, 전화번호는?
2. 나이와 생년월일은?
3. 현재 직업은?
4. 결혼 여부는? 현재 동거인은? 이 질문과 이전 질문에 대해서는 그가 직장 생활을 어떻게 느끼는지 그리고 생활 상태가 어떤지 물어볼 수 있다.
5. 자녀는? 있다면 각각의 나이와 성별은?
6. 주치의의 주소 및 전화번호는?

7. 과거나 현재 어떤 신체적 질병이 있습니까? 있다면 어떤 치료를 받고 있습니까(받았습니까)? 이것은 당신이 이 사람과 할 수 있는 어떤 일을 제한하는 신체적 문제에 관해 알려 준다. 예를 들어, 그녀가 만성 요통을 앓고 있다면 그녀에게 신체적인 격분을 가라앉히라고 제안하는 것은 현명하지 못하다. 그런데 가끔 각본(행동 양상의 틀인 각본) 이슈와 관련된 일반적인 신체적 질병이 있다. 여기에는 근육 긴장, 고통과 통증, 체증, 고혈압 등이 포함된다. 그 사람이 어떤 병이 있다고 알린다면(그것이 진술하고 있는 문제이든 아니든 간에) 그녀가 이미 의학적 치료를 받았는지 물어볼 필요가 있다. 나는 이 주제를 아래 '의뢰(진찰 후 내담자를 전문의에게 보내는 것) 기준'에서 다시 언급할 것이다.

8. 당신은 어떤 심한 사고를 당한 적이 있습니까? 대부분의 교류분석가들은 반대되는 분명한 증거가 없다면 모든 사건이 고의적이었다고 추측한다. 여기서 '고의적인'이라는 것이 그 사건을 계획한 것을 반드시 인식했다는 것을 의미하지는 않는다. 이 질문에 대해 '예'라는 대답이 나온다면 자해 문제를 탐구해 볼 필요성(그것을 명백하게 제기했든 그렇지 않든 간에)에 집중한다.

9. 과거나 현재 어떤 정신 의학적 질병이 있습니까? 있다면 어떤 치료를 받고 있습니까(받았습니까)? 여기서 그 대답은 의뢰의 직접적인 근거가 된다(아래 참조).

10. 정신 의학적 질병을 앓은(앓았던) 어떤 직계 가족이 있습니까?

이것은 삶의 각본에 대한 몇 가지 특징에 유효한 단서를 제공한다(제6장 참조).

11. 당신은 지금 어떠한 형태의 약물을 복용하고 있습니까? 그 대답은 의뢰의 필요 가능성에 대해 재확인을 제공한다. 또한 그 사람과 함께 처리할 어떤 일에 대해 더 많은 정보를 제공한다. 그가 신경안정제나 항우울제를 복용하고 있다면 이 약물에서 그가 상담을 받으러 온 문제에 대한 그의 생각을 알 수 있다. 당신과 그 사람은 조만간 약물 복용을 줄이거나 중단하는 것을 고려하길 원한다. 또한 여기에는 그 사람이 주치의나 정신과 의사의 조언을 구해 보도록 해야 한다는 의미가 담겨 있다. 몇몇 약물들은 정신 의학적 질병과 관련해 우선순위로 받아들여지진 않지만 당신의 치료 계획과 관련 있을지도 모른다(예를 들어, 베타 수용체 차단약).

12. 일주일에 몇 번 술을 마십니까?

13. 하루에 차나 커피를 몇 잔 마십니까? 이것은 진술하고 있는 문제가 근심, 불면증, 진전, 심계 항진을 포함할 때 중요하다.

14. 담배를 피웁니까? 교류분석가들은 담배를 피우는 것이 자해성의 은밀한 수단인지에 관해 항상 다양한 의견들이 있다. 나는 그렇다고 생각한다. 그리고 이것은 최근 TA의 주류 관점이기도 하다. 따라서 내담자가 이 문제에 대해 이야기하든 안 하든 상관없이 담배를 끊는 것이 치료 계획의 높은 우선순위가 된다.

15. 당신은 의사의 처방전이 없는 약물을 복용합니까(복용한 적이 있습니까)? 그 사람이 최근 상습적인 남용자라면 당신은 즉시 의뢰할 근거를 가지고 있다. 이것은 또한 열두 번째 질문에 대한 대답에서 드러날 과음에 적용된다. 약물이나 알코올의 남용은 당신이 그 사람과 일을 할 수 없다는 것을 반드시 의미하진 않는다. 이것은 어떤 일도 의학적 동의와 특별한 지원을 받아야 할 필요가 있다는 것을 의미한다.

16. 당신은 사소한 교통 위반 이외에 경찰과 연루된 적이 있습니까? 이것은 성격장애 진단에 단서를 제공한다. 대신에 법과 연루된 문제를 보고하는 사람은 자해 문제를 실연하고 있을 가능성도 있다.

17. 당신은 TA에 관해 얼마나 알고 있습니까? 대답이 '전혀 모른다'면 당신은 TA에 관한 책을 읽어 보라고 처방할 수도 있고 아니면 기본적인 강좌에 참석해 보라고 제안할 수도 있다. 최근 TA학파에서는 이것에 관한 다양한 의견이 있다. 몇몇 개업의들은 내담자와 논의하는 동안 TA 언어를 사용하고 TA 모델을 작성하길 좋아한다. 다른 사람들은 'TA를 생각하기'를 선호하긴 해도 내담자와 이야기할 때 TA 용어는 가급적 피하려고 한다.

진술하고 있는 문제

존과 나의 면담 경우처럼, 당신은 공식적인 접수상담을 하기 전에 그 사람이 진술하고 있는 문제를 들었을 것이다. 지금 당신은 접수상담 기록 문서에 그 문제를 요약하는 것이 유용하다는 것을 알아차렸을지도 모른다. 당신은 요약된 버전을 제공하고 당신이 그 문제를 정확하게 이해했는지 물어볼 수 있다.

존: 접수상담 요약

존은 어떤 의학적 질병으로도 고통받지 않았고 접수상담 받던 당시에는 어떠한 종류의 약물도 복용하지 않았다. 그는 생명을 위협할 만한 어떠한 사고도 없었다. 그런데 나를 만나러 오기 약 5년 전에 외래 내담자 치료를 짧게 받은 적이 있었다. 현재의 문제는 여자와의 관계가 좋지 않은 것이다. 그는 '스트레스로 고통을 받고 있는 것'으로 진단 받아서 규정된 신경안정제를 복용했고 몇 주 정도 복용하고 끊었다. 그는 예전에 주먹으로 여자 친구를 때렸다는 정보를 자발적으로 제공했다. 그녀는 관계를 끝내자는 반응을 보였다.

그의 직계가족 중에는 정신질환을 앓은 사람이 없었다. 그는 하루에 담배를 약 다섯 개비 핀다고 진술했다. 그는 헬렌과 불화가 있기까지 정기적으로 밤마다 4파인트의 맥주를 마셨다. 그가 그녀를 때린 것은 음주 회기 후였다. 나는 그 정도의 음주는 알코올 섭취 권장량을 훨씬 넘는다는 것을 기억해 냈다. 그런데 존은 그 사건 이후 밤에 마시는 맥주를 약 1파인트까지 줄였다고 진술했다. 그의 건강은 온전했다. 따라서 나는 모든 것을 고려하여 그가 알코올 남용 영역의 특수한 도움을 받을 필요가 없다는 결론을 내렸다.

📷 자기 수퍼비전 5.1

접수상담

당신이 선택한 내담자가 언젠가 이미 상담 받은 사람이라면 앞에 있는 접수상담 질문지의 질문들을 재검토하고 당신이 이미 그 내담자에 대해 알고 있는 대답을 제공해야 한다. 당신은 이 내담자와 다음 회기에서 나머지 정보를 채우고 싶을 수 있다.

당신이 새 내담자와 일을 시작한다면 앞에 기술된 첫 만남과 접수상담을 위한 절차를 따라야 한다. 접수상담 면담의 질문을 위해 특별히 언급한 대답을 재검토하고 그것들이 당신에게 내담자에 대한 어떠한 정보를 보여 주었는지 검토해야 한다.

접수상담이 완료되면 당신은 그 사람과 일을 할지 아니면 그를 다른 사람에게 의뢰할지 지금 결정할 수 있다. 이 장의 이어지는 영역에서 나는 이 결정과 관련 있는 고려 사항들을 서술한다.

의뢰 기준

당신이 누군가와 일을 할지 아니면 그 사람을 다른 사람에게 의뢰할지 어떻게 판단할 수 있을까? '3P'(1장 참조)의 TA 개념은 이 질문에 대한 한 가지 방법을 제시해 준다. 당신이 충분한 '허용, 보호, 혹은 잠재력'을 제공할 수 없다면 그 사람을 의뢰해야 한다. 이 세 가지 중에서 보호가 가장 중요하다.

보호

여기 다음과 같은 질문이 있다. '내가 앞으로 나아가 이 사람과 상담을 한다면 그 사람, 나 혹은 다른 누군가 해를 입을 가능성이 있는가?' 당신은 절대 완전한 확신을 가지고 이 물음에 답할 수 없다. 그런데 의뢰가 분명히 제시하는 몇 가지 상황들이 있다.

- 의학적 의뢰: 그 사람이 신체적인 장애로 고통받고 있을 어떤 중요한 가능성이라도 있다면 당신은 그 사람을 개업의에게 의뢰해야 한다.
- 정신과 의뢰: 당신이 어떠한 정신과적 문제를 발견하면 정신과적 진단을 받기 위해 의뢰해야 한다.
- 약물 남용자: 잠정적인 내담자가 술이나 다른 물질을 남용할 경우 당신이 이미 지원을 위해 필요한 시설과 하나의 환경

에서 일을 하고 있지 않다면 의학적, 정신 의학적 의뢰에서 기술한 것처럼 진행해야 할 것이다.

- 이해관계의 충돌: 착취의 가능성을 배제하기 위해서 이미 당신이 개인적으로, 성적으로, 재정적으로 가까운 관계에 있는 누군가와는 일을 하지 말아야 한다.

약물 복용 내담자

내담자가 의사가 처방한 신경안정제나 항우울제를 복용하고 있을 때 당신과 내담자는 당신의 일에서 이 약물을 중단하는 것이 내담자에게 좋을 것이라는 점에 기꺼이 동의할 수 있다. 하지만 당신은 내담자의 주치의가 적어도 암묵적 동의를 하지 않으면 내담자가 약물 복용을 중단하도록 제안할 수 없다. 이러한 경우 보통 내가 하는 절차는 내담자가 나에게 걱정되는 약물을 복용하고 있다고 말했다는 것을 주치의에게 알리는 서신을 보내는 것이다. 그녀가 이 약물 복용을 줄여서 결국 중단하는 시간이 왔을 때 상담을 할 수 있다고 말한다. 나는 주치의로부터 반대하는 의견을 듣지 않는다면 내가 판단하기에 이런 방식으로 진행하는 것이 좋겠다고 내담자에게 한 나의 권고에 동의하는 것으로 받아들이겠다고 주치의에게 전한다.

비상사태 시 의뢰

회기 동안 비상사태라는 것은 당신의 집이 불에 타고 있는 것과 같다. 당신은 그런 일이 절대 발생하지 않길 바라고 기대한다.

그리고 대부분의 사람들에게 그런 일은 일어나지 않는다. 그런 일이 발생하면 당신은 그것을 처리할 준비가 필요하다.

어떤 비상사태의 최후 수단으로는 의사, 구급차 혹은 경찰을 불러야만 할지도 모른다. 따라서 당신은 회기를 수행할 때 언제나 손을 뻗으면 닿을 수 있는 곳에 전화기를 비치해 두어야 한다. 전화기 옆에는 비상시 전화번호가 있어야 한다. 이 번호에는 접수상담 동안 당신이 특별히 언급한 당신의 내담자 주치의 전화번호가 포함된다.

만약 당신이 판단하기에 내담자가 갑자기 자살이나 자해할 가능성이 있다면? 7장에서 나는 그런 결과에 대처하여 보호하는 데 사용되는 TA 절차를 기술한다. 그 절차에는 그녀가 어떠한 상황에서도 자신이나 다른 사람들을 해치지 않을 것이라고 진술하는 기간이 포함된다. 그런데 그녀는 아무리 짧은 시간 동안이라도 그러한 진술을 하길 꺼려 할지도 모른다. 이런 비상사태에서 당신은 회기를 멈추고 그녀의 주치의에게 전화를 걸 필요가 있다. 의사와 연락할 수 없다면 그다음 단계는 구급차를 부르는 것이다. 그 내담자가 안전하게 치료를 받을 때까지 그녀 곁을 떠나선 안 된다.

의학적 혹은 정신 의학적 비상사태의 다른 사례는 회기 동안 발생할 수도 있다. 예를 들어, 내담자가 심장발작을 일으키거나 환각상태에 빠질 수 있다. 이런 경우 당신은 주치의 혹은 구급차 둘 중 어디에 전화를 할지 판단해야 한다.

내담자가 다른 사람을 해치기 위해 위협한다면? 여기에서 또한 번, TA 실제에서 선호되는 옵션은 그가 어떤 행동을 하지 않을 것이라는 기간을 진술하도록 요청하는 것이다(7장 참조). 그런데 그가 거부할 상황을 가정해 보라. 최악의 경우에 그는 누군가의 신체를 공격할 거라고 말하면서 회기를 떠날 수도 있다.

개인 개업의로서 당신은 신체적으로 학대하고 있는 폭력적인 내담자에 대해 책임이 없다. 실제 여기에서 어떤 시도가 있으면 당신은 고발할 책임이 있다. 따라서 당신이 최후 수단으로 할 행동은 경찰을 부르는 것이다.

내담자가 집이나 혹은 다른 곳에서 당신에게 전화하여 조만간 자살이나 자해를 할 거라고 위협하는 일이 발생할 수 있다. 당신의 첫 번째 대응은 그녀를 가까운 시일 내에 당신과 회기를 하자고 제안하는 것이다. 당신은 그녀에게 그 시간 전에는 어떠한 해로운 행동도 하지 않을 것이라는 확실한 동의를 요청해야 한다. 그녀는 거절할 수도 있다. 그러면 당신의 대응은 그 내담자가 전화를 끊자마자 그 위협적인 행동에 대처해 구급차나 경찰 중 한 곳에 적절하게 연락하는 것이다. 따라서 내담자와 대화를 하는 도중에 필요한 조치는 그녀가 어디에서 전화를 걸고 있는지 알아내는 것이다.

허용

첫 면담에서 당신이 그녀가 원하는 변경을 할 계획이라면 그 사람이 받을 필요가 있는 허용을 마음속에 그려야 할 것이다. 그런 다음 스스로 물어볼 질문은 '어느 범위까지 스스로 허용되었는가?'다. 당신은 당신이 스스로 성취한 똑같은 범위까지 목표를 성취하라고 내담자에게 촉진할 뿐이다.

어떤 사람이 문제를 해결하는 데 도움을 요청하고자 당신을 찾아왔고 당신도 여전히 똑같은 문제를 가지고 있다고 가정해 보라. 만일 그 사람이 지나치게 많은 일을 하는 것을 멈출 수가 없다는 문제를 진술하고 있는데 당신도 역시 일을 하지 않으면 못 배기는 사람이라는 것을 알고 있었다면 이것이 하나의 예제일 것이다. 이와 같은 상황에서 당신은 두 가지 선택이 있다. 그 사람을 이러한 문제를 가지고 있지 않은 또 다른 상담자에게 의뢰하거나, 그렇지 않으면 상담에 들어간다든지 당신 자신의 문제를 해결하기 위해서 스스로 치료할 수도 있다. 그러면 당신이 할 일은 당신이 똑같은 문제에서 그의 변화를 촉진할 때 그 내담자보다 한 발짝 앞에 머물러 있는 것이다. 당신이 후자의 경로를 선택한다면 상담 만남에 들어가기 전에 당신이 하려고 하는 것을 그 사람에게 말해 줄 필요가 있다.

잠재력

잠재력에 대해 물어볼 질문은 '내가 이 사람과 함께 일하는 데 필요한 기술이 있는가?'다. 이것은 부분적으로 일반적인 기술과 경험에 관한 문제다. 풋내기 상담자들은 내담자가 누구든지 간에 담금질된 베테랑과 같은 능력을 보여 주지 못하는 것 같다.

부분적으로 잠재력은 또한 특정한 내담자 그룹과 일하기 위해 필요한 특정화된 기술을 의미할 수도 있다. 어린이, 나이가 지긋한 내담자, 약물 남용자, 성격장애 내담자는 당신이 그들과 일하는 데 필요한 특수교육을 받지 않았다면 의뢰를 결정해야 할 수도 있는 모든 그룹이다. 의뢰가 필요한 또 다른 그룹은 내담자가 사별상담 이나 진로상담과 같은 특수 분야의 전문 상담사와 일을 해야 이익 을 얻을 수 있는 문제를 가지고 당신에게 왔을 때일 것이다.

존: 의뢰 기준

접수상담 면담의 증거에서 의학적 혹은 정신 의학적인 이유 로 존을 의뢰할 필요가 있는 어떠한 지표도 없었다. 이해관계 충돌도 없었다. 상담자로서의 나는 존에 대한 보호를 충분히 넓힐 수 있었고 나는 그와 함께 성공적으로 일할 잠재력을 가 지고 있다고 판단했다.

허용의 분야에서 몇 가지 질문이 있었다. 나는 존의 끝나지 않은 어린 시절 요구의 몇몇 요소가 나의 어린 시절과 같다는 것과, 따라서 그와 내가 스트레스 아래에 있는 세상을 처리하 는 데 비슷한 불순응의 방식을 보인다는 것을 인식했다. 유아 기 때 우리 둘 모두 사람들은 고통스럽도록 예측할 수 없고 따 라서 그들에게 가까이 가는 것보다는 다른 사람들을 의심하는 것이 더 안전하다고 결정했다. 존이 진술한 그 반복된 행동, 즉 파괴하기에 극히 어려운 관계의 행동은 나의 어른으로서의 삶의 일부였다. 그런데 나는 내 자신의 개인적인 변화 과정에서 그 고통스러운 패턴과 맞서 싸웠다는 것을 알았다. 아직도 가끔씩 그것에 빠지기도 하지만 과거보다는 그 고통스러운 행동이 괄목할 정도로 점점 줄어들었다. 따라서 나는 존이 같은 식으로 변화할 모형을 만들 수 있다고 결정했다. 만약 내가 불신과 거부 같은 이러한 나의 오래된 패턴의 아직 미결된 작업들과 마주친다면, 나는 수퍼비전이나 또는 상담을 새롭게 시작함으로써 이 문제를 해결할 필요가 있을 것이다.

자기 수퍼비전 5.2

의뢰 기준

당신은 다음과 같은 질문에 당신의 질문을 특별히 언급해 보는 것이 유용하다는 것을 발견할 수 있을 것이다.

1. 당신은 어떤 사람들과 같이 일을 하지 않을 것인가?
2. 이러한 사람들과 같이 일을 하지 않는 이유는 무엇인가? 보호, 허용 혹은 잠재력에 관한 각각의 분야에 관련 있는 대답을 어느 범위까지 할 수 있는가?
3. 당신이 같이 일하지 않을 각각의 내담자 그룹을 의뢰하기 위해 어떤 시스템을 가지고 있는가?
4. 당신이 같이 일할 내담자의 부류를 검토해 보시오. 당신이 이

내담자에게 적절한 보호, 허용 및 잠재력을 제공할 수 있는지 점검하시오.

5. 이 장에서 언급한 가능성 있는 비상사태를 고려해 보십시오. 이러한 비상사태를 처리하기 위해 당신이 이미 가지고 있는 절차는 무엇인가? 그러한 절차들이 당신과 내담자를 보호해 주기에 충분한가?

의뢰 기준을 점검했고 명백히 확인한 나는 존에게 그와 기꺼이 작업할 것이라고 말했다. 그는 앞으로 나아가길 원한다고 말했다. 따라서 우리는 우리의 '상담계약'의 협상을 시작해 나갔다.

상담계약

상담계약은 다음과 같은 상호 간의 합의다.

- 시간, 장소, 날짜 같은 행정상의 세부 사항
- 보수 또는 다른 보상 수단
- 회기의 빈도 및 지속 기간
- 회기의 처음 횟수
- 특정 회기의 목적들, 예를 들어 초기 회기들은 문제 진술에 집중하고, 다른 특정 회기는(6회기라고 하자) 사정이나 추가 계약 맺기에 집중할 것 등.

• 상담 종료를 위한 사전 준비, 예를 들어 내담자가 상담 종료를 원한다면 최소 두 회기 전에 명확하게 알릴 것 등.

상담계약을 하는 데 있어서 당신은 내담자가 상담에서 어떻게 혹은 무엇을 변경하길 원하는지에 관해 세부적인 협상을 하는 것에 관한 목표를 아직 가지고 있지 않다. 그것은 치료 순서의 나중 단계를 형성하는 '치료 계약'의 과업일 것이다(8장 참조).

회기의 빈도, 지속 기간, 횟수에 대한 실제적인 세부 사항에 관해서 TA는 제공할 어떤 독특한 절차를 가지고 있지 않다. 다른 훈련에서 상담자처럼 교류분석가는 실제적인 경험 법칙에 바탕을 둔 방법을 기초로 해서 이러한 문제에 관해 스스로 결정을 한다. 주간 회기가 가장 일반적이다. 일반적으로 이것은 두 당사자에게 이전 회기에서 행한 일을 자기 것으로 흡수하기 위해 시간을 제공하기에 충분히 긴 휴식 시간이지만 개인적인 만남을 잃기 시작하는 데는 그렇게 긴 시간이 아니다. 주간 회기는 또한 상담자와 내담자가 이것이 편안하다 여긴다면 그들의 일지에 '인접 정보들을 하나로 정리'할 수 있는 실제적인 이점이 있다. 일대일 회기에서는 전통적인 '50분'이 아직까지 가장 일반적이다. 대체로 이러한 회기 길이는 상담자와 내담자가 가까이에서 일의 틀을 잡는 데 충분한 시간이다. 반면 그들이 에너지를 소진할 위험성 면에서는 그렇게 긴 시간이 아니다.

일단 접수상담이 완료되면 대부분의 교류분석가는 그들의 내담자에게 회기의 최소 초기 횟수에 참가하라고 요청한다. 한 번 더 말하지만 모든 TA 상담자들이 동의하는 표준 횟수는 없지만 전형적으로 5~10회 사이다. 이러한 초기 참가의 목적은 변경 작업을 시작하기 전에 내담자의 사정과 문제 진술 같은 기초 작업을 위한 시간을 주는 것이다. 이러한 초기 횟수의 마지막 회기에서는 상호 논의 진행에 전념할 것을 상세히 열거하고, 더 많은 횟수의 회기에서는 이것이 두 당사자가 원하는 것이라면 협의할 수 있다는 것을 상세히 열거하는 것이 보통이다.

계약 대 규칙

계약의 조항은 당신과 내담자 사이에 협상이 가능하다. 반대로 '규칙'은 협상이 열려 있지 않다. 그것은 당신이 함께 일을 함에 있어 필요조건으로서 잠재 고객을 위해 설정한 요구 사항이다. 명백한 규칙을 위해 당신은 상담계약을 종결짓기 전에 당신의 규칙을 진술할 필요가 있다.

여기 내가 모든 내담자에게 진술하는 조건들이 있다. 나는 내담자가 이 조건 중 어느 것이라도 동의하거나 동의하지 않을 수 있지만 그것들을 모두 동의할 때에만 그와 같이 기꺼이 일을 할 것이라고 분명히 밝힌다.

- 나는 모든 혹은 몇 회기를 테이프에 기록할 것이다.
- 회기가 비밀이긴 하지만 특별한 상황에서 내가 비밀보장을 깰 권리를 요구한다(이 장의 초반 부분에서 언급).

- 내담자는 회기 동안 자신이나 나에 대해 신체적인 해를 입히지 않고 상담실, 비품, 가구에 손상을 입히지 않을 의무가 있다.
- 내담자는 알코올이나 처방 받지 않은 약물의 영향하에 있는 동안 어떠한 회기에도 참가하지 않을 것을 동의한다.
- 내담자는 어떠한 이유에서든 회기에 불참하거나 늦을 경우 나는 관련된 시간에 대한 나의 보수 중 일부 혹은 모두를 청구할 권리가 있다.
- 내담자가 그와 내가 최근 계약한 회기의 최소 횟수 전에 종결하기를 바란다면 그는 그렇게 하는 의도를 그가 마지막 회기이길 바라는 그 회기 전에 알려 주어야 한다. 그가 그렇게 하지 않는다면 나는 계약한 나머지 회기에 대한 나의 보수 중 일부 혹은 모두를 청구할 권리가 있다.

이러한 모든 규칙에 대한 이론적 근거는 '보호'의 Crossman의 법칙(1장을 상기하라)에서 찾을 수 있다. 이 규칙들은 내담자와 나 자신에게 모두 보호 역할을 한다. 다른 교류분석가들은 나의 것들과는 다소 차이가 있는 규칙을 설정할 수도 있지만 내 것이 전형적이다. 명쾌함을 최대화하기 위해서 나는 각각의 잠재 내담자에게 참고 자료로 제공할 내 규칙의 서면 복사본을 가지고 있다.

당신이 규칙을 설정할 때는 언제나 제재 조치 또한 있어야 한다. 당신은 미리 잠재 내담자에게 어떤 제재가 있을 것인지 말하는 것을 선택할 수도 있다. 대신에 당신은 그에게 제재를 실행할 것이지만 그가 규칙을 어기는 경우에만 제재의 성질을 결정할 것 이라고 말할 수도 있다. 나는 후자의 경로를 선호한다. 그 이유는 전술을 좀 더 많은 여지를 제공하기 때문이다(Fisch, Weakland, & Segal, 1982 비교). 예를 들어, 그가 음주 상황에서 회기에 들어온 다면 그때 나는 회기를 계속할 것인지 결정하거나 아니면 후에 제정신인 상태로 돌아온 날짜에 다시 오라고 요구할 수 있다.

Steiner의 '4가지 요구 사항'

Claude Steiner(1974)는 건전한 계약 맺기를 위한 4가지 요구 사항을 제안했다. 그것들은 합법적 환경에서 계약 맺기에 관한 실 제에서 모형화되었다. 이 요구 사항들은 대부분 명백하게 상담계 약에 적용되고 치료 계약에도 똑같은 관련성을 가진다. 모든 TA 상담자들은 계약 맺기에서 Steiner의 규칙을 따른다. 4가지 요구 사항은 다음과 같다.

- 상호 동의
- 적절한 대가
- 적임성
- 법적 대상

상호 동의
이것은 당신과 내담자 모두 계약의 조항에 동의할 필요가 있다는 것을 의미한다. 따라서 당신은 한쪽 당사자가 다른 쪽 당사자에게 조항을 부가하는 것보다는 그 조항들을 서로 협상할 필요가 있다. 이것은 두 당사자 모두 무엇을 원하고 무엇에 동의하는지 명백히 할 것을 요구한다.

적절한 대가

Steiner는 법률적 상식에서 '대가'라는 단어를 사용한다. 제공된 서비스에 대해 한 당사자가 또 다른 당사자에게 지불한 보상의 의미다. 당신이 개인 개업의라면 대가는 대부분의 경우 내담자가 당신에게 지불한 보상일 것이다. 하지만 당신은 자신의 선택사항으로 일을 수행했다. 예를 들어, 당신은 본질적으로 서비스에 대한 보상으로 상담을 해 준다. 당신이 에이전시에서 일한다면 대가는 내담자에게서 직접 나오는 것이 아니라 서비스 기관에서 나올 수도 있다.

당신은 심지어 실체적인 보상이 없는데도 일할 것을 결정할 수 있다. 이러한 경우 당신은 직업 만족이라는 형태에서 간단하게 고려할 수도 있다. 그런데 무료 혹은 낮은 가격에 일을 하는 것은 위험 요소가 있다. 당신이 정상 가격 이하로 청구한다면 내담자에 대해 분개하거나 열정이 사그라질 것이다. 그렇지 않으면 그 내담자의 의식 외부에서 그녀는 당신을 '나는 중요하지 않다.' 혹은 '나는 내가 하는 일을 잘하지 못한다.'로 모형화하여 인식할 수도 있다. 대신에 그것을 의식적으로 알아차리지 않고 그녀는 앙심을 품는 자세를 채택하고 변경을 하지 않음으로써 당신을 '바보 취급하는' 결과를 설정할 수도 있다. 그녀는 당신이 자신의 일에 가치를 두지 않는다면 당신은 정말 가치 없다고 무언으로 인식할 수도 있다. 타당한 대가를 요구함으로써 당신은 이 함정을 피하도록 자기 자신 그리고 내담자를 도울 수 있다.

적임성

적임성은 당신과 내담자 모두에게 필요하다. 당신에게 적임성이란 그 계약에서 그 내담자와 함께 일하는 데 필요한 교육과 기술을 가지고 있다는 것을 의미한다. 또한 당신은 적절한 환경을 제공할 수 있다는 것을 의미한다. 예를 들어, 나는 아이들과 일하는 것에 자질이 없다. 나는 그들과 함께 일한 경험이 거의 없다. 그리고 놀이치료 같은 특수한 기술을 위한 장비가 하나도 없다.

내담자에게 적임성이란 계약 협상을 이해하는 능력 그리고 계약에 관해 그의 편에서 책임을 질 수 있는 능력을 의미한다. 이것은 미성년자는 자격 있는 계약을 할 수 없다는 것을 의미한다. 심각한 뇌 손상이나 격렬한 정신 이상이 있는 사람 모두는 계약을 할 수 없다. 누군가 음주나 정신에 변화를 주는 약물 복용의 영향하에 있다면 계약에 들어갈 능력이 없다.

법적 대상

이것은 계약에서 동의한 모든 것이 적법해야 한다는 것을 내포하고 있다. 당신에게 이것은 계약의 조항들이 당신의 전문가적 윤리 규범과 일치해야 한다는 것을 의미한다.

👥 존: 상담계약

존과 함께 일함에 있어 상담계약 협상은 정직했다. 나는 먼저 함께 일함에 있어 나의 규칙을 진술했고 우리가 약속을 하고 그가 나타나지 않으면 그때마다 그것에 대해 하기로 했던 것을 결정할 것이라고 그에게 말했다. 나는 그 시간에 내가 했던 어떤 것에 따라 비용을 청구하거나 하지 않을 것이다. 그는 이 조항에 동의했다.

우리는 다음에 일주일에 한 번씩 총 10회 만나고 각각의 회기는 50분으로 하고 나의 현재 상담료에 맞춰 비용을 지불하는 데 동의했다. 이 회기의 마지막에는 상호 사정을 할 것이고 그다음에 우리가 상담을 끝내든지 아니면 둘 다 동의한다면 계속 상담을 하든지 정할 것이다.

📷 자기 수퍼비전 5.3

상담계약

당신이 선택한 내담자가 이미 상담을 받은 사람이라면 다음과 같이 행하시오.

1. 윗부분에 주어진 규칙 세트와 비교해 그 내담자와 함께 일하
기 위해서 설정했던 규칙을 재검토하시오. 당신은 당신과 내
담자에게 제공한 보호에 만족하는가? 내담자가 당신의 규칙
을 어길 경우 당신은 어떠한 제재 조치를 사용하기로 제안하
는가?
2. 이 내담자와의 상담계약을 재검토하시오. Steiner의 '4가지
요구 사항'을 어디까지 따르는가? 내담자와 당신 자신을 위해
어떤 함축적 의미가 따르는가?

당신이 새 내담자와 TA 치료의 단계를 따르기로 선택했다면 당
신의 규칙을 정한 회기(또는 회기들) 그리고 Steiner의 요구 사항
을 따르는 상담계약을 협상한 회기(또는 회기들)에 전념해야 한다.

상담계약이 완료되면서 당신은 내담자에 대한 더 세부적인 사
정 단계로 옮길 수 있다. 당신은 이미 이러한 목적을 위해 사용할
수 있는 진단 구조, 즉 라켓 체계를 충족시켜 오고 있다. 다음 장
에서 우리는 라켓 체계 정보를 수집할 수 있는 방법을 살펴볼 것
이다.

6장 아동기 인생계획 탐색

이 장에서는 당신이 어떻게 하면 내담자의 라켓 체계(racket system)의 세부사항을 수집할 수 있는지를 알려 주고자 한다. 이 수집된 정보는 내담자가 자신의 문제를 어떻게 유지해 왔는지를 당신과 내담자가 알 수 있도록 해 줄 것이다. 완성된 라켓 체계 정보는 당신의 치료 계획 개발에 필요한 '로드맵'을 제공해 줄 것이다.

3장에서는 만약 어떤 사람이 각본에서 계속해서 벗어나고자 한다면, 그녀는 자신의 '각본 신념'을 새롭게 바꾸어야 하고 관련된 '각본 감정'들을 처리해야 한다는 것을 알았다. 그러므로 이 장은 라켓 체계의 이 두 가지 요소, 즉 각본 신념과 각본 감정에 대한 정보를 모으는 것에 초점을 둔다.

계속 읽기 전에 3장에서 언급된 라켓 체계와 인생각본에 대한 세부사항을 다시 한 번 살펴보기를 원한다면 간단하게 상기해 보

자. 인생각본이란 어떤 사람이 어린 시절에 스스로 작성한 인생계획이다. 어린아이는 일련의 '각본 결정'(script decisions)으로서 인생각본을 구성한다. 어린아이는 가끔 적대적으로 보이는 세계에서 자신의 욕구를 충족시키고 생존하기 위한 수단으로서 초기 결정을 한다. 각본 결정은 그 아이가 부모 또는 부모 표상으로부터 받은 각본 메시지에 대한 응답으로 부분적으로 이루어진다.

각본 결정이 이루어지는 과정의 한 부분에서 유아는 감정을 표현하지만 자신의 욕구가 충족되지 않는 경우가 생긴다. 이런 경우가 반복되면 유아는 자신을 돌봐 주는 사람으로부터 관심을 강요하기 위한 마법적인 수단으로 자신의 원래 감정을 억제하고 다른 감정들을 빌려 오는 것을 배운다.

그 사람은 자신의 각본 결정을 '각본 신념'의 형태로 성인기까지 가지고 갈 것이다. 그 사람은 일반적인 상황에서는 이러한 신념들을 가지고 있다는 것을 자각하지 못할 것이다. 스트레스를 받는 상황에 처하게 되면 그 사람은 아마 바로 지금-여기의 당면한 실제에 대해서라기보다는 자신의 각본 신념에 대해 반응하는 방식으로 생각하고 행동할 것이다. 이러한 경우에 그녀는 또한 자신이 어린 시절에 배웠던 대리(代理) 감정들을 경험할 것이다. 이러한 각본의 행위, 사고 그리고 감정들이 반복적으로 일어나는 패턴이 그 사람의 '라켓 표현'(racket displays)을 구성하게 되는 것이다.

이 장은 세 가지 주요 섹션으로 나누어져 있다. 첫 번째 섹션에서는 각본 신념을 다루고 있고, 두 번째 섹션에서는 각본 신념과

병행하는 각본 감정과 행위를 망라하고 있고, 세 번째 섹션에서는
하나의 각본 신념과 또 다른 각본 신념 간에 있을 법한 역동적인
관계를 살피고 있다.

📷 **자기 수퍼비전 6.1a**

> **라켓 체계 작성하기**
>
> 이 장에서 나는 당신이 이 장 전체를 읽었을 때 각 부분을 차례
> 대로 수행할 수 있는 자기 수퍼비전의 절차를 제안하고자 한다.
> 종이나 화이트보드를 이용하여 [그림 3-1]의 라켓 체계 그림을
> 그리시오. 이 빈 그림에 당신은 당신이 선정한 내담자에 대한 라켓
> 체계 데이터를 채울 수 있다. 당신은 이어서 오는 자료를 읽어 가
> 면서 내담자를 염두에 두어야 한다. 빈 그림에 여하간의 각본 신념,
> 라켓 표현의 세부사항이나 당신이 생각하기에 그 내담자에게 적용
> 할 법한 기타 사항들을 메모하라.

각본 신념 발견하기

이 섹션에서 나는 당신이 상담 과정에서 작성한 내담자에 관한
관찰 기록들을 근거로 해서 어떻게 내담자의 각본 신념의 세부사
항을 수집할 수 있는지를 설명할 것이다. 여기에는 그녀의 자기시
연(self-presentation), 그녀가 받았던 양육, 그리고 그녀가 제시한

문제의 본질을 포함한다.

당신은 내담자가 각본 신념을 재연할 때 어떻게 알아볼 수 있는가? 당신이 각본 신념이 무엇이고, 또 어떻게 만들어지는가를 어느 정도 상세하게 알고 있다면 각본 신념을 가장 잘 탐지해 낼 수 있을 것이다. 이게 바로 현재 섹션에서 내가 설명하고자 하는 것이다. 아동 후기에서 기원한 각본 신념과 아동 초기의 각본 신념 간에는 중요한 차이가 있다. 이 차이를 설명하면서 이 섹션을 시작할 것이다.

대항각본과 진정한 각본

몇몇 각본 신념은 아동 초기에 이루어진 각본 결정을 반영할 것이고, 다른 몇몇은 이후의 발달단계에서 만들어진 결정과 관련될 것이다. 아이는 어느 나이에서나 각본 결정을 할 수 있으므로 '초기' 결정과 '후기' 결정 사이를 명확한 선으로 구별 지을 수는 없다. 하지만 TA에서는 이 두 개 범주의 결정을 상담상 구분하는 것이 일반적이다. 이 구분은 아이가 언어 구사력을 현저하게 개발하기 이전이나 이후에 어떤 특별한 결정을 했는가에 우선적으로 달려 있다. 이 두 가지 형태의 각본 결정과 관련된 각본 신념은 성인기 삶에서 다른 방식으로 표명된다. 그러므로 당신은 라켓 체계하에서 그것들을 수집할 때 각각에 대해 다른 단서를 잘 알아야 할 필요가 있다.

게다가, 아이가 자신의 인생각본을 만들어 가고 있을 때, 아이는 아마 여러 다양한 방식으로 초기와 후기의 결정들을 결합할 것이다. 특히, 아이는 후기 결정으로 초기 결정을 방어할 것이다. 이러한 점은 이 장의 마지막 중요한 섹션에서 설명하겠지만, 당신의 치료 계획 설계와 직접적인 관련이 있다.

표준적인 TA 용어에서 아동 후기에 만들어진 결정은 '대항각본'(counterscript)으로 알려져 있다. 반면에 초기 결정은 '진정한 각본'(script proper)을 구성한다(Steiner, 1966; Stewart & Joines, 1987: 125-33). 계속해서 이러한 인생각본의 두 영역에 관해 세부적으로 기술하고 어떻게 당신이 서로 연관되어 있는 각본 신념을 구분할 수 있는지를 설명하고자 한다.

아동 후기의 신념: 대항각본

대항각본 결정은 아동 후기에 만들어지며, 우선적으로 언어적이다. 이처럼 성인은 항상 각본 신념에 해당하는 것을 인식하는 것이 어렵지 않을 것이다. 대체로 대항각본은 아동 후기에 부모나 부모와 동일시한 사람으로부터 확실한 진리로서, 아무런 비판 없이 '곧이곧대로 받아들인 것'으로 좌우명이나 슬로건, 일반화와 정의들을 포함하는 거대한 수집품이다. 그들 중 많은 것이 부모의 가치판단이다. 그들은 실제로 진실에 대한 주장이기도 하지만 거짓이거나 검증할 수 없는 것이기도 하다.

예를 들면, 다음과 같다.

도둑질은 사악한 짓이다.

똥 묻은 개가 겨 묻은 개 나무란다.

생선은 두뇌에 좋다.

네가 사나이로 보이고 싶다면 왕창 마시면 된다.

암탉이 울면 집안이 망한다.

개인의 대항각본은 양육과 학교교육뿐만 아니라 문화적 배경을 반영할 것이다. 이런 '문화적 각본화'는 아마도 개별 문화권에서 달리 받아들여지는 행위 규범 전체와 인종적 또는 사회적 고정관념들을 혼합할 것이다(White & White, 1975).

예를 들면, 나 자신의 영국의 문화적 대항각본에 따르면 식사 중에 트림을 하는 것은 '무례'한 행위지만 어떤 다른 문화권에서는 훌륭한 음식에 대한 감사의 신호로 트림을 하지 않는 것이 무례한 행위가 된다.

또한 중요하게도, 대항각본은 보통 수행명령, 즉 '해야 할 것'과 '하지 말아야 할 것'에 대한 응답인 일련의 믿음을 포함한다. 이런 수행명령들은 그 사람의 부모 또는 부모와 같은 성인들이 아동 후기의 그에게 강요한 것이고 현재에는 그 자신이 스스로에게 강요하고 있는 것이다. 예를 들면, 다음과 같다.

'버릇없이 굴지 마라!'

'최선을 다해라!'

'칠전팔기!'

'반에서 최고가 돼라!'

'명랑한 사람이 돼라!'

만약 아이가 이 같은 명령들을 대항각본에 병합한다면 아이는 그 명령들을 한 인간으로서 자신의 수용가능성을 결정할 거라고 믿는 조건들로 구조화할 것이다. 예를 들어, 어린 학생이 부모와 교사들로부터 "열심히 공부해라!"라고 명령하는 것을 빈번하게 듣는다고 가정해 보자. 그러면 아마 그 아이는 '내가 열심히 공부해야만 받아들여지겠구나'라는 각본 신념을 형성하게 될 것이다(나는 여기서 전통적인 TA 용어 'OK' 대신 '받아들여질 만한'이란 단어를 사용하고 있다). 성인들은 '받아들여질 만한'이란 단어를 '다른 사람에게 받아들여질 만한' 혹은 '나 자신에게 받아들여질 만한'으로 해석할지도 모르겠다. 어느 경우이든, 기저에 놓인 어린이 자아의 동기는 내면화된 어버이 자아에게 받아들여질 만한 상태에 머무르는 것이다.

사람들은 대부분의 시간 동안 대항각본을 건설적으로 사용한다. 대항각본 패턴은 개개의 경우에 합당한 행위가 뭔지를 궁리해야 하는 번거로움 없이 우리들이 사회 관습상의 명령들에 손쉽게 적응하도록 돕는다(예를 들면, 내가 다른 영국인들과 식사하는 동안에 나 자신에게 강요한 명령인 '식사 중에 트림하지 마라'를 따르는 것처럼 말이다).

그렇지만 대부분의 사람들은 가끔 자신들에게 부정적이거나 고통스런 방식으로 사용하는 특정한 대항각본의 요소를 가지고 있다. 부모로부터 '반에서 최고가 돼라'는 명령을 받아 그걸 자신의 대항각본 속에 병합한 어떤 사람을 예로 들어 보자. 이 사람은 성인의 삶에서 자신에게 강요한 이 명령을 물질적인 조건에서 높은 성취자가 되기 위해 사용할 수 있을 것이고, 또 별 어려움 없이 그렇게 할 것이다. 아니면 이 사람은 동일한 명령을 자신에게 해가 되는 과로 혹은 신체적 쇠약을 위해 사용하게 될 수도 있을 것이다.

대항각본 신념 알아보기

성인여성이 자신의 대항각본 속에서 스스로 강요한 명령들 중의 하나에 반(反)하게 될지도 모를 어떤 행위를 하려고 할 때, 그녀는 종종 아이였을 때 부모로부터 받은 원래의 명령에 순종하지 않아 들었을 꾸지람을 머릿속에서 듣게 될는지도 모른다. 대체로 그녀는 그 음성의 주인공이 어느 부모와 같은 인물인지 구별해 내는 데 큰 어려움이 없을 것이다. 예를 들면, 막 성관계를 가지려고 할 때 그녀는 어머니가 '음탕해, 음탕해! 착한 소녀는 그 짓을 하지 않아!'라고 비난하는 것을 들을지도 모른다.

자아상태에 입각해서 보면, 당신은 아마 그 사람이 두 가지 다른 방식의 대항각본 신념을 표현하는 것을 관찰할 수 있을 것이다. 그녀는 아마 어버이 자아상태에서 좌우명 또는 슬로건을 인용하거나 다른 사람에게 수행명령을 내릴 것이다. 반대로 어린이 자아상태에서 그녀 자신은 수행명령을 잘 따르고 있고 어버이의 슬로건과 부합되게 행위하고 있다는 것을 나타내는 방식으로 말하거나 행동할 것이다. 후자의 경우에 그녀는 아마도 내적인 대화를 계속할 것이다. 그녀는 내적으로 어버이 자아적인 메시지를 재연하고 어린이 자아로부터 그 메시지들을 따른다.

어떤 사람이 '당신'이라고 말할 때 그것이 '나'를 의미한다면, 종종 그 사람의 대항각본으로부터 어떤 언급이 뒤따른다. "당신이 처음에 일을 바르게 처리하지 않았다면, 계속 해야지요, 그렇지 않나요?"

📷 자기 수퍼비전 6.1b

대항각본 신념

대항각본 신념에 관해 앞에서 주어진 정보를 검토하라. 당신이 선정한 내담자에 관해 아는 것을 그 정보와 연관 지어라. 라켓 체계 그림에 내담자의 대항각본 신념에 대한 당신의 인상을 채워 넣어라. 세 개의 제목 아래 따로따로 목록으로 만들어라. 그 제목은 각각 자신에 대한 신념, 타인에 대한 신념, 삶의 질에 대한 신념이다.

아동 초기의 신념: 진정한 각본

언어 이전 단계에 있는 아동은 아동 후기 때와는 뚜렷하게 다른 방식으로 사고하고, 감정을 경험하고, 세계를 인식한다. 이 같은 점은 초기 각본 결정(진정한 각본)과 후기 결정(대항각본) 간의 특정한 유형적 차이점에서 두드러지게 나타난다. 아동 초기에서 기원한 각본 신념과 아동 후기에서 기원하는 각본 신념 간에는 일관된 차이가 있다. 대항각본의 특징들과 대조되는 진정한 각본의 네 가지 주요한 특징은 다음과 같다.

1. 초기 결정은 주로 비언어적인 것이고, 반면에 후기 결정은 주로 언어적인 것이다. 이것이 초기 결정과 후기 결정을 구별하는 통상적인 방법임을 이미 언급하였다. 어린아이들은 주로 언어 없이 자신의 결정을 형성하기 때문에 어떠한 언어적인 설명도 그 아이의 실제 경험에 대한 근사치일 수밖에 없는 것이다. 성인의 삶에서 이러한 경험에 가장 가까이 갈 수 있는 것은 꿈일 것이다. 희미하고 가변적이며 감정들로 가득 차 있고 성인의 의식적인 삶의 '논리적 규범'과는 상관없는 이미지들, 이것이 바로 아이의 초기 결정을 구성하는 재료들인 것이다.

   실제로 당신이 시간을 할애해서 당신 자신의 꿈을 대상으로 연구해 보면 당신은 초기 결정의 본질을 이해하고 초기 결정을 해석할 단서를 발견하는 데 유리한 입장에 서게 될 것이다. 당신이 상담 회기 동안 내담자의 이야기를 들으면 당신이 자신의 꿈을 다루어 본 방식과 거의 같은 방식으로 상징적 체계, 이중적 의미를 가진 단어들, 그리고 말을 바꾸는 것에 주목함으로써 종종 내담자의 초기 각본 신념을 골라낼 수 있을 것이다.

한 내담자와 내가 그의 아버지와의 관계성에 대해 토론할 때였다. 이 내담자는 대학 졸업자였고 전문직 종사자였지만 그는 아버지와 함께 있을 때면 말문이 막히고, 멍청해지고, 명확하게 생각할 수 없다고 말했다.

내가 그에게 묻기를, "만약 당신이 아버지에게 명확하게 생각할 수도 있다는 것을 보여 주었다면 당신 아버지가 당신에게 어떤 일을 할까 봐 두려운가요?"

내담자가 대답하기를, "나는 아버지가 나를 깔아뭉갤까 봐 두려워요."

나는 그에게 '깔아뭉갠다'라는 단어를 의식하라고 요청하고 우리는 이 단어가 가진 이중적인 의미를 탐색해 들어갔다. 그 결과 내담자는 그의 아버지가 그를 단순히 바보로 만드는 것뿐만이 아니라 그를 죽일지도 모른다는 아동 초기의 믿음을 털어놓았다.

2. 초기 결정들은 나이가 더 든 아동이나 성인의 소위 '합리적인' 생각에 의해서보다는 오히려 구체적이고 마법적인 사고에 기초해서 만들어진다. 어린이들의 사고에 관한 연구(예를 들어, Piaget, 1951)는 아이들은 일반적 개념을 빌려오기보다는 오히려 구체적인 사항으로 사고한다고 지적하고 있다. 아이는 또한 어떤 일이 우리 성인들이 생각하는 인과관계의 방식에 의해서가 아니라 오히려 성인들이 '마법'이라고 부르는 방식에 의해서 일어난다고 받아들인다. 당신은 아마도 당신의 내담자의 초기 각본 신념에서 이 두 가지 특성들과 마주칠 수 있을

것이다.

예를 들어, 유아기에 사망한 여동생을 둔 어린 소녀가 있다고 가정해 보자. 소녀는 자신의 부모가 자신보다 죽은 여동생에게 훨씬 더 많은 사랑을 퍼붓고 있음을 알아차린다. 그러면 그녀는 아마 속으로 다음과 같이 결정할 것이다. '내 여동생은 죽어서 많은 관심을 받고 있다. 그러므로 관심을 받는 길은 죽는 것이다. 부모님의 관심을 되찾기 위해서는 내 여동생이 한 것처럼 죽어야 하지 싶다.' 성인이 되어서도 그녀는 여전히 '사랑과 관심을 받기 위해 내가 해야 할 방법은 죽는 것'이라는 신념을 자신도 모르게 가지고 있을지도 모른다.

3. 초기 결정은 흔히 전체적이고 포괄적이다. 반면에 후기 결정은 범위가 더욱 제한적이다. 이 같은 점은 마지막 네 번째 특징과 밀접한 관련이 있다. 어린아이가 적대적으로 여겨지는 세계에서 할 수 있는 가능한 최선책은 각본 결정을 하는 것이라고 언급한 3장의 내용을 상기해 보자. 인과의 복잡한 특성을 이해할 수 없기에 아이는 '나는 ……을 하지 않도록 주의해야 해.'라거나 '……을 하기 전에 검토하는 게 나을 거야.'와 같은 견지에서 결정들을 만들지는 않는다. 대신에 그 아이는 '절대로 다시는 ……을 하지 않을 테다.'라거나 '남은 삶 동안 ……가 될 테야.'라는 포괄적인 결정을 만들 것이다.

예를 들어, 어머니로부터 일관적이지 않은 양육을 받고 있는 어린 소년을 가정해 보자. 때때로 그가 울음으로 엄마를 찾을 때 그녀는 아이에게 와서 다정하게 대한다. 어떤 때는 울

어도 아예 오지도 않거나, 오기는 하되 퉁명스럽게 화를 낸
다. 이러면 이 유아는 '엄마라는 존재는 믿을 수 없다.'뿐만이
아니라 '다시는 결코 어느 누구도 믿지 않을 거야.'라는 결정
을 내릴지도 모른다. 어른이 되어서도 여전히 그는 '믿을 수
있는 인간은 아무도 없다.'라는 포괄적인 신념에 따라 행동
할지도 모른다.

4. 초기 결정들은 생존을 보장하고 재앙을 피하기 위해 꼭 필요한 것
   으로 종종 유아에게서 보여진다. 이 같은 점은 좀 더 나이가 든
   아이가 자신의 대항각본을 자신의 개인적인 수용성을 보장
   하기 위해 꼭 필요한 것으로 보는 방식과 비교해 보면 그리
   극단적인 방식은 아니다. Fanita English(1977)는 이 아이
   의 초기 결정을 설명하기 위해 '생존 결론'(survival conclu-
   sions)이라는 생생한 용어를 사용한다.

   어린아이의 '생존' 개념은 성인 혹은 좀 더 나이가 든 아이
   가 생각하는 개념과는 다를 수도 있다는 것을 명심할 필요
   가 있다. 유아들에게 생존이란 죽음이라는 물리적인 사건을
   피하는 것이라기보다는 부모의 사랑과 관심을 계속 받는 것
   을 의미할지도 모른다. 나는 이미 아이가 '부모의 관심을 유
   지하기 위해서 나는 죽어야 해.'라고 결정한 예를 보여 주었
   다. 어린아이가 재앙에 대한 마법적 방어물로서 초기 결정을
   구성하고 있는 곳에 아마도 부모에 의한 유기나 함몰(engulf-
   ment)과 같은 당면한 재앙이 있을 수도 있고(Gobes, 1985),
   혹은 유아는 어떤 대가를 감수하고서라도 막아야만 하는 어

떤 형언하기 어려운 파국을 두려워하고 있을 수도 있다.

아동 초기의 신념 인식하기

이것은 어떤 사람이 성인의 삶 속에서 어린 시절의 각본 신념을 재연할 때 그것을 인식할 수 있는 하나의 방법을 제공한다. 그 성인이 자신의 초기 생존 결론들 중의 하나와 충돌하게 될 법한 어떤 행동을 막 하려고 한다고 가정해 보자. 그 사람은 어린이 자아에 머무르면서 자신도 모르게 재앙의 위기가 임박했다는 기색을 보일 것이고 육체적 불편함이나 정서적 불안감을 느끼는 것으로 반응할 가능성이 있다.

예를 들어, '이제 다시는 아무에게도 가까이 가지 않을 거야. 그렇게 하면 나는 그 사람이 하자는 대로 해야 할 위험이 있거든.'이란 결정을 한 어린 소년이 있다고 가정해 보자. 시간이 흘러 성인 남자가 되었을 때 누군가가 '한번 안아 줄래요?'라고 요청하는 말을 들었다고 가정해 보자. 그러면 아마도 그는 식은땀을 흘리기 시작하면서 심장이 쿵쾅거리거나 속이 꼬이는 것을 느낄 것이다. 그런 경험을 하면서도 그는 그게 '신체적으로 가까이 가는 것은 재앙을 부른다.'라는 자신의 믿음에 반응하고 있다는 것을 알아채지 못할 것이다.

이런 신체적이고 정서적인 경험은 그가 자신의 대항각본 신념 중의 하나에 반(反)하고 있는 상황에서 그가 보고할지도 모르는 경험과는 다르다(이전 섹션 참조).

자아상태의 전환이라는 관점에서 보면 당신은 어버이 자아와 어린이 자아 단서 모두에서 그 사람이 진정한 각본에서 기인한 신념을 재연하고 있다는 것을 알 수 있을 것이다. 대항각본 신념의 단서들과 비교해 보면, 여기서 쓴 어버이 자아는 훨씬 더 가혹하고 징벌적인 것으로 들릴 수도 있다. 왜냐하면 이 어버이 자아는 비교적 초기의 발달단계에서 자신이 스스로 상상적으로 구축했던 것이기 때문이다. 어린이 자아에 머무르면서 그 사람은 이런 초기 단계에서 형성된 행위를 반복할 것이다. 그는 마법적인 신념과 파국의 두려움을 표현할 수도 있을 것이다. 이 어린이 자아가 당면한 문제는 생존, 자기 가치, 그리고 기본적 욕구 충족일 것이다.

12가지 일반적인 각본 신념

진정한 각본의 상세한 내용은 개개인에게 고유한 것이다. 하지만 아동 초기에서 기인한 각본 신념들을 분석하다 보면 특정한 포괄적인 주제들이 계속 나타난다. Robert Goulding과 Mary Goulding(1976, 1979)은 이 주제를 12가지로 구분했고 심리치료사로서의 자신들의 경험을 통해 더욱 발전시켰다.

이들 내외는 자신들의 독창적인 저서에서, 어린아이가 부모로부터 받게 되는 엄격한 각본 '메시지'에 의거해서 12가지 각본 주제를 문장으로 기술했다. 이 주제의 뜻을 면밀하게 전달하기 위해 그들은 각 메시지를 '하지 마라'로 시작되는 문장, 예를 들면 '존재하지 마라'와 같은 문장으로 만들었다. 이 책에서는 아이들이 이 메시지에 순종하면서 만드는 '결정'에 주로 초점을 맞추고 있다. 그리고 이런 결정은 그 사람이 성인기까지 각본 '신념'으로 가지고 가게 되는 것이기 때문에 '……하지 마라' 대신에 '나는 존재해서는 안 돼'와 같이 '나는 ……을 해서는 안 돼'를 쓰고자 한다. 이와 같이 수정하면 Goulding의 목록은 다음과 같을 것이다.

- 나는 존재해서는 안 돼
- 나는 나여서는 안 돼
- 나는 어린애같이 굴어서는 안 돼
- 나는 자라서는 안 돼
- 나는 성공해서는 안 돼
- 나는 아무것도 해서는 안 돼
- 나는 중요한 인물이어서는 안 돼
- 나는 소속되어서는 안 돼
- 나는 가까이해서는 안 돼
- 나는 제정신이어서는 안 돼
- 나는 생각해서는 안 돼
- 나는 느껴서는 안 돼

아동기에 이와 같은 결정 중 어느 결정이라도 만드는 사람은 그것을 하나의 각본 신념으로 성인기까지 가지고 갈 것이다. 당신이 내담자의 라켓 체계의 세부사항을 수집해서 축적할 때 위의 12가지 신념에 대한 단서를 찾기 위해 내담자의 말을 자세히 들어 보면 유익할 것이다.

다음의 하위 섹션에서 나는 각각의 신념에 대한 전형적인 단서를 기술할 것이다. 이러한 단서들은 질문에 있어서 신념의 표현인 어려움과 자기 규제의 패턴을 포함한다. 그 사람은 또한 아동기에 부모에게서 겪었던 각별한 사연을 알려 줄 수도 있을 것이다.

나는 존재해서는 안 돼

유아는 보통 자신의 부모가 자신이 죽기를 바란다고 인식할 때 '나는 존재해서는 안 돼.'라고 결정한다. 이 결정의 내용을 세부화하면 다음과 같이 다양한 형태로 나타날 것이다.

> '나는 살 만한 가치가 없어.'
> '만약 내가 죽으면, 엄마는 어쩌면 나를 사랑해 줄 거야.'
> '나는 당신을 가지기 위해 죽을 거야.'
> '나는 나를 죽이기 위해서 당신을 가질 거야.'

이와 같은 결정들은 자살이라는 비극적인 각본의 결말임을 의미할 것이다(3장과 7장). 대안적으로 그 유아는 누군가 다른 사람을 죽인다면 자살을 피할 수 있고, 또는 분별력 있는 사람으로 존재하기를 그만둔다면, 즉 미쳐 버린다면 살아 있을 수 있을 거라는 마법적인 결정을 할지도 모른다.

성인에게서 '나는 존재해서는 안 돼.'라는 각본 신념에 대한 전형적인 단서들은 다음과 같다.

- 자살을 시도하는 것(자살미수)
- 신체적 자해 행동을 했거나 또는 시도하는 것
- 타인의 신체에 해를 입혔거나 시도하는 것
- 자신 또는 타인에게 신체적으로 해를 입히려는 생각 또는 상상
- 신체에 해로운 중독 또는 약물 남용
- 자해(자기구타)의 징후가 보이는 독특한 버릇
- 무가치감, 버림받고 또는 사랑받지 못한다는 감정들
- 부모에 의한 신체적 학대의 보고
- 부모가 한 다음과 같은 말들의 기억
  '나가 죽어.' '난 결코 널 갖길 원하지 않았어.' '네가 태어날 때, 날 아프게 했어.' '만약 네가 없었다면, 난 ……할 수 있었는데.'
- 어린 시절 형제자매의 죽음
- '비상구를 닫는 것'을 싫어함(7장 참조)

놀랍게도 상당수의 내담자들이 그들의 각본 신념들 중의 하나로서 '나는 존재해서는 안 돼.'를 보여 준다. 그렇지만 상대적으로 실제로 자살을 시도하는 사람은 소수다. 왜냐하면 현명하게도 자살로 인해 잃어버리게 될 이점을 방어하는 데 필요한 조건을 고안해 내기 때문이다. 이와 같은 방어의 형태는 '내가 ……하는 한 계속 존재할 수 있어.'라고 결정하는 것이다. 이 점에 대해서는 이 장의 마지막 주요 섹션에서 좀 더 상세히 논의할 것이다.

나는 나여서는 안 돼

이 주제에서 부모는 아이가 죽는 것까지는 원하지 않는다. 대신에 부모는 그가 다른 아이이기를 원한다. 딸을 원했으나 아들을 둔 가정, 혹은 그 반대의 가정에서 그 유아가 하게 될 결정은 아마도 '나는 지금의 성(性)이 아니어야 해.'일 것이다. 이 각본 신념은 다음과 같이 나타낼 수 있을 것이다.

- 다른 사람(이들은 아마 아동기 동안 자신과 달리 귀여움을 받았던 특정한 타인들일 것이다)에 비해 열등한 존재로 자신을 평가
- 반대 성의 전형적인 행동 또는 의복 선택
- 내담자보다 우선적으로 언제나 칭찬받거나 귀여움 받은 형제 또는 또 다른 아이의 기억들
- '우리는 항상 소녀/소년을 원했지만 대신에 네가 태어났어.' 같은 부모의 말에 대한 기억들

이것을 입증해 주는 증거는 부모가 아이에게 성별이 애매한 이름을 지어 주는 경우, 예를 들면, 팻(Pat, 남자 이름 Patrick의 애칭도 되고 여자 이름 Patricia, Martha, Matilda의 애칭도 됨 – 역자 주) 또는 재키(Jacky, Jackie로도 표기. 원래는 여자아이면 Jacqueline으로 이름을 지어 주면 확실하지만 남자아이인지 여자아이인지를 이름만으론 분명하게 밝히기 싫어서 붙인 이름 – 역자 주)라는 이름을 가진 소녀, 에블린(Evelyn, 남자 이름도 되고 여자 이름도 됨 – 역자 주) 또는 비비안(Vivian, 남자 이름도 되고 여자 이름도 됨 – 역자 주)이란 이름을

가진 소년과 같은 경우를 들 수 있다.

나는 어린애같이 굴어서는 안 돼

부모가 어린이 자아상태에서 자신의 자녀를 한정된 사랑의 양을 위협하는 잠재적 경쟁자로 여기는 가정에서의 아이가 아마 이런 결정을 할 것이다. 아마 그 부모는 어린애같이 구는 게 허용되지 않는 엄격한 가정에서 자랐을 것이다. 어른이 된 지금 그는 부지불식간에 자신이 갈망했던 즐거움과 자유를 자신의 자식이 가지는 것에 대해서 비통한 질투를 느낄지도 모르겠다. '나는 어린애같이 굴어서는 안 돼.'라는 어린 시절의 각본 신념을 계속 품고서 성인이 된 그 사람에게서 다음과 같은 단서를 관찰할 수 있을 것이다.

- 습관적으로 완고하고 근엄한 태도
- 아이들을 다루는 것이 어색함
- 자발적으로 놀아야 하거나 행동해야 하는 상황, 특히 규칙이 없는 곳에서 놀아야 하는 상황이 거북함
- '아이들은 그 자리에 있어도 되지만 얌전히 있어야 한다.'와 같은 부모님의 언급에 대한 기억
- 장난스럽고 자발적인 행동에 화를 내는 부모에 대한 기억

맏이나 외둥이들이 특히 '나는 어린애같이 굴어서는 안 돼.'라는 결정을 만드는 경향이 있다.

나는 자라서는 안 돼

'나는 어린애같이 굴어서는 안 돼.'라는 위의 결정과는 반대로 이 결정은 가족 중에 막내가 주로 한다. 아마 그 어린이의 부모는 어린이 자아상태에서 '날 떠나지 마.'라는 메시지를 전달하고 있는 것으로 보인다. 이것은 아마 부모가 자식을 즐거운 동반자 관계의 유일한 원천으로 여기기 때문일 것이다. 다른 부모들은 마지막 자식이 집을 떠나게 되면 공허함이 밀려올 거라고 두려워하고 있는지도 모른다. 어떤 사람이 '나는 자라서는 안 돼.'라고 믿을 때, 당신은 다음과 같은 것을 알아차릴 수 있을 것이다.

- 습관적인 어린애 같은 버릇
- 책임지는 자리 회피
- 다른 사람이 책임지는 관계 선호
- 스트레스에 반응해서 감정 고조가 빠름
- 분석이나 자기 절제가 요구되는 상황, 특히 자신 또는 타인을 대상으로 규칙을 설정할 때 거북해 함

'나는 자라서는 안 돼.'라고 결정했던 사람은 연로한 부모를 돌보기 위해 성인기에도 집에 머물지도 모른다. 이 신념의 또 다른 해석은 '나는 섹시해서는 안 돼.'이다.

나는 성공해서는 안 돼

이 결정은 전형적으로 아들이나 딸이 이루는 성취에 대해 위협

감을 느끼는 부모를 둔 아이들에 의해 이루어진다. 부지불식간에, 그 부모는 자신만의 어린이 자아상태에서 '나는 결코 ……한 적이 없어'(좋은 교육을 받은 적도, 좋은 직업을 가진 적도, 운동이나 기타 여러 부분에서 솜씨 좋다고 칭찬받은 적도, 등등)를 느끼고 있을 것이다. 그래서 '내 아이들이 그걸 지금 가지게 된다면 난 망하는 거야.'라고 느낄지도 모른다.

성인생활에서 '나는 성공해서는 안 돼.'라는 신념은 종종 습관적인 자기 방해의 양식으로 표면화된다. 이것은 특히 그 사람이 어떤 중요한 성취를 이룰 '위험에 처하게' 될 때 부상할 수도 있을 것이다. 어떤 학생이 에세이 과목에서 좋은 점수를 받을 수도 있는데 중요한 시험 와중에 갑자기 아무것도 생각나지 않는다는 식이다. 자기 방해의 또 다른 빈번한 형태는 몇몇 종류의 정신 · 신체 · 의학적 질환에 걸리는 것이다.

때때로 '나는 성공해서는 안 돼.'라는 초기 결정은 '나는 열심히 공부해야 한다.'와 같은 후기 결정(대항각본)과 결합된다. 어버이 자아의 입장에서 부모는 아이가 성공하기를 원하지만, 어린이 자아의 입장에서는 아이가 실패하기를 원하는 것이다. 이 두 가지 메시지의 결합은 그 아이가 이중구속에 걸리도록 한다. 그녀는 '부모님의 사랑을 얻기 위해서는 열심히 공부해야겠지만 몇 과목은 망쳐야겠지.'라는 반응을 보일지도 모른다.

나는 아무것도 해서는 안 돼
아이는 부모가 '아무것도 하지 마라, 왜냐하면 네가 하는 건 무엇이라도 너무 위험하기 때문에 차라리 아무것도 안 하는 게 낫다.'라는 뜻을 전달하는 비언어적 메시지에 대한 응답으로 이 같은 결정을 한다. 성인생활에서 이 각본 신념은 다음과 같이 나타날 것이다.

- 오(誤)적용된 지나친 소심함
- 행동과정에서의 습관적인 멈칫거림
- 계획을 결코 실행에 옮기지 않음
- 이럴 수도 없고 저럴 수도 없다는 태도

나는 중요한 인물이어서는 안 돼

이 결정은 또한 자식과 경쟁하는 부모의 감정에 대한 응답이다. 부모는 어린이 자아상태에서 '아들이나 딸로서 내 근처에 있는 건 좋아. 하지만 너희는 너희 자신이나 너희들이 원하는 게 중요하지 않다는 걸 보여 주어야 해.'라고 명령한다. 성인생활에서 아마 다음과 같은 양상으로 나타날 것이다.

- 어떤 걸 원하지만 솔직하게 요청하지 못함
- 리더십을 발휘해야 하는 상황에서 안절부절못함
- 사람들 앞에서 말하는 것의 어려움
- 무의미한 감정 상태
- 권위를 가진 사람에게 위축되는 경험

나는 소속되어서는 안 돼

'나는 소속되어서는 안 돼.'라는 초기 결정은 집단에서 '소외'되는 기분으로서 성인생활에서 나타난다. 그 사람은 전형적으로 온갖 집단들에서 이 경험을 촉발하는 방법을 찾을 것이다. 예컨대 그녀는 야간강좌를 수강하는데 그녀가 가진 지적인 깊이 때문에 대화에서 배제된다고 느낀다. 그리고는 집에 와서는 가족들이 자신이 지금 강좌에서 공부하고 있는 과목을 이해하지 못하기 때문에 가족으로부터 고립되었다고 느끼는 것이다.

'나는 소속되어서는 안 돼.'라는 초기 결정은 집단들과 원만한 관계를 가지지 못하는 부모들에 의해 자식들에게 본보기가 된다.

나는 가까이해서는 안 돼

이 결정도 종종 부모가 본보기를 제공한다. 이 결정은 '나는 신체적으로 가까이해서는 안 돼.' 또는 '나는 감정적인 접촉을 가져서는 안 돼.'로 해석될 수도 있다. 변형된 해석은 '나는 신뢰해서는 안 돼.'일 것이다.

아이는 가끔 감정표현이 일관적이지 않은 부모를 경험할 때 이같은 결정 중의 하나를 만들 것이다. 예를 들면, 유아가 어머니에게 애정을 요청할 때 엄마가 한 번은 애정을 주고, 다음 번에는 무시하고, 세 번째 경우에는 화를 낸다. 그러면 그 아이는 '내가 가까이 갈 때 사람들이 반응하는 방식을 신뢰할 수 없어. 그렇기 때문에 아예 가까이 가지 않는 게 더 안전할 거야.'라는 결정을 할지도 모른다.

성인기의 이 각본 신념에 대한 단서는 다음의 것들을 포함할
것이다.

- 접촉하거나 접촉 당하는 게 불편함
- 가족 또는 친구들과 정서적 친밀감 부족
- 애정을 주거나 받는 것이 어려움
- 헌신이 요구되는 관계를 시작하는 게 내키지 않음

나는 제정신이어서는 안 돼

이 결정은 사람을 교묘히 조정하는 수단으로 질환이나 광기를
사용하는 부모를 모방하여 이루어진다. 하지만 종종 그 아이는 그
녀 자신이 건강할 때보다 아플 때 그녀의 부모가 더 따뜻하게 보
살펴 줄 때 이 결정을 한다. '나는 제정신이어서는 안 돼.'라는 결
정의 변형은 입에 담지 못하는 '가문의 저주', 즉 특정한 이름, 특
정한 위치, 그리고 기타 여러 조건을 가진 모든 아이들은 언젠가
는 미친다는 가문의 저주에 반응해서 만들어질 것이다.

'미친다'라는 각본 결말은 또한 '나는 존재해서는 안 돼.'라는
아동기 결정을 반영한다는 것도 기억해 두자. 만약 누군가의 각
본 신념이 '나는 존재해서는 안 돼.'인지 '나는 제정신이어서는 안
돼.'인지 확신이 서지 않을 경우에, 항상 전자, '나는 존재해서는
안 돼.'를 취할 것이다.

나는 생각해서는 안 돼

부모가 지속적으로 아이의 생각하는 능력을 하찮게 여길 때 그 아이가 이 결정을 할 것이다. 이 결정은 또한 본보기에 대한 반응일 것이다. 이를테면 엄마가 아이에게 생각은 중지하고 감정을 고조시켜 탐내는 어떤 것을 교묘하게 얻을 수 있다는 본보기를 딸에게 보여 주는 것이다. '나는 생각해서는 안 돼.'라는 신념에 대한 단서는 다음과 같을 것이다.

- 풀어야 할 문제에 직면했을 때 습관적으로 '머리가 텅 비거나' 혼란스러워짐
- 사고의 대체물로서 감정을 고조시킴
- '나는 생각할 수 없어.' '멍하네.' '내 정신이 아닌가 보다.'와 같은 표현을 사용함

나는 느껴서는 안 돼

이 결정은 '나는 감정을 느껴서는 안 돼.'라거나 '나는 기분을 느껴서는 안 돼.'를 의미할 것이다. 아이는 아마도 모든 감정이나 기분을, 혹은 특정한 감정이나 기분을 지우기 위해 이와 같은 결정을 만들지도 모르겠다. 예를 들면, 그녀가 '나는 나 자신이 화를 내도록 하지 않을 거야.' 혹은 '나는 나 자신이 배가 부른지 고픈지를 느끼도록 하지 않을 거야.'하고 결정하는 것이다. '나는 느껴서는 안 돼.'라는 결정은 부모가 준 본보기에 대한 반응일 수도 있다. 종종 특정한 감정이나 기분이 집에서 금지되기도 하기 때문

이다. 성인기에서 보이는 '나는 느껴서는 안 돼.'라는 결정에 대한 단서들은 다음과 같을 것이다.

- 화남, 슬픔, 겁에 질림 등과 같은 감정을 한 번도 느낀 적이 없다는 보고
- 양친이나 그들 중 한 사람이 분노나 슬픔을 보인 적이 없다는 보고
- 신체적 기분을 무시하는 행위 패턴, 예를 들면, 습관적인 과식이나 소식(小食)

📷 자기 수퍼비전 6.1c

진정한 각본

앞에서 제시되었던 진정한 각본에서 기인한 신념에 대한 단서들을 재검토해 보라. 당신의 내담자는 이들 단서들 중에 어느 것을 보여 주는가?

이 증거를 토대로 하여 당신 내담자의 진정한 각본의 신념에 대한 초기 평가를 시행해 보라. 그리고 다시 한 번 자신, 타인 그리고 삶의 질이라는 제목을 가진 라켓 체계 그림에 그것들을 기입해 보라.

존: 각본 신념

존과는 라켓 체계에 대해 충분한 이해를 시킨 다음 여러 회기에 걸쳐 함께 이야기했기 때문에 그의 라켓 체계에 대한 초기 그림을 작성했다. 나는 존과 함께 나의 생각을 나누었고, 그와 공동작업으로 정보를 수집했다. 플립 차트에 작성된 라켓 체계 그림에 수집된 결과들을 기입하였고 초기 회기 동안에 눈에 띄는 곳에 놔두었다.

함께 작업하는 내내 우리는 라켓 체계 구성을 다시 참고하곤 했다. 존이 자신의 각본에 대한 특성을 더 많이 발견함에 따라 우리는 라켓 체계의 세부사항을 수정하고 첨가하였다.

우리가 이렇게 작업을 진행하면서, 나는 그에게 우리가 작성하고 있는 이 지도는 그가 바꾸길 원한다면 '바꿀 수도 있는' 것이라는 점을 강조했다. 그리고 내가 바꿀 수도 있다고 한 것은 '현재 이 사람의 상태가 이러니 앞으로도 계속 그럴 것'이라는 의도된 진술이 아니라는 것을 분명히 했다. 오히려 이 라켓 체계 그림은 존이 예전에 '어떠한 상태에 있었는지'를 발견하도록 하고, 미래에는 어떠한 모습으로 있기를 선택할 것인가라는 흥미로운 질문에 답을 할 수 있도록 도와주는 것이다. 존이 적극적인 변화를 시작할 준비가 되면, 우리는 그가 라켓 체계의 어느 부분을 새롭게 바꾸었는가를 조사함으로써 각본에서 벗어난 그의 움직임을 추적할 수 있을 것이다.

　나는 존의 두 가지 대항각본 신념이 '받아들여질 만하기 위해, 나는 모든 것을 바르게 해야 한다.' 그리고 '받아들여질 만하기 위해, 나는 나의 감정과 욕구를 부인해야만 한다.'로 판단했다. 그는 헬렌 가족들과 동석한 자리에서 구체적이진 않지만 사교상 '뭐가 잘못될까 봐' 아주 자주 조바심을 냈다. 그가 나에게 말했던 여성들과의 관계에서 겪는 어려움 중의 하나는 그들에게 그가 어떻게 느끼고 그들에게서 무엇을 원하는지를 말하는 데 어려움을 가지고 있었다는 것에 있다.

　존의 전체적인 시연과 그가 보고한 문제들을 근거로 하면 그의 아동 초기의 신념은 세 가지라는 판단이 가능하다.

　'나는 어린애같이 굴어서는 안 돼(나는 아무것도 즐기면 안 돼).'

　'나는 가까이해서는 안 돼(나는 어느 누구도 절대 믿어서는 안 돼).'

　'나는 느껴서는 안 돼(특히 화내는 것).'

　자신에 대한 위의 신념 중 두 번째에서 다른 사람과 관련된 신념이 이어진다.

　'다른 사람은 신뢰할 수 없어.'

　그리고 삶의 질과 관련된 신념은

　'인생은 예측할 수 없고 불공평해.'이다.

존의 침울한 어머니상이 그의 아동기에 옅은 그림자로 드리워져 있었다. 그의 아동기는 자신의 아내와 존뿐만 아니라 존의 형제에게 물리적인 폭력을 행사하는 고압적인 아버지에 의한 지배로 점철되어 있었다. 그 폭력으로 인해 존이 '존재하지 마라'라는 각본 메시지를 아버지에게서 받았다는 것이 확증되었다. 나는 존이 그의 어린 시절에 이 명령을 받아들였다고 판단했고, 그래서 나는 그의 라켓 체계에 '나는 존재해서는 안 돼.'라는 신념을 추가했다. 여하튼 이 신념은 존 자신이 폭력을 사용함으로써 현재 시점에서 나타나게 될 거라는 것을 예견했던 셈이다.

나는 존이 양친으로부터 받은 각본 메시지가 '가까이 지내지 마라.'임을 주목했다. 양친들에게 이것은 '신체적 또는 감정적으로 가까이 지내지 마라.' 그리고 '믿지 마라.'의 두 가지 경우로 해석될 수 있을 것이다. 그래서 나는 이 두 가지 메시지를 포함하는 존의 각본 신념이 변화의 과정에 있을 때는 특별한 주의가 요구된다고 생각했다. 상담관계에서 존은 신뢰성의 문제로 나를 곧잘 시험할 것만 같았다. 그리고 그는 유아기적 상태에서 '파국에 이르는 실험', 즉 내가 그 자신을 거절하도록 만들 때까지 실제로 우리의 관계가 더욱더 쓰라린 관계가 되도록 하는 실험을 할 것이라고 추측했다. 만약 그가 이같이 했다면, 나의 반응은 '당신이 나를 밀어붙이는 방식은 좋아하지 않지만 당신을 거절하지는 않을 것이다.'가 되었을 것이다. 이와 같은 방법으로 나는 어린이 자아상태에 있는 존에게 그가 한

'행동'은 나에게 환영받지 못할 짓이지만 한 인간으로서는 여전히 나에게 OK라는 걸 전달할 수 있었을 것이다. 실제로는 그의 각본 신념이 이와는 정반대였다. 그는 '나는 근본적으로 귀염성이 없어서 사람들이 내가 한 짓 때문이 아니라 지금의 나의 꼴 때문에 나를 거절할 거야.'라고 믿고 있었다.

존의 양친은 '분쟁을 해결하는 방법은 폭력적이 되는 것'이라는 각본 신념을 존에게 본보기로 보여 주었던 것이다. 나는 존이 그의 인간관계에서 분노를 느끼고 잠시 참다가 폭발적으로 폭력을 통해 표현했다고 추측했다. 상담 과정에서 내가 해야 할 일 중의 하나는 존이 사람을 때리지 않고도 갈등을 해결할 수 있는 어른다운 적절한 수단을 발견하도록 도와주는 것일 것이다. 이렇게 하다 보면 그는 분노를 느낄 때 속에 담아 두기보다는 파괴적이 아닌 것으로 표현할 수 있는 방법을 익히게 될 것이다.

라켓 표현

이 장의 두 번째 주요 섹션에 해당하는 여기서는 당신 내담자의 라켓 표현(racket displays)에 관한 정보를 어떻게 모을 수 있는가를 살펴보고자 한다. 앞의 섹션에서와 같은 방식으로 나는 이 양상들이 어떤 것이고 어떻게 발생하게 되는지를 설명하는 것으로 시작하고자 한다. 당신이 실제로 라켓 표현을 조사할 때 이 지식을 사용할 수 있을 것이다.

라켓과 라켓 감정

모든 아이는 가정에서 어떤 감정은 금지당하지만 어떤 감정은 보상받는다는 것을 발견하게 된다. 만약 그 아이가 금지된 감정을 표현하면 그는 그가 바라는 요구를 충족시킬 수 없을 것이다. 그러면 그는 이 금지된 감정을 능숙하게 차단한다. 그는 금지된 감정 대신 가족들이 선호하는 감정을 보여 줌으로써 자신이 추구하는 관심을 자주 얻을 수 있다는 것을 알게 된다(English, 1971, 1972). 그는 곧 이 선호되는 감정들을 느끼는 것을 '정당화하기' 위해 사용할 수 있는 사고와 행위 패턴을 고안하기 시작한다.

이런 상황에서 어른이 된 그는 아마 어린아이 때 '결과물 획득'을 위해 사용하기로 결정했던 선호되는 감정 느끼기와 그걸 정당화해 주는 사고와 행위 패턴의 재가동으로 스트레스에 반응할 것이다. TA에서 이런 사고와 행위가 반복되는 패턴을 '라켓'이라고 부른다. 그리고 라켓과 병행해서 학습되는 감정을 라켓 감정(racket feelings)이라고 부른다.

라켓과 라켓 감정

1. 라켓 감정은 아동기에 학습되고 장려된 익숙한 감정이다. 성인의 삶 속에서는 스트레스를 받는 다양한 상황에서 라켓 감정을 경험할 것 이다.
2. 라켓 감정은 태어난 가정에서 금지되었던 다른 감정에 대한 대체물로 서 항상 작용한다.
3. 라켓은 라켓 감정을 경험하는 사람을 정당화하는 수단으로서, 그걸 자각하지 못하도록 하는 의도된 사고와 행위의 집합이다. 그 사람의 각본 속에 들어가게 되면 그는 이 사고와 행동을 반복해서 보여 줄 것이다.
4. 그녀는 라켓이나 라켓 감정의 표현 때문에 다른 사람들이 자신에게 스트로크(악수, 껴안기와 같은 스킨십, 표정, 감정, 태도, 언어 등의 기타 여러 형태의 행위를 통하여 상대방에 대한 자신의 반응을 알리 는 인간 인식의 기본단위 – 역자 주)를 준다고 인지할 때마다 이러한 사실을 어린이 자아상태에서 자신의 각본 신념의 확증이라고 해석할 것이다.

라켓과 라켓 감정의 발견

당신은 다음과 같은 질문 절차로 내담자의 라켓과 라켓 감정에 관한 것을 찾아낼 수 있을 것이다. 다음 질문으로 넘어가기 전에 내담자의 대답을 적어 두어라.

- 상황이 당신에게 불리하게 전개될 때 당신은 보통 어떻게 느끼십니까? (이 질문은 라켓 감정에 대한 보고를 유도하는 방식으로 서술되어 있다.)

- 당신은 이 감정을 당신이 가진 감정 중 친숙한 감정으로 인식하고 있습니까?

- 당신은 많은 다른 상황에 대한 응답으로 이 감정을 경험합니까?

- 당신은 언제 이 감정을 마지막으로 느꼈습니까?

- 당신이 그것을 느꼈던 상황은 무엇이었습니까? (이 질문은 라켓의 보고를 유도한다.)

- (비록 당신은 그 당시에는 그렇게 하는 것을 알아차리지 못했을 수도 있지만) 뒤돌아보니 당신이 그 상황을 만드는 데 얼마나 관여했는지 말해 보시겠어요?

- 당신이 느꼈던 그 감정이 당신의 욕구를 즉시 충족시키는 데 도움이 되었습니까?

- 당신이 아이였을 때, 당신의 가족에게서 이 감정이 선호되었거나 보상을 받았습니까?

- 당신이 아이였을 때, 당신은 금지되거나 벌 받았던 다른 감정을 숨기기 위해 이 선호된 감정을 사용하고 있다고 가정해 보세요. 당신이 숨기려고 했던 원래의 감정은 뭐라고 생각됩니까?

만약 그 사람이 라켓 감정을 느꼈던 스트레스 상황을 설정하는 데 일조했다면 그것을 설정하는 데 사용했던 사고와 행위가 그의 라켓 중 하나일 것이다. 이것은 또 다른 것들과 상호작용을 할 것이다[아래의 내용과 9장에서 기술될 '라켓티어링'(racketeering)과 '게임' 참조]. 아니면 그 사람은 독자적으로 라켓을 설정할 것이다. 예를 들면, 습관적으로 지갑을 '분실'하고서는 만약 찾아내지 못하면 끔찍하게 곤란한 상황에 빠질 거라고 자기 스스로에게 말하고 공황상태에 빠지는 것이다. 독자적인 라켓은 가끔 순전히 내적 대화의 문제일 수도 있다. 예를 들면, 어떤 과제를 수행하고 있을 때 그 사람은 어버이 자아로부터 '나는 이 일을 내가 당연히 해야 할 정도로 잘하지는 않고 있어.'라고 자신에게 말하는 것과 같은 것이다. 그렇게 함으로써 그는 어린이 자아에서 무능력에 대한 라켓 감정을 경험하는 것을 정당화한다.

라켓 감정과 진정한 감정

Berne(1966: 308-9)은 이런 대체 정서들의 조작적 특성을 강조하기 위해 '라켓'이라는 단어를 선택했다. 그러나 그렇다고 해서 라켓 감정은 그것을 느끼는 사람들에 의해 '가짜'로 '경험된다'는 것을 말하는 것이 아니다. 내가 라켓 감정을 느낄 때, 나는 나의 감정이 '진짜'라는 걸 믿어 의심치 않는다. 진위여부의 문제에 봉착하지 않기 위해서 '라켓 감정이 아닌 감정'의 개념을 표현하기 위하여, 우리는 '실제 감정'(real feelings)보다는 오히려 '진정한 감정'(authentic feelings)이라는 말을 사용한다.

어떤 사람이 성인기에 이르게 될 때쯤엔 그는 모든 라켓 과정을 인식하지 못하도록 무의식적으로 억압한다. 그가 스트레스를 받는 상황에서 각본을 사용한다고 가정해 보라. 그는 그때 진정한 아동기 감정을 경험하게 될 가능성이 많다. 그러나 '조건반사' 적인 방법으로 그의 각본 신념을 재연하면서 즉시 라켓 감정으로 바꿀 것이다(3장 라켓 체계 참조). 우리는 그 사람이 라켓 감정으로 진정한 감정을 덮어 버린다고 말한다. 보통 라켓 감정으로 바꾸는 것이 너무도 신속하게 이루어지기 때문에 그 사람은 진정한 감정을 느꼈는지조차 알지 못한다.

라켓 감정과 진정한 감정의 구별

TA에서는 보통 네 가지 진정한 감정이 있다.

- 분노
- 슬픔
- 공포
- 행복

종종 우리는 단순히 '화난, 슬픈, 무서워하는 또는 기쁜'이라고 말한다. 이처럼 만약 사람이 이 네 가지 이외에 어떤 다른 감정을 경험하고 있다면, 그 감정을 라켓 감정이라고 보면 된다. 왜냐하면 이 네 가지 감정은 유아가 검열에 대한 개념을 가지기 전에 느끼는 감정들이라는 이론적 근거가 있기 때문이다.

그러나 분노, 슬픔, 공포, 그리고 행복이 항상 진정한 것만은 아니라는 데 문제의 복잡성이 더해진다. 이 감정들은 또한 라켓 감정으로 경험될 수도 있을 것이다. 실제로 사람은 이들 네 가지 감정의 진정한 버전과 라켓 버전 사이를 왔다 갔다 할 수도 있기 때문이다.

당신은 이들 감정의 진정한 버전과 이것의 라켓식 대응물을 어떻게 구별할 수 있는가? 당신은 종종 맥락으로 구분하기도 한다. 만약 그 사람이 아주 다양한 상황에서 어떤 특별한 감정을 '반복해서' 경험한다면, 십중팔구는 라켓 감정일 것이다.

진정한 감정들은 네 가지 이름만이 있는 반면에, 라켓 감정은 그것을 설명하는 무수히 많은 이름들이 있다. 몇몇 라켓 감정은 불리한 입장에 기인하여 경험된다. 좌절, 죄책감, 당황, 초조함, 질투, 무력감, 절망과 같은 것들이다. 다른 몇몇 라켓 감정은 유리한 입장에 기인하여 경험된다. 비난, 결백, 겸손, 경멸과 같은 것들이다.

모든 라켓 감정들은 이 감정을 느끼는 본인에 의해서나 관련된 다른 사람들에 의해서 불유쾌한 것으로 경험되는 것은 아니다. 예를 들어, 분노를 보여서는 안 된다고 배운 여자 아이가 명랑하고, 영리하고, 쾌활하게 굴어서 보상을 받았다고 해 보자. 이 아이가 어른이 되었을 때 그녀는 '만인에게 한 줄기 햇살 같은 존재'가 되는 것으로 계속 인정받고 있을 수도 있다. 그녀의 라켓 감정은 행복과 흥분이다. 그녀는 아동기에 금지된 진정한 분노를 덮어 버리기 위해 이 라켓 감정을 사용하고 어른이 되어서도 스스로 진정한 분노를 느끼는 것을 금하고 있을 것이다.

감정의 문제해결 기능

Thomson(1983)은 진정한 공포, 분노, 그리고 슬픔이 '문제해결' 기능을 가지고 있음을 지적한다. 이와 대조적으로 라켓 감정은 문제를 해결하기 위해 어른스런 수단으로 사용하기에는 비효과적이다. 이 같은 점은 당신이 진정한 감정과 라켓 감정을 구별할 수 있는 또 다른 단서다.

감정들을 표현함으로써 문제를 해결할 수 있다고 제안하는 것이 당장에는 이상하게 들릴 수도 있을 테지만 Thomson의 설명을 들어 보자.

- 진정한 '분노'는 '현재'에서 발생하는 문제의 해결을 돕는다. 예를 들면, 어떤 사람이 무례하게 팔꿈치로 밀면, 나는 그 상황에 부합하는 분노를 표현하고 그를 팔꿈치로 밀침으로써 내가 있던 공간을 되찾을 수 있다.
- 진정한 '슬픔'은 '과거'에서 기인한 문제의 해결을 돕는다. 만약 내가 가족을 잃어 회복할 수 없는 상실감으로 고통스러웠다면 나는 애도함으로써 자신을 치유할 수 있다.
- 진정한 '공포'는 '미래'에 일어날 것 같은 문제의 해결을 돕는다. 밤에 도시의 거리를 걸으면서 나는 어두운 골목길을 통해 지름길로 가려고 생각 중이다. 그러나 이내 두려움이 엄습하여 잠재적인 위험을 피하기 위해 환하게 밝은 거리에 머무를 것이다.

Stewart와 Joines(1987)는 진정한 '행복'이란 '만사가 좋으면 변화는 필요 없다.'라는 특징을 가진다고 언급함으로써 Thomson의 개념을 확장했다.

이것은 또한 진정한 분노, 슬픔, 공포, 그리고 행복과 이들의 상대 감정인 라켓 감정을 구분하는 하나의 방법을 제공한다. 만약에 이들 감정 중의 하나가 '적절한 시간의 틀에서 벗어나' 느껴지게 된다면 그 감정은 거의 라켓 감정이기 쉽다.

예를 들어, 어떤 성인이 아이였을 때 어머니가 자신을 더 많이 사랑해 주지 않는다는 이유로 어머니에게 분노를 느낀 경험이 있다고 하자. 하지만 그가 아무리 분노를 느껴 본들 그는 결코 어린 시절로 되돌아갈 수는 없을 것이다. 이 예에서 진정한 감정은 슬픔일 것이다. 자기 스스로에게 이제는 결코 받을 수 없는 사랑을 애석해하는 걸 허용함으로써, 그는 이제 현재에서 홀가분하게 타인들로부터 사랑을 구할 수 있게 되는 것이다.

왜 라켓 감정은 성인의 문제해결방법으로 비효과적인가? 어떤 사람이 라켓 감정을 경험할 때 그는 각본 속에 있기 때문이다. 그는 부지불식간에 그가 유아였을 때 인지한 것과 같이 자신이 나타내는 감정으로 다른 사람으로부터 지지를 유도해 낼 수 있을 거라고 희망한다. 그래서 만약 다른 사람들이 이 희망을 충족시켜 주는 방식으로 반응하면 그는 일시적인 만족감을 가진다. 그러나 기저에 놓인 그의 어린이 자아의 욕구는 아직 충족되지 않았다. 그는 다른 사람으로 하여금 그 욕구가 무엇인지 알도록 해 주는 진정한 감정을 아직 표현하지 않았기 때문이다.

라켓 행복으로 분노를 덮어 버리는 앞에서 제시한 사례의 여성을 고려해 보자. 그녀가 그렇게 할 때마다, 가족들로부터 미소를 얻어 내 잠시 동안 만족해할는지 모른다. 그러나 그녀는 자신을 분노하게 하는 무단의 강요, 공격 또는 모욕을 해결하기 위해 아무것도 하지 않는다. 그리하면 그녀는 머지않아 자신의 분노와 다시 만나기 시작할 것이다. 분노와 만나는 매 순간 그녀는 그걸 라켓 감정으로 바꿀 것이고, 그 분노와 제대로 대면하지 않는 한 그녀는 위의 전 과정을 재연하게 될 것이다.

진정한 감정 발견하기

당신이 내담자의 라켓과 라켓 감정을 발견하기 위해 내담자에게 물은 일련의 질문들(위의 내용 참조) 중에서 마지막 질문은 '당신이 덮어 버리고 있을지도 모르는 감정이 무엇이라고 생각합니까?'였다.

내담자는 대답에서 분노, 슬픔, 공포 또는 행복을 보고할 것이다. 이것들은 라켓 감정이거나 혹은 진정한 감정일 것이다. 아니면 그녀는 항상 라켓 감정임을 의미하는 많은 다른 감정 중의 하나를 언급할 수도 있을 것이다. 어느 경우이든, 당신은 진정한 감정의 보고를 이끌어 내는 질문을 이어 갈 것이다. '당신은 ……와 같은 감정에 대하여 어떻게 느끼십니까?(그녀가 이야기했던 감정에 명칭을 붙여라)'와 같은 질문들로 말이다.

내담자가 대답할 때, 같은 질문을 되풀이하라. 그녀가 네 가지 진정한 감정 중 하나의 이름을 말할 때까지, 그리고 심지어 당신이 질문을 반복할 때조차 그와 똑같은 감정에 집중할 때까지 계속하라. 내담자가 최근에 겪은 어떤 일의 한 장면에서 다른 누군가에게 분노했음을 보고했다고 가정해 보자. 그러면 당신은 다음과 같이 계속 진행할 것이다.

> 상담자: 당신이 분노를 느낀 그 순간 당신이 덮어 버리려고 했던 몇 가지 다른 감정이 있다고 가정해 봅시다. 만약 다른 감정이 있었다면 그게 뭐였을 거 같나요?
>
> 내담자: 아마 무력감이었을 겁니다.
>
> 상담자: 무력감에 대해서 어떻게 느낍니까?
>
> 내담자: 화가 나죠.
>
> 상담자: 누구에게 화가 납니까?
>
> 내담자: 나 자신에게요.
>
> 상담자: 당신 자신에게 화가 나는 걸 당신은 어떻게 느끼십니까?
>
> 내담자: [잠시 주저하다가] 두렵습니다.
>
> 상담자: 그 두려운 감정에 대해서는 어떻게 느끼십니까?
>
> 내담자: 똑같습니다. 두렵습니다.

📷 자기 수퍼비전 6.2a

라켓 감정과 진정한 감정

위의 섹션에서 언급한 라켓 감정과 진정한 감정에 관한 정보를 검토해서 당신이 선정한 내담자와 연관지어 보라. 당신은 아마 내담자에게 들어서 알게 된 지식을 신뢰해서, 위에서 기술된 질문의 절차를 사용하여 이 지식을 보강할 수도 있을 것이다.

그 사람은 라켓 체계의 일부가 아닌 전 영역의 행위와 감정을 보여 줄 수도 있다는 걸 명심하기 바란다. 어떤 행위와 감정들이 반복적이고 그 사람의 각본 신념을 정당화하거나 방어하는 데 기여하는 역할을 가질 때만 이런 행위와 감정들을 라켓 표현으로 이해하고 받아들여라(Zalcman, 1986).

우선 내담자가 그의 라켓을 행동으로 표현하는 어떤 상황에서 그가 보고한 주목할 만한 행위로 시작하라. 이를테면 다른 사람들은 그가 행동하고 말하는 것에서 무엇을 보고 듣습니까? 사람들은 그가 표현하는 것에서 어떤 감정을 주목합니까?

'보고된 내적 경험'이라는 제목하에 그가 그 상황 동안 경험한다고 보고한 감정은 무엇인지 적어 두라. 그 감정은 그가 경험하고 있는 감정과 동일할 수도 있고 아닐 수도 있다.

그가 보고한 신체적인 감각도 기록해 두라. 이러한 것들은 맥박이 빨라짐, 구역질, 열이 남, 마비 등과 같은 몸의 한 부분에서의 긴장과 고통을 포함할 수도 있을 것이다. 만약 그가 소화불량 혹은 편두통과 같은 신체적 징후를 언급하면 또한 기록해 두라.

만약 당신이 내담자의 진정한 감정을 추적해 왔다면, 라켓 체계 그림의 왼편 칸에 '각본 결정 시 억압된 감정들'이라는 제목하에 그것을 적어 두어라.

라켓티어링과 게임

'라켓티어링'(racketeering)과 '게임'은 어떤 사람이 다른 사람들과의 상호작용 속에서 라켓 감정을 경험하기 위해 설정하는 방법을 기술한다. 나는 당신들이 내담자의 라켓 체계에 있는 다른 라켓 표현들과 함께 구성할 수 있도록 이 두 용어를 간략하게 소개하고자 한다. 9장에서 좀 더 상세하게 라켓티어링과 게임을 살필 것이고 어떻게 대처해야 하는지 검토해 볼 것이다.

라켓티어링

라켓티어링은 Fanita English(1976a, 1976b)에 의해 만들어졌다. 라켓티어링의 교환에서 한 사람은 자신이 라켓 감정을 표현하면 그걸로 인해 상대편이 자신에게 스트로크를 줄 거라는 기대 속에서 라켓 감정을 표현한다. 만약 곧 스트로크를 줄 것 같으면 그다음의 스트로크를 기대하면서 같은 라켓 감정을 계속 표현한다. 이것은 라켓티어가 자신의 라켓 감정으로 획득한 스트로크에 한시적으로나마 만족할 때까지 무한정 계속될 수도 있다.

라켓티어링을 촉발하는 어린이 자아의 동기는 스트로크를 얻는 것뿐만 아니라 각본 신념이 맞다는 것을 '확증'하기 위해서다. 청자는 라켓티어가 표현한 라켓 감정으로 인해 라켓티어에게 스트로크를 줄 때 라켓티어는 이것을 그의 각본 신념을 지지하는 것으로 해석한다. 이런 동기유발은 양자가 의식하지 못하는 것이다. 그러므로 라켓티어링은 '언어로 표현하지 않은 메시지'의 의사소통을 항상 수반한다고 말할 수 있을 것이다(1장 참조).

내담자가 상담하러 와서, 그가 아내에게 얼마나 화가 나 있는지를 장황하게 말하기 시작하는 경우가 있을 것이다. 그러면서도 그는 그를 화나게 하는 것을 해결하기 위해 필요한 무언가를 하고 있다고는 말하지 않는다. 그의 어린이 자아가 당신에게 언어로 표현하지 않은 제안은 '부디 상담 회기 동안 나의 라켓 분노에 대한 공감적 스트로크를 주는 상담을 해 주세요.'일 것이다.

만약 두 사람이 함께 라켓티어를 한다면, 한 사람은 전형적으로 어린이 자아상태에서 불리한 입장을 견지할 것이고 또 다른 한 사람은 어버이 자아상태로부터 유리한 입장을 견지할 것이다.

게임

게임은 라켓티어링 교환과 같은 방식으로 시작된다. 당사자들은 언어로 표현하지 않은 메시지를 교환하고 라켓 감정을 표현한다. 그렇지만 게임에서는 이것이 무한정 계속되지는 않는다. 대신에 당사자 중 한 사람이 갑작스럽게 그녀의 입장을 바꾼다. 만약 그녀가 불리한 입장으로부터 라켓티어링을 시작했다면 그녀는 갑자기 유리한 입장으로 자신의 입장을 바꾼다. 그 반대도 가능하다. 이렇게 하면서 그녀는 상대방도 입장을 바꾸어서 새로운 상보적 입장을 떠맡으라고 제안한다.

English(1976a)는 이런 역할 이동에는 어린이 자아의 동기유발이 있다고 제시한다. 원래의 라켓티어링 교환이 이루어지고 있는 동안 당사자 중 한 명이 이런 라켓티어링에 싫증이 나서 상대방이 준비되기도 전에 자신의 입장을 철회할 방법을 모색할지도 모른다. 그런 경우에, 철회하기를 원하지 않는 사람은 어린이 자아상태에서 그녀가 받을 수 있는 스트로크의 원천이 빼앗기고 있다는 공포를 느끼기 시작할지도 모른다. 그러면 그녀는 무의식적으로 상대방을 자기 곁에 묶어 두고 새로운 스트로크를 공급하기 위한 수단으로서 갑작스런 역할 이동을 하게 된다.

Berne(1972)은 이 갑작스런 역할 변화를 설명하기 위해 '전환'(Switch)이라는 용어를 사용했다. 현재 몇몇 TA 저자들은 전환이라는 용어는 게임을 정의하는 특성으로 간주되어야 한다고 제안한다. 그리하면 전환이 있고 없음에 따라 라켓티어링과 게임을 구별할 수 있을 것이다(Joines, 1982; Zalcman, 1987 비교).

나는 당신이 실제 상담 작업에서 사람들이 다음과 같이 말하는 것을 종종 들었을 거라고 생각한다.

> '나는 지난번에 이것에 관해 기분이 안 좋았습니다. 그리고 지금 나는 그것을 다시 하러 갔습니다.'
>
> '왜 이런 일이 나에게 항상 일어납니까?'
>
> '나는 그가 다른 사람들과는 다르다고 생각했습니다. 그러나……'

이런 불평들에서 반복되는 주제는 '나는 지난번에 이것이 매우 싫었습니다. 그런데 도대체 왜 그걸 다시 해야 합니까?'다.

이런 역설적인 게임의 데자뷰(déja vu)적인 특성을 설명할 수 있는 것은 전환이라는 용어다. 전환이 오는 순간까지 참가자는 자신이 그 게임의 단계들을 반복하고 있다는 것을 알아차리지 못한 채 있을 것이다.

전환이 일어나는 즉시 그는 일시적인 혼란을 경험한다. 자신에게 '도대체 어떻게 해서 내가 다시 여기에 왔지?'라고 말하는 것처럼.

게임의 마지막 단계는 참가자가 격렬한 라켓 감정을 경험하는 것이다. 전 과정의 시작에서부터 어린이 자아의 참가 동기는 라켓 감정의 소득을 얻는 데 있었을 것이다. Berne(1972)은 이것을 게임의 '보상'이라고 불렀다. 동시에 그 사람은 내적으로 자신, 타인 그리고 전반적인 삶에 관한 그의 각본 신념을 내적으로 조금 다른 방식으로 다시 말하게 된다.

👥 존: 게임

여성들과의 관계에 있어서, 존은 장기간에 걸쳐 진행되고, 2~3년간 지속되는 게임의 절차를 행동으로 옮겨 왔다. 게임의 전형적인 진행단계는 다음과 같다.

1. 그는 자신 있게 새로운 여성을 쫓고 유혹한다. 그의 거만한 사회적 수준의 메시지는 '나는 여성에게 있어 하느님의 선물이다!'다. 심리적 수준에서는 하향해서 비언어적인 신호 '나는 내가 사랑스럽지 않다는 걸 느끼고, 그래서 당신이 나를 거절할 것이라는 걸 알기 때문에 너무나도 두렵습니다.'를 전달하고 있는 것이다. 이 언어로 표현되지 않은

메시지는 다른 사람이 게임에 참가하도록 권유하는 초대장과 같은 것이다.

2. 게임을 하고 있는 사람답게, 존은 자신이 선호하는 게임과 '연동되는' 게임을 가진 사람들과의 관계성을 찾아내는 데 비상한 능력을 가지고 있다. 사회적 수준에서 존이 선택하는 여성들은 참을성이 많고 과도한 요구를 하지 않는 손쉬운 여성들이다. 하지만 그녀는 무의식적으로 존에게 '그래, 당신은 내가 당신을 거절하나 안 하나를 보려고 나를 시험한다는 거군요? 잘됐네요. 그럼 이리 와 봐요. 내가 얼마나 가혹하게 당신을 거절할 수 있는지를 알게 해 줄 테니.'라는 신호를 보내고 있는 것이다. 이런 언어로 표현되지 않은 메시지를 가지고 그녀는 존의 게임 초대를 수락한다.

3. 존과 그의 파트너에게 있어서 그 게임의 다음 단계는 대체로 수개월 혹은 수년간 지속된다. 사회적 수준에서 존은 유리한 '사나이다운' 입장을 가지고 있다. 그는 다른 여자들과 놀아나고 그의 파트너와 그녀의 가족들에게 야단을 치기도 한다. 불리한 역할에 놓인 파트너는 그의 모든 도발을 끈기 있게 참고 견딘다. 그녀가 존과 더욱더 가깝게 있으려고 결심할수록, 그는 더욱더 심하게 그녀를 시험한다. 그는 물리적인 폭력을 행사하는 지경에까지 이르는데 그녀를 난폭하게 대한다든가 심지어 때리기까지 한다.

4. 결국 존의 파트너는 역할이동을 한다. 불리한 입장에서 유리한 입장으로 이동함으로써 그녀는 경고 없이 존을 버린

다. 거절당하고 홀로 남겨지자 그는 이제 유리함에서 불리함으로 자신만의 전환을 한다.

5. '예전에도 이랬어.'라는 고통스러운 느낌과 함께, 존은 '도대체 어떻게 이런 일이 다시 나에게 일어날 수 있지?'라고 반문한다. 한편 그의 한때 파트너는 '나는 존이 다를지도 모른다고 생각했다. 왜 나는 그가 정말 모든 다른 사람들과 같다는 것을 알지 못했을까?' 하고 깊이 생각하면서 존의 것과 유사한 예기치 않았다는 감정을 경험하고 있을 것이다.

6. 존은 무력감, 무용감, 그리고 우울이라는 라켓 감정을 느낀다. 부지불식간에 그는 머릿속에서 자신에게 다음과 같이 말한다. '그래, 처음부터 내 생각이 옳았어. 나는 사랑스럽지 않아. 그렇기 때문에 모든 중요한 여성들이 나를 거절하는 걸 거야.' 그의 이전 파트너는 이와 유사한 정당한 분노와 우울한 만족을 경험하고 있을 것이다. 그녀는 무의식적으로 '그래, 모든 남자들이 여자를 이용해 먹으려고 애쓰지. 그래서 남자들은 거절당해도 싼 거야.'라는 그녀의 각본 신념을 되풀이하고 있는 것이다.

존과 그의 파트너가 이런 절차를 매번 반복할 때마다 그들은 둘 다 자신들도 모른 채 아동기의 전략을 재연하고 있는 것이다. 이런 전략들은 유년기에는 좋지 못한 상황을 모면하는 차선책으

로 여겨졌다. 그러나 그들은 자신들의 원래 욕구가 여전히 충족되
지 않은 채로 남아 있게 하고 있는 것이다. 이것이 바로 성인기에
서도 존과 그의 파트너가 자신들의 게임을 행동으로 옮길 수 있
는 누군가를 반복해서 찾아다니는 이유다. 그들은 유년 시절에
만족할 수 없었던 욕구를 충족시키기 위한 시도를 하고 있는 것이
다. 그러나 그들은 아동기에 했던 것과 똑같은 전략을 사용하
고 있기 때문에 필연적으로 똑같이 불만족스러운 결과를 얻을 수
밖에 없는 것이다. 욕구는 충족되지 않은 채 남아 있고 당사자들
은 본격적으로 그 게임의 전 과정을 반복하기 시작하는 것이다.

게임은 이번 예에서처럼 장기간에 걸쳐 진행될 수도 있고 더
짧은 기간에 걸쳐 진행될 수도 있다.

상상과 기억

라켓 체계를 완성하기 위해 당신은 내담자의 각본 상상들과 그
것을 강화하는 기억들의 세부사항을 기재할 수 있다. 여기에는 이
정보 수집을 위해 Marilyn Zalcman(1986)이 개발한 기술이 있다.

내담자에게 상담을 받으러 온 문제를 경험했던 장면을 회상하
도록 요청하라. 이 장면은 그가 라켓 혹은 게임을 행동으로 옮겼
거나 라켓 감정을 느꼈던 장면이기가 십상이다. 만약 내담자가 기
꺼이 하겠다고 한다면 단순히 장면을 회상하는 것보다는 재경험
하도록 이끌어 보라. 현재시제로 그 장면을 이야기함으로써 재경
험하도록 이끌 수 있을 것이다.

각본 상상

각본 속에 있을 때 그 사람은 각본 신념과 감정을 '정당화'하거나 방어하는 사건들을 꾸며 낼 것이다. 이 상상들을 조사하기 위하여, 내담자가 그의 사건을 계속 상상할 때 당신은 다음과 같은 질문을 할 수 있다.

'이 상황에서 일어날 수 있는 가장 최악의 것은 무엇이라고 느낍니까?'

이에 대한 대답을 기록한 다음에 질문을 계속한다.

'그리고 이 상황에서, 일어날 수 있는 가장 최선의 것은 무엇이라고 느낍니까?'

일반적으로, '최악'과 '최선'의 상상들은 모두 라켓 체계에 속한다.

강화 기억

당신은 라켓 체계의 오른쪽 칸에 내담자의 강화 기억을 기재할 것이다. 이 기억들은 실제적인 것일 수도 있고 가공의 것일 수도 있다. 라켓 체계의 데이터를 수집하는 목적이라면 내담자에게 이 두 가지를 구분해 보라고 할 필요는 없다. 어느 경우에나 내담자는 각본 속에 있을 때 각본 신념에 적합하고 라켓 표현을 정당화하는 기억들을 선택하고 있을 것이기 때문이다.

상상된 장면 속에 있는 내담자에게 '이 장면을 생각나게 하는 어떤 다른 사건들이 당신의 인생에서 있었나요?'라고 질문하라.

원래 상상했던 장면과 지금 상기한 장면 사이에 유사한 점이 있는지를 알아내기 위해 질문들을 계속 이어 가라. 이것과 관련 있는 장면들은 내담자가 첫 번째 장면에서와 같은 감정을 느끼고 유사하게 반복적인 방식으로 행동했던 것일 것이다.

그 설문에서의 최종 단계는 강화 기억에서 각본 신념으로 되돌아가는 피드백의 고리를 탐색하는 것이다. 내담자에게 '그래서 그 기억들이 당신 자신과 타인 그리고 삶에 관해 전반적으로 나타내 주고 있는 것은 무엇입니까?'라고 질문하라. 여느 때와 마찬가지로 다음 부분으로 계속 진행하기 전에 각 부분의 질문에 대한 대답을 기록해 두라.

각본의 역동성

라켓 체계의 정보를 수집하면서 당신은 내담자가 바라는 개인적인 변화들을 달성하기 위해 내담자가 업데이트해야 할 필요가 있는 일련의 각본 신념 목록을 만들었다. 그러나 내담자가 상담에서 그런 변화를 만들도록 이끌기 전에 당신이 알고 있어야 할 정보가 하나 더 있다. 그 정보는 이를테면 '어떤 방식으로 그녀가 각본 신념을 결합하고 있는가'다.

아이가 자신의 인생각본을 만들 때 아이는 모든 것으로부터 고립된 개개의 각본 결정을 유지하지 않는다. 대신에 그녀는 독창적으로 다른 결정들을 결합해 보고 그걸 실제로 시험도 해 보면서 살아남고 자신의 욕구를 충족시킬 수 있는 최선의 방법을 계속 찾는다. 따라서 인생각본은 고립된 단위를 가지고 쌓아 올린 유연성 없는 구조물이 아니다. 오히려 그것은 역동적이고 상호작용을 하는 체계다. 만약 그 체계의 어느 한 요소가 변하면 다른 요소들도 그에 반응해서 변할 것이다.

성인의 각본 신념은 어린 시절부터 지니고 온 일련의 각본 결정을 대표할 것이다. 이것들은 그 사람이 성장하게 되면서 화석화되는 것이 아니라 역동적인 특성을 보유하게 된다. 따라서 당신이 치료 계획을 세울 때 당신은 다음과 같은 질문을 지속적으로 깊게 생각해 볼 필요가 있다. '만약 내담자가 이것을 변화시킨다면 이로 인해 다른 역동적인 변화들이 뒤따르게 될까?'

다른 결정에 대해 방어하는 하나의 결정

어린아이는 자신의 부모로부터 받은 부정적 각본 메시지의 충격을 막아 내기 위한 방법을 찾아내는 데 천재적이다(Goulding & Goulding, 1979). 어린아이는 그 메시지가 자신의 문제가 아니라 부모의 문제를 반영한다는 것을 어린 나이에서조차 깨닫고 간단하게 그것을 무시할지도 모른다.

파괴적인 메시지를 막아 내는 데 쓰이는 다른 흔한 방법은 복합적 결정을 하는 것이다. 그것의 일반적 형태는 '나는 조금 덜 파괴적인 나의 부모의 다른 메시지를 따르는 한, 바로 이 파괴적인 메시지를 따르는 걸 피할 수 있어.'라는 것이다.

예를 들어, 어떤 유아가 자신의 어머니가 '나는 네가 죽었으면 좋겠어.'라는 메시지를 주고 있다는 걸 알았다고 하자. 만약 그 유아가 그 메시지를 있는 그대로의 의미로 따라야만 하는 상황이라면 그 유아는 간단하게 조금 덜 파괴적인 '나는 존재해서는 안 돼.'라는 결정을 하는 것이다.

그렇지만 아이는 살아남을 수 있는 방법들을 이리저리 궁리할 것이다. 아이가 '너와 너의 욕구는 내게 중요하지 않아.'라는 어머니의 신호를 경험한다고 가정해 보자. 서술적인 것이 아닌 방법으로 그 아이는 '내가 어머니에게 중요하지 않다는 것은 괴로운 일이지만 최소한 내가 만약 중요하지 않게 행동하면 내가 계속 살아남아도 엄마에게는 OK일 거야.'라는 결론에 이르게 될 것이다.

초기 결정에서 아이는 포괄적이고 전체적인 용어로 이 경험을 표현하는 것이 흔하게 일어나는 것 같다. 그래서 아이가 내리게 되는 복합적 결정은 '나는 중요한 사람이 되지 않는 한 살아갈 수 있어.'가 될 것이다.

이 예시에서 보듯 그 아이는 조금 더 파괴적인 결정 '나는 존재해서는 안 돼.'에 대한 마법적이고 조건을 붙인 방어로서 '나는 중요한 인물이어서는 안 돼.'를 사용한다. 이 복합적 결정은 다음과 같이 풀어 볼 수도 있다는 것을 주목하라.

'만약 내가 나 자신을 누군가에게 중요하게 되도록 놔둔다면

나는 갑자기 죽게 될 거야.'

이렇게 서술해 보면 이러한 종류의 복합적 결정이 그 아이에게 무엇을 의미하는지 더 명확하게 알 수 있도록 해 줄 것이다.

유아의 복합적 결정은 이 장의 이전 섹션에서 내가 목록으로 제시한 12가지 초기 결정들의 다양한 결합을 포함할 것이다. 그렇지만 상당수의 경우 복합적인 결정의 기능은 '나는 존재해서는 안 돼.'에 대한 방어다.

진정한 각본에 대해 방어하는 대항각본

아이는 또한 자주 진정한 각본에 기인한 어떤 결정에 대한 방어로서 대항각본 결정을 사용하는 복합 결정을 구성할 수도 있을 것이다. 다시 한 번 '나는 존재해서는 안 돼.'라는 초기 결정을 한 유아의 경우를 예로 들어 보자. 만약 그가 이 결정을 실행하는 것을 그럭저럭 연기해서 아동 후기에 도달하게 된다면 그때 그는 열심히 공부한다면 부모에게 받아들여질 만하게 될 것이란 걸 알아차릴 수도 있을 것이다. 그때 그의 복합 결정은 '나는 열심히 공부하는 한 살아갈 수 있어.'가 될 것이다.

이 복합 결정을 다른 식으로 풀이해 보면 전체적인 함의가 더 분명해진다. '만약 내가 열심히 공부하는 걸 멈추면, 나는 죽게 될 거야.'

그 사람은 이 복합 결정을 복합 각본 신념으로 성인기까지 가지고 갈지도 모른다.

성인기의 복합 신념

아동기에 '만약 내가 열심히 공부하는 것을 멈추면, 나는 죽게 될 거야.'라는 복합 결정을 했던 이 사람에 주목해 보자. 그는 하나의 각본 신념으로 이 결정에 매달리고 있다는 것을 의식적으로는 알지 못한다. 하지만 그는 '포기하는 것처럼 보여서는 안 돼.'라는 그의 과로의 패턴이 불편하다는 것을 알고 있다. 이런 그가 도움을 청하기 위해 당신에게 왔다.

만약 당신이 그의 복합 각본 신념에 대해서 알지 못한다면, 당신은 몇 가지 간단한 행위상의 변화를 하게 함으로써 그의 과로하는 습관을 고칠 수 있을 거라는 입장을 가질 것이다. 예를 들어, 그에게 몇 가지 일을 다른 사람에게 위임하게 한다든가 휴가를 얻기를 권유할 것이다.

그렇지만 어린이 자아상태에 있는 이 내담자에게 당신의 권유는 무엇을 의미하게 될까? 만약 내담자가 이런 변화를 가지게 된다면 그는 '나는 열심히 공부해야 한다.'는 그의 신념에 부합하는 행위를 더 이상 하지 않게 될 것이다. 이것은 아마도 그가 존재해서는 안 된다는 그의 초기 결정을 피하려고 아동기에서부터 줄곧 사용해 왔던 '마법적 방어'를 버린다는 것을 의미할 것이다.

만약 그 내담자가 망설임 없이 여유롭게 일을 하게 된다면 무슨 일이 일어날 것 같은가? 한동안 그는 그의 새로운 여가를 만끽할는지도 모른다. 하지만 머지않아 그는 '시간이 남아돌아 주체할 수 없다.'는 보고를 하면서 따분해하거나 침울해질 것이다. 그는 일에 복귀하기 위한 핑계거리를 찾을 수도 있을 것이고 무급 봉

사활동에 자신의 여가 시간을 쓸 수도 있을 것이다.

일견 내담자가 건설적인 변화를 '고의로 방해'하고 있는 것처럼 보일 수도 있다. 그러나 어린이 자아상태에 있는 내담자의 관점에서 보면 그건 절대로 '고의로 방해'하는 것이 될 수가 없다. 오히려 그것은 전멸을 예방해 보려는 필사적인 시도일 것이다.

치료 방향을 위한 함의

그 사람이 다른 신념에 대한 방어로서 하나의 각본 신념을 언제 사용하든지 간에, 그 사람이 상담을 하려고 들고 오는 첫 번째 문젯거리는 '방어하고 있는' 신념이 아니라 방어로서 사용되고 있는 신념을 반영하는 것 같다.

앞의 예시에서, 당신의 내담자는 '나는 존재해서는 안 돼.'라는 초기 신념에 대한 방어로서 '내가 열심히 공부하는 한 나는 받아들여질 만해.'라는 신념을 사용하고 있다. 하지만 그는 자살을 염두에 두었기 때문이 아니라 과로로 불편했기 때문에 당신에게 왔다.

이전 예시에서와 마찬가지로, 아동기에 '내가 중요한 사람이 되지 않는 한 나는 살아갈 수 있어.'라는 결정을 했던 사람은 초기에는 자살 충동을 느꼈기 때문이 아니라 원하는 것을 요구하고 권위를 가진 인물을 상대하는 데 풀기 어려운 문제를 가지고 있기 때문에 상담을 하러 올 것이다.

이 같은 사례들에서 원칙적으로 당신은 그가 방어하고 있던 각본 신념을 알려 주는 것으로 '시작할' 수 있는 치료 계획을 세울 것이다. 내담자가 과로를 해 온 경우라면 이 치료 계획은 당신과 내담자가 변화가 필요하다는 합의에 도달하자마자 내담자에게 당신은 무조건적으로 계속 살아가는 걸 허용해야 한다는 것을 권유하기 시작한다는 것을 의미할 것이다. 그가 '나는 존재해서는 안 돼.'라는 자신의 신념을 내려놓을 때, 그는 자신이 방어물로 사용해 왔던 다른 신념에 대한 필요성을 점점 더 느끼지 않게 될 것이다. 그렇게 되면 그는 상대적으로 손쉽게 노동이 주는 부하를 줄일 수 있다는 것을 알게 될 것이고 '고의적인 방해'에 대한 충동이 점점 없어져 간다는 걸 알게 될 것이다.

나는 이 치료 계획이 '원칙적으로' 복합 결정을 알려 주는 가장 최선의 절차라고 말했다. 하지만 종종 실제 치료에서는 좀 더 복잡한 문제가 발생하기도 한다. 당신이 내담자의 라켓 체계에 대해 초기 분석을 하고 있을 때 당신은 어느 특정한 각본 신념이 다른 신념을 방어하는 방어물로 작용하고 있는지를 즉시 알아차리지 못할 수도 있다. 당신은 내담자와 변화를 위한 작업을 시작한 후에, 내담자가 특정한 변화에 '저항'하거나 '고의적인 방해'를 하고 있다는 것을 알아차릴 때에만 이러한 사실을 알 수 있을 것이다. 이와 같은 경우 당신은 내담자의 라켓 체계에 대한 초기 그림들을 다시 보고 혹시 복합 신념을 빠뜨렸거나 혹은 잘못된 순서로 전달했을 가능성을 고려해야 한다.

알아두면 유용한 한 가지 사실은 대항각본 신념이 진정한 각본에 기인한 신념을 방어하는 방어물로 사용되는 것이지 그 반대는 있을 수 없다는 것이다. 당신의 내담자가 제시하고 있는 문제가 대항각본 신념과 명백하게 연관되어 있는 것으로 보일 때마다 그 내담자는 그 신념을 진정한 각본에 기인한 잠재적으로 좀 더 파괴적인 신념을 방어하는 데 사용하고 있는지의 여부를 고려해 보는 것이 좋다. 혹시라도 그렇다면 내담자가 그런 좀 더 파괴적인 신념을 먼저 해체하도록 하는 치료 계획을 세워라.

복합 신념과 비극적 각본 결말

각본 신념이 전해져야 하는 절차를 통제하는 보편적인 원칙이 하나 있다. 그 원칙은 다음과 같다.

- 내담자에게 그 각본의 어느 부분을 바꾸라고 권유하기 전에 항상 비극적인 각본 결말을 막을 수 있는 대비책을 세워라.

내가 설명한 것처럼 당신은 내담자의 변화를 위한 작업을 시작하기 전에는 어떤 특정한 각본 신념이 더욱 파괴적인 또 다른 신념을 방어하는 방어물로 사용되고 있는지의 여부를 확정할 수 없다. 이것은 내담자가 하나의 신념을 내려놓고 그가 방어하고 있었던 또 다른 하나의 신념을 드러낼 때에만 알 수 있는 것이다.

그러나 만약 그렇게 해서 밝혀진 신념이 '나는 존재해서는 안 돼.'라면 어떻게 판단해야 할까? 대부분의 경우 그와 같은 신념이 나온 것은 틀림없이 내담자가 몇몇 다른 변화에 '저항'하거나 '고의적으로 방해'했다는 것을 간단하게 알려 주는 것이다. 그러나 내담자가 그의 아동 초기 결정을 선택하여 자신을 죽이거나 자신의 신체에 해를 가했을 가능성은 항상 있다. 혹은 그의 초기 결정을 다른 두 가지 비극적인 각본 결말로 해석해서 다른 누군가를 죽이거나 그들에게 해를 가하거나 혹은 미친다는 선택을 했을 수도 있다.

이러한 가능성을 도박으로 여기고서는 당신은 시행착오를 겪을 수도 있다는 근거로 상담을 계속 진행할 수는 없을 것이다. 대신에 당신은 그 각본에 몇 가지 변화를 주어 보라고 내담자에게 권유하기 전에 내담자가 그와 같은 세 가지 비극적 각본 결말을 방어하는 안전한 방어물을 가지고 있다는 증거를 확보해야만 한다.

👥 존: 복합 결정과 치료 방향

존의 각본을 해석할 수 있는 열쇠에 해당하는 믿음은 그가 자신의 아버지에게서 받은 파괴적인 메시지에 대한 응답으로 초기 유년기에 형성된 것이 '나는 존재해서는 안 돼.'였다. 나의 판단으로 존은 '나는 존재해서는 안 돼.'를 자신의 진정한 각본 속에 있는 신념 중의 하나와 결합해서 그 각본을 방어했다. 그 복합 신념은 '내가 다른 어느 누구와도 가깝게 되지 않는 한, 나는 급사하지 않아도 OK야.'가 될 것이다.

각본의 역동성을 인지하고서, 나는 '나는 존재해서는 안 돼.'에 대한 정면 대결이 존의 입장에서 보자면 '저항'이나 '고의적인 방해'의 결과를 낳기 쉬울 것이라는 걸 확신했다. 만약 존이 사람들과 가까워지는 걸 허용했다면, 그는 먼저 그의 치명적인 초기 결정 '나는 존재해서는 안 돼.'로부터 자신을 보호하는 것이 필요했을 것이다.

당신은 비극적 결말을 방어하는 각본 변화의 지속에 결정적인 영향을 주는 이 같은 방어물을 가져보라고 내담자에게 어떻게 권유할 수 있는가? 다음 장에서 이것이 어떻게 이루어지는지 살펴보자.

『TA 상담 개발』에서 더 읽을거리

『TA 상담 개발』(Stewart, 1996a)의 포인트 6은 각본 설문지를 이용해서 각본 정보를 모으는 대안적 방식을 기술하고 있다.

7장 비극적 결말 차단

3장에서 비극적 각본의 결말로 다음 세 가지가 있다는 것을 살펴보았다.

- 자살 또는 자해
- 타살 또는 가해
- 미치는 것

대부분의 교류분석가들은 지속적인 변화를 달성하기 위해 내담자가 취해야 할 가장 중요한 단계 중의 하나가 이 세 가지 비극적 결말을 모두 포기하는 것이라는 견해를 가지고 있다.

비상구 닫기

TA는 확실히 이 비극적인 선택 사항들을 포기하는 것이 가능하다는 입장이다. 이것은 TA에서 비상구 닫기로 알려진 절차에 의해 달성될 수 있다. 내담자는 어떠한 상황에 처하게 되더라도 자신을 해치거나, 다른 사람을 죽이거나 해치거나, 미치지 않겠다는 결심을 하고 선언한다.

결정적으로 이 진술은 상담자에게 주는 '약속'의 언질이 아니다. 그것은 내담자 자신이 스스로에게 내리는 '결정'이다. 당신의 역할은 증인으로서의 역할이다. 또한 당신은 내담자가 자신의 결정을 진술할 때 보일 수도 있는 어떤 불일치들을 감시하는 역할도 한다.

내담자들은 처음에는 이 약속을 확실하게 늘 지킬 수 있는 자신들의 능력에 대해 반신반의한다. 그러나 경험적으로 미루어 보아 이 결정을 한 사람들은 항상 그 약속을 지키고 유지할 수 있다.

각본 변화를 위한 기초로서 비상구 닫기

왜 비상구 닫기가 각본 변화에 중심적인 요소가 되어야 하는가? Boyd와 Cowles-Boyd(1980: 227)는 다음과 같이 설명한다.

비상구와 대체로 연관되는 어린이의 사고는 '만약 상황이 아주 좋지 않게 되면 나는 항상 (나 자신, 다른 사람을 죽이거나 미칠 수) 있다는 형태를 띤다. 아무리 봐도 이러한 세 가지 비극적인 선택사항들이 극단적으로 보인다 하더라도 이 선택사항들은 견디기 힘든 상황에 대한 궁극적인 해법으로 어린이 자아에 의해 경험되는 것들이다. 비상구 개방의 특성을 가진 내담자들은 이런 비극적 각본 선택사항들을 활용 가능하도록 나쁜 감정들의 저장소에 보존하는 데 골몰한다. 그리하여 변화를 지향하는 약속들이 수행되지 않도록 하는 것이다.

자살이라는 선택사항은 가장 근본적인 비상구로 여겨진다. 다른 두 가지의 비상구는 자살에 대한 대안으로 작용한다. 어린아이는 '나는 자살 대신 다른 사람을 죽일 거야.'라는 결정을 내릴지도 모른다. 미친다는 것 대신으로는 '함께 존재하는 것을 끝내는 대신, 생각하는 사람으로 존재하는 걸 그만둘 거야.'라는 결정을 내릴지도 모른다(Mellor, 1979).

비상구 닫기에 있어서, 내담자는 '어른 자아로부터' 모든 세 가지 비극적 선택사항들을 포기하는 결정을 내린다. 그래서 그는 자신이 처한 상황에 책임이 있음을 받아들인다. 내담자는 자신이 그런 상황을 바꾸는 힘이 있음을 인정한다. 내담자는 통제 상실의 두려움 없이 전 영역의 감정 반응들을 소유하고 경험하는 데 거리낌이 없다.

내담자는 더 이상 자신의 비극적 각본의 대가(代價)를 '정당화'하는 데 사용할 수 있는 나쁜 감정들의 저장소를 보존할 필요가 없다. 그리하여 내담자는 또한 그와 같은 감정들을 모아 온 고통스런 상황 설정을 그만두게 된다.

내담자가 이전에 나쁜 감정들을 보존하기 위해 사용해 왔던 에너지는 이제는 다른 용도로 활용할 수 있게 되었다. 만약 그가 원한다면 그 에너지를 상담 과정에서 각본 변화를 달성하는 데 사용할 수 있을 것이다.

비상구와 자아상태

비상구 닫기에서 내담자는 자신의 행동을 통제할 수 있는 성숙한 힘을 역설한다. 즉, 어른 자아로부터 결정을 내리고 있는 것이다. 비상구 절차는 그가 아직 그 비극적 선택사항들 언저리에 가지고 있을 수도 있는 어떤 어린이 자아의 문젯거리를 알려 줄 의도를 가진 것이 아니다. 그의 결정은 '나는 어떠한 상황에서 어떠한 나쁜 기분이 들더라도 자살, 자해, 상해, 살해 등을 하지도 않을 거고 미치지도 않을 거야.'라는 형태를 가질 것이다.

그러나 경험상으로 미루어 보아 그 내담자의 어린이 자아는 무조건적인 어른 자아의 약속을 '들을' 수도 있을 것이다. 이것은 내적 대화의 형태로 일어난다. 비상구 닫기가 어린이 자아에게 무엇을 의미하는가?

갑자기 이 '견딜 수 없는 상황에 대한 궁극적인 해법'은 더 이상 활용할 수가 없게 된다. 종종 각본의 전체 구조가 와해되는 결과에 이르기도 한다. 그것은 마치 비상구 닫기가 전체 각본 구조를 함께 지탱하던 중심 핀을 뽑아 낸 것처럼 보인다. 그녀는 유사한 패턴의 각본 감정, 사고, 그리고 행위를 '정당화'하기 위해 삶을 통틀어 활용 가능하도록 해 온 궁극적 해법을 박탈당한 것이다. 어린이 자아로부터 그녀는 '이제 그러면 그 모든 것 대신 뭘 하면 되지?'라고 묻는 것이다.

이러한 재평가는 대개 부지불식간에 일어난다. 몇몇 내담자에게는 점진적으로 일어나기도 한다. 그리고 다른 내담자에게 있어 비상구 닫기는 어린이 자아의 응답에 의해 즉시 새로운 어른 자아가 주는 약속으로 이어질지도 모른다. 그리고 이 응답은 종종 즐거운 것이라기보다는 공포스러운 것이다. 어린이 자아상태에 있는 내담자에게 그 비상구는 상황이 악화될 경우 사용하도록 비축해 온 궁극적 해법임을 상기하라. 그런데 지금 그 비상구가 갑자기 봉쇄당하는 것이다.

이 같은 면은 비상구 닫기에 대한 즉각적인 반응으로 신체적 방향상실의 감정 속에 반영될지도 모른다. 그 내담자는 '우습다'거나 '몽롱하다'와 같이 일반적인 감각을 보고할 수도 있겠다. 그는 아마도 방금 성취한 어른 자아의 감각에는 적합하지 않은 어떤 특정한 감정을 느끼는 것이다. 존이 마침내 비상구를 닫았을 때, 그는 시무룩하게 "그러나 이건 내가 방금 편안한 출구를 잃어버렸다는 걸 의미해요!"라고 불평했다. 그의 이 '편안한 출구'는 마치 단단한 문에 대고 주먹질하는 것과 같은데도. 몇몇 내담자들에게는 어린이 자아의 반응이 곧바로 나타나지 않을 수도 있다. 하지만 그 대신에 그것은 비상구 닫기가 계속되는 며칠 혹은 몇 주의 기간 동안에 확연해진다. 이 기간 동안에 내담자는 '더 좋아 지지 않고 더 나빠지고 있다.'는 걸 느낄 수도 있다. 공포, 신체적 고통과 통증, 수면장애 또는 우울증을 모두 경험하게 될지도 모른 다(Cowles-Boyd, 1980). 이 사건 속에서 당신은 내담자의 불편함 이 증가하는 것이 긍정적인 변화가 일어나고 있다는 신호라는 걸 다시 한 번 주지시키는 선택을 할 수도 있다.

시간이 흘러가면서, 그의 어린이 자아는 새로운 상황에 적응한 다. 최초의 공포스러운 반응은 어린이 자아가 '비상구를 이용할 수 없는 지금 무엇을 해야 하나?'라는 물음에 대한 답을 발견할 수 있는 국면으로 나아간다. 그는 '어린이 자아상태'에서 더 이상 예전에 비상구 속으로 들어가는 것을 '정당화'하던 나쁜 감정들을 비축할 필요가 없음을 깨닫기 시작한다. 그리하여 그는 이런 나쁜 감정들을 생성하는 데 사용되었던 고통스런 패턴에 관여해 온 어 린이 자아적인 동기를 점점 더 가지지 않게 되는 것이다.

이와 같이 누군가가 비상구를 닫을 때, 그는 건설적인 방향으로 자신의 행위를 바꾸기 시작한다는 걸, 심지어 의식적인 의도 없이 도 바꾸기 시작한다는 걸 알게 되는 것이다. 이 과정은 상담에서 합의 작업을 통해 더욱더 분명해질 수도 있다.

반대로 만약 내담자의 비상구가 하나 혹은 그 이상 열려진 채 계속 상담이 진행된다면 무슨 일이 일어나게 될까? 아마도 내담 자가 정해진 계약 목표를 암암리에 '고의로 방해'하는 일이 일어 나게 될 것이다. 실제로는 내담자의 숨은 의식 속에서 진행되고 있는 것은 '고의로 방해'하는 것이 아니다. 어린이 자아상태에서 정반대로 나타난다. 그 사람은 언젠가 상황이 악화되면 비상구를 통과해야 할지도 모른다는 가능성에 여전히 매달리고 있는 것이다. 그리고 그 선택에 매달려 있는 한, 그는 자신이나 타인을 죽이거나 해치거나 또는 미치는 선택을 정당화하기 위해 사용했던 익숙한 패턴에 매달릴 것이다.

보호로서 비상구 닫기

비상구 닫기는 내담자가 실제로 자살, 자해하거나 혹은 살해, 상해를 입히거나, 혹은 미칠 수 있는 가능성을 차단하는 물리적 안전장치로서 기여할 수도 있다. 상담 경험으로 미루어 보면 '어른 자아와 합동해서' 비상구를 닫겠다는 결정은 이 세 가지 비극적인 결말을 효과적으로 막아낼 수 있다는 것이다(Drye, 2006; Drye et al., 1973). 따라서 내담자가 비상구 닫기를 촉진하도록 함으로써 당신은 '보호'의 중심적 요소를 제공하게 되는 것이다(1장 참조).

내담자가 하나 혹은 그 이상의 비상구를 닫는 것을 기꺼워하지 않는 경우에는 어떤 일이 벌어질까? 이것은 그가 아직도 '궁극적인 출구들' 중의 하나를 여전히 열어 놓은 상태로 가지고 있다는 것을 당신이나 그에게 경고하는 것이다. 정말 그렇다면, 당신은 내담자가 정말로 비상구를 닫을 때까지 일시적인 보호를 연장할 필요가 있다. 다음 섹션에서 이것을 어떻게 다루어야 하는지 기술하겠다.

만약 내담자가 명백히 비상구 닫기에 동의를 했는데 이상한 형

태로 몇몇 어린이 자아적인 요소를 비축하고 있다는 신호를 당신
이 감지하게 되면 어떻게 해야 할까? 그러면 당신은 비상구 닫기
를 명백히 거절한 것으로 간주할 필요가 있다.

치료 순서로서 비상구 닫기

Boyd와 Cowles-Boyd(1980)는 다음과 같이 제시하였다.

> 모든 내담자들에게 비상구는 가능한 한 초기에 순서적으로
> 닫혀져야 하고 비극적인 성격 결함을 가진 각본 결말의 존재
> 여부에 대한 진단상의 확증을 기다리지 않고 닫혀져야 한다(고
> 딕체는 원문의 것)(참조: 여기에서 쓰인 '비극적인 성격 결함을 가
> 진'은 '비극적'이란 말과 같다).

Boyd 내외가 여기에서 제시하고자 하는 바, 특히 '순서적으로'
와 '가능한 한 초기에'라는 용어를 분명히 짚고 넘어가는 것이 매
우 중요하다.

• '순서적으로': Boyd 부부가 '순서적으로' 비상구 닫기를 추천
  한다고 할 때, 이들 내외는 내담자가 자해, 타인 가해하기 혹
  은 미치기와 같은 문제를 드러내는지 그렇지 않은지와는 상
  관없이 당신이 모든 내담자에게 '표준 실습'(standard prac-
  tice)으로서 비상구 닫기를 요청해야만 한다는 것이다. 그들

은 비상구 닫기가 '단순한 관례'의 문제이고, '기계적으로' 행해질 수 있는 것이라고 전혀 말하고 있지 않다. 이와 반대로 비상구를 닫는 과정은 많은 내담자의 변화에 결정적인 요소라는 것이며 당신의 전문적인 기술과 판단의 완전한 적용을 요구하는 문제라는 것이다.

- **'가능한 한 초기에'**: 당신이 가능한 한 치료 초기에 비상구 닫기를 권유해야 한다는 것을 제안하는 데 있어서 Boyd 부부는 '내담자 개개인'이 완전한 적합성을 가지고 어른 자아로부터 이 과정을 철저히 수행하는 것이 가능하기 때문에 가능한 한 치료의 초기에 그렇게 해야 한다는 것을 의미한다. 그들은 당신들이 모든 내담자에게 첫 회기나 초기 몇 회기에 비상구 닫기를 권유해야 한다는 걸 의미하는 건 분명히 아니라는 것이다. 실제로 단지 몇 차례 회기만으로 적합하게 비상구를 닫을 수 있는 소수의 내담자들이 있기는 하지만 대부분의 다른 내담자들은 수개월이나 수년이 걸릴 것이다.

몇몇 사람들은 세 개의 비상구 중 어느 하나를 개방하는 초기 결정을 결코 하지 않았을 것이다. 또 다른 사람들은 아마 비상구를 개방했을 수도 있지만 상담에 임하기 전에 닫았을 것이다. 이런 내담자들에게 비상구 닫기를 권유하는 것은 아무런 해가 없을 것이다. 그 내담자들은 적합하고 쉽게 어른 자아의 결정을 가지면서 본 절차 속을 항해하면 될 것이다.

하나 또는 그 이상의 비상구를 개방하는 사람들이 더 많다. 표면상으로 이런 내담자들의 문제는 자살, 살해 혹은 미치는 것과는 아무런 관련이 없는 것처럼 보일지도 모른다. 그렇다곤 하더라도 이와 같은 사람들은 비상구 중의 하나를 연 채로 가지고 있다는 것을 자각하지 못하기 때문에 여러 가지 문제들을 스스로 일으켜 왔을 것이다. 이 같은 경우 당신과 내담자가 그가 개방한 채 가지고 있는 비상구, 혹은 비상구들이 어떤 것인지, 그리고 그렇게 하게 된 데에는 어린이 자아의 어떤 동기가 있었는지를 확증하는 데 많은 상담 회기가 필요할 수도 있을 것이다. 오랫동안 그 확증을 기다리지 않고서도 당신은 간단하게 그가 어른 자아의 결정에 의한 모든 비상구들을 닫도록 권유할 수 있을 것이다. 이렇게 하면 내가 이 장의 시작 부분에서 기술한 모든 원인들에도 불구하고 그 내담자가 서로 합의한 변화에 좀 더 쉽고 안전하게 다가갈 수 있도록 해 줄 것이다.

만약 내담자가 세 개 비상구 모두를 닫으려고 하지 않으면, 제시하고 있는 문제가 무엇이든 간에 그것이 최우선 관심사가 된다.

얼마나 빨리 비상구 닫기를 권유할 것인가

첫 회기나 처음 몇 회기에 비상구 닫기를 권유하는 것은 좋은 생각이 아니라고 가정해 보자. 그러면 얼마나 빨리 그걸 권유할 수 있을 것인가? 이 질문에 대한 '교본적인' 대답은 없지만 몇 가지 실제적인 제안은 가능할 것이다.

2장([그림 2-2])에서의 치료 계획 논의를 통해 보자면 당신의 내담자와 함께 비상구 닫기에 관한 문제를 제기하기에 앞서 이미 당신은 일반적으로 몇 가지의 초기 치료 단계, 이를테면 첫 만남, 접수상담, 사무적인 계약 협상, 그리고 진단과 평가를 완료했다는 걸 알게 될 것이다. 실제 상담에서 이 단계들의 수행에는 보통 최소한 4회기 또는 그 이상이 필요하다. 그렇기에 당신은 몇 회기를 더 진행해서 내담자와 함께 좀 더 예비 탐색 작업(문제 공식화)을 해 봐도 괜찮을 것이다. 또한 각본 변화에 필요한 초기의 활발한 작업보다는 좀 더 나아가서 치료 계약의 세부사항을 점검하는 데 얼마간의 시간을 쓸 수 있을 것이다(8장 참조).

나는 실용적이고 유연한 안내 규칙으로서 다섯 번째와 열 번째 회기 사이에서 당신의 내담자에게 비상구 닫기에 관한 '주제 제기'를 숙고할 수도 있다는 것을 제안해 본다. 그렇게 하면 이것은 아마도 문제 공식화의 단계나 계약상의 초기 단계와 우연히 일치할 수도 있을 것이다. 만약 우리가 일치하는 단계를 '회기 횟수'에서 빼고, 대신 당신과 당신의 내담자 간의 관계성에 대해 곰곰이 생각해 본다면 당신은 내담자가 상담 과정으로 안정되게 진입해 오고 있고 당신을 알아 가고 있으며 변화에 대해 적극적인 동기를 (어른 자아와 어린이 자아에서) 보여 주고 있다는 판단을 가지게 될 때까지 비상구 닫기에 관한 주제 제기를 미루어 둘 수도 있을 것이다.

'주제 제기'에 대해 내가 말하고자 하는 것은 당신이 내담자에게 비상구를 닫는 목적을 설명할 수 있고 만약 내담자가 닫기를 결정했다면 그 닫기 과정을 기술할 수 있다는 것이다. 당신이 비상구 닫기를 권유하는 쪽으로 즉시 나아가느냐의 여부는 당신이 내담자에게서 되돌려 받은 언어적이고 비언어적인 응답에 기초한 당신의 어른 자아의 판단과 어린이 자아의 직관에 달린 문제다. 비상구 닫기를 권유하는 방향으로 나아가기 전에 가끔 몇 회기 동안 비상구 닫기에 대한 아이디어 구상을 함께하도록 해서 우회적으로 그 닫기에 관한 주제를 제기하는 것도 좋은 방법이 될 것이다.

그리고 당신이 내담자에게 비상구 닫기를 일단 권유했다고 한다면, 내담자가 그렇게 하기까지 얼마나 걸릴 것인가? 대답은 '걸리는 만큼'이다. 상담자인 당신들에게 내가 할 수 있는 최선의 조언은 서두르지 않으면 밀어붙이는 일도 없다는 것이다. 동시에 비상구 닫기를 건너뛰려는 유혹을 경계하고 '그 일에 착수하는 것'이다. 내담자가 적합하게 비상구를 닫을 수 있게 될 때까지 비상구 닫기가 항상 당신이 해야 할 '그 일'이 될 것이다.

당신은 누구에게 비상구 닫기를 권유하지 않을 것인가

이 질문은 '내담자에게 먼저 비상구 닫기를 권유하지 않고 내담자와 함께 각본 변화를 위한 절차를 진행해도 되는 어떤 상황이 있는가?'다.

위의 인용문에서도 볼 수 있지만 Boyd 부부가 그들의 심도 있는 논문(1980)에서 제시한 대답은 간단히 '아니요'다. 그들이 견지하고 있는 입장은 우리는 모든 내담자들에게 비상구 닫기를 권유해야 한다는 것이다. 그리고 나는 당신이 내담자에게 비상구 닫기의 주제를 제기한다고 해서, 그리고 비상구 닫기를 권유한다고 해서 내담자에게 어떤 해도 끼치지 않을 것이므로 Boyd 부부의 의견에 동의한다. 이 같은 생각은 종종 TA 분야가 아닌 다른 상담 분야에서 일하는 동료들을 경악시킨다. 그들은 "당신들은 내담자가 이야기하지도 않은 자살의 주제를 실제로 제기한다고 말할 참입니까? 그러나 그건 분명히 그 자살이라는 생각을 내담자의 마음속에 집어넣을 텐데요?"라고 말한다. 각본 이론에 의거하여 세 가지 비극적 각본 결말을 생각해 보면, 만약 어떤 한 사람이 대다수의 사람들이 그런 것처럼 그들의 각본 속에 '나는 존재해서는 안 돼.'라는 신념을 이미 가지고 있다면, 그 신념에 대해 말한다고 해서 그들이 그런 신념을 갖게 되지는 않고, 대신에 그들의 성인 지각 안에 현재의 신념이 들어오게 되어, 그들이 신념을 변화시키는 것이 더 쉽게 된다는 것을 우리는 깨닫게 된다. 대신에 그 각본은 사람들의 현존하는 신념을 어른 자아의 자각으로 데리고 와서 사람들이 그 신념을 좀 더 쉽게 바꾸도록 만들어 준다.

　최근 몇 년 동안 TA 안에서 비상구 닫기의 사용이 하나의 치료 과정이라는 것에 대한 찬반 논쟁과 논의가 계속되어 왔다. 어떤 교류분석가들은 비상구 문제는 위험 평가와 관리라는 좀 더 포괄적인 문제의 하나로서 간주되는 것이 가장 최선이라고 제안한다. 만일 당신들이 이 같은 이론을 탐색하고자 한다면 Mothersole (2006)의 훌륭한 개괄이 참고가 될 것이고 비상구 닫기에 관한 최근 기고를 보고자 한다면 Boliston-Mardula(2001), Stewart (2001), 그리고 Drye(2006)를 보라. 이 모든 영역이 여전히 쟁점 거리이며 교류분석가들은 여전히 일반적인 합의를 도출하고 있지 못하고 있다. 합의에 도달할지도 의문이지만 그 합의가 될 때까지 내가 당신들에게 해 줄 수 있는 최선의 조언은 '만약 의심스럽다 면, 잘못 되더라도 큰 탈이 나지 않게 조심하라.'라는 것이다.

상담의 실제에서 내가 제안하고자 하는 것은 만약 당신이 비상 구 닫기를 권유하지 않고 내담자와 함께 각본 변화 작업을 하는 걸 심각하게 고려한다면 그 사례를 세부적으로 감독하도록 하라 는 것이다. 그러한 감독은 특히 다음의 두 영역에 초점을 맞추게 될 것이다.

1. **보호**: 우리가 아는 바와 같이, 비상구 닫기는 내담자를 위한 중요한 보호수단으로서 고안된 것이다. 이것은 교류분석가들 에게는 내담자에게 항시라도 최대한의 보호를 제공하는 방법 으로 작업에 임해야 한다는 윤리적이고 전문적인 명령과 같 은 것이다. 그러므로 만약 당신이 비상구 닫기 없이 변화를 주는 작업을 계속하기로 결정했다면 당신이 중점을 두고 다 루어야 할 질문은 '당신은 그 밖의 어떤 방법으로 내담자의 보호 범위를 확장하려고 하는가?'가 될 것이다.

   이것을 하는 하나의 방법은 비극적 각본 결말을 방어할 수 있는 물리적 보호장치를 언제나 즉시 활용할 수 있는 보호 된 환경하에서 작업을 하는 것이다. 이 같은 작업 방식은 TA

에서 문서로 잘 정리되어 있다. 예를 들면, 재결정 치료사들은 마라톤식 작업 환경(즉, 수일이나 가끔 수주 간 계속되는 집단치료 경험) 속에서 일을 할 것이고 그 속에서 내담자들은 마라톤식 작업이 계속되는 기간 동안 그 건물에 머문다는 계약을 한다(Goulding & Goulding, 1979: 7, 215-40). 카텍시스(cathexis) 작업은 종종 스태프와 집단구성원들에 의한 지속적인 감시가 제공되는 거주 공동체 안에서 행해진다(Schiff et al., 1975).

당신이 이와 같은 종류의 보호된 환경 안에서 작업하지 않는다고 해서 비상구 닫기 없이 작업을 하면 물리적 보호장치의 준비는 주요한 문제로 대두될 것이다. 수퍼바이저로서의 나의 입장은 수퍼바이지들이 보호된 환경 안에서 작업한다는 확신이 없는 한 그들이 비상구 닫기 없이 각본 변화 작업을 하도록 허용하지 않을 것이라는 점이다.

2. **어른 자아의 활용**: 우리는 또한 비상구 닫기는 오로지 '어른' 자아상태에서만 수행된다는 것을 봐 왔다. 만일 누군가가 어른 자아를 활성화시키는 데 신뢰할 만한 접근을 하지 못한다면 당연히 비상구 닫기 진행 절차는 효과가 없게 될 것이다(있다 하더라도 가장 최저라서 상담자로서의 당신이 얼마나 효과적일지 사전에 결코 분명히 단언할 수 없다). 이것은 상담 실제에서 당신들이 유의미한 유기적인 뇌손상이나 중증 정신질환을 가지거나 현재 약물 남용 습관을 가진 내담자에게 표준적인 비상구 닫기 절차를 보통 사용하지 않는다는 것을 의미한다(약

물 남용자들과의 작업에 대한 논의로서는 Boliston-Mardula, 2001 참조). 이것은 우리가 심사숙고해 왔던 문제, 즉 만약 비상구 닫기를 권유하지 않는다면 당신은 그 외 어떤 방법으로 내담자의 보호를 최대화하려고 하는가라는 문제로 되돌아간다.

좀 미묘한 경우이기는 하지만 어른 자아에 접근했어도 당신과 상호작용하는 동안에 유의미한 정도까지 어른 자아를 사용하지 않을 것 같은 성격적 구조를 가진 몇몇 내담자들이 있다. 그들은 기본적인 정도의 각본 변화를 완료할 때까지 그렇게 할 것이다. 여기에서는 성격장애를 보여 정신병적인 진단이 가능한 내담자들을 언급하고자 한다(American Psychiatric Association, 2000: 685-729). 나의 경험상, 그와 같은 경우에 해당하는 가장 흔한 장애는 경계선 성격장애, 자기애적 성격장애, 의존성 성격장애다. 이러한 장애를 가진 내담자와 함께 작업하면 당신은 이중구속에 빠질 것이다. 왜냐하면 그들은 자신들의 각본에 몇 가지 변화를 만들기 전에는 적합한 비상구 닫기를 가장 싫어할 것이기 때문이다. 그러나 만약 당신이 비상구 닫기 없이 이러한 변화를 하도록 권유한다면 그 내담자는 실제적으로 비상구 속으로 들어가 버릴지도 모를 잠재적 위험성을 가지게 된다.

그와 같은 내담자들과의 작업에 대한 상세한 논의는 이 책의 입문적인 성격을 넘어서는 것이다. 하지만 늘 그렇듯이 충분한 수퍼비전이 열쇠가 된다. 그리고 나는 어느 때라도 당신이 자신에게 '내가 비상구 닫기를 권유하지 않고서 이 내담자와 작업을 할 것인가?'라고 물어볼 것을 제안하고자 하며 우선적으로 해결해야 할 질문은 '내가 꼭 이 내담자와 작업을 해야만 하나?'임을 제안하고자 한다.

상담자를 위한 비상구 닫기

당신의 내담자들이 효과적으로 비상구를 닫도록 촉진시키기 위해서는 당신 자신이 비상구를 닫아야 한다.

만약 당신이 하나 또는 그 이상의 비상구를 열린 상태로 가지고 있다면 당신은 내담자에게 닫으라고 할 때 그렇게 하지 못하게 될 것이다. 당신은 아마도 자살하거나 다른 누군가에게 해를 입히거나 혹은 미치겠다는 의도가 조금도 없을 것이다. 그렇지만 당신은 다른 임상가와 함께 작업을 진행하는 내담자라고 생각하고 비상구를 닫기 위한 과정을 통과하기 위해서 시간을 가질 필요가 있다. 당신은 내담자와 함께 그 과정을 수행하기 전에 반드시 비상구를 닫아야 한다.

비상구 닫기를 위한 절차

이 장의 나머지 부분에서 나는 존과 함께한 작업을 예로 들어 비상구 닫기 작업과정을 상세히 기술하고자 한다. 그가 그 결정을 내리는 데는 오랜 시간이 걸렸다. 나는 다섯 번째 상담 회기에서 그에게 비상구 닫기 문제를 제기했다. 존이 마침내 그의 모든 비

상구를 적합하게 닫은 것은 11회기에서였다. 한번 그렇게 하자 그
는 그 후의 각본 변화를 성취하는 데도 빨랐다.

🔍 **핵심 개념 7.1**

비상구 닫기

1. '비상구 닫기'는 내담자가 어떤 환경하에서도 결코 자신이나 타인을
   죽이거나 해치거나 또는 미치지 않겠다는 것을 결정하거나 선언하는
   것을 의미한다.
2. 내담자는 스스로 이 결정을 하고, 상담자가 증인이 된다. 그렇지만 그
   '약속'은 상담자에게 하는 약속이 아니다.
3. 비상구를 닫는 결정은 어린이 자아나 어버이 자아가 아니라 어른 자
   아상태에서 이루어지는 것이다.
4. 효과적인 비상구 닫기를 위해서, 비상구 닫기 순서는 결코 '기계적으
   로' 이루어져서는 안 된다. 그것은 당신이 내담자의 적합성을 평가하
   는 데 있어서 당신의 전문적인 기술과 판단을 모두 동원할 것을 요구
   한다. 그것은 내담자에게는 충분한 의지를 가지고 비상구를 열 준비
   가 된 상담 시점에 있어야 할 것을 요구한다.
5. 비상구를 닫기 위해서, 자신이나 타인을 죽이거나 해치거나 미치지
   않겠다고 하는 내담자의 자율적 약속은 지속적이고 무조건적이어야
   한다. 내담자는 무슨 일이 일어나든, 그(그녀)의 남은 생애 동안 적합
   하게 비상구 닫기에 계속 스스로 참여하는 것이다. 무언가 미진한 것
   이 있다는 것은 비상구가 완전히 닫히지 않은 것을 의미한다.
6. 세 개의 비상구 모두가 동시에 닫혀져야 한다. 만일 내담자가 하나 이
   상의 열린 비상구를 가지고 있다면, 하나의 비상구를 닫는다고 하더

라도 그(그녀)가 다른 하나의 비상구나 나머지 비상구 모두를 사용할 가능성이 커질 것이기 때문이다.

7. 비상구 닫기 과정 동안 내담자와 상담자 양쪽 모두는 언제나 어른 자 아상태에서 일해야 한다. 만약 당신이 불일치의 단서를 하나라도 탐지 한다면, 비상구가 아직 닫히지 않았다고 생각하는 것이 가장 좋다.

비상구 닫기는 '계약'이 아니라 '결정'이다(Drye, 2006). 만약 내 담자와 상담자가 그렇게 동의한다면, 계약은 재검토되고, 재교섭 되고, 변경될 수 있다. 반대로, 비상구 닫기의 핵심은 내담자의 결 정을 취소할 수 없고 재협상할 수 없다는 것이다.

표현

내가 존과 함께 수행한 절차는 전형적인 TA 상담의 실제다. 먼 저 나는 그에게 세 부분의 결정이 무엇을 수반하는지를 설명했다.

우리가 '비상구 닫기'라고 부르는 TA의 절차가 있습니다. 나 는 만약 당신이 본질적으로 지속적인 변화를 원한다면 비상구 닫기는 밟아야 할 필수적인 단계라고 확신합니다. 비상구를 닫 으려면 당신은 어떤 일이 있어도, 자살하거나 자해하거나 다른 사람을 죽이거나 해치거나, 또는 미치지 않겠다는 결정을 해야 합니다.

당신이 이런 결정들을 내린다면, 그것은 당신이 당신 자신에 게 내리는 결정입니다. 그것은 나에게 하는 약속이 아닙니다.

나는 당신이 내린 결정에 대해 증인입니다. 또한 나는 생각하기에 당신이 당신의 진정한 어른 자아상태로부터 그러한 결정을 내리고 있는지 혹은 당신이 의식하지 못한 채 당신 자신이 어떤 어린이 자아상태가 빠져나갈 길을 주는지에 관해 나의 견해를 피드백해 줄 것입니다.

　당신이 이런 결정을 한다면 그 결정들은 지속적인 것이어야 하고 또한 무조건적인 것이어야 합니다. 무슨 일이 있어도 어떻게 느끼든 간에 위의 부정적 선택사항 중 어느 하나라도 가지지 않겠다는 결정을 하는 것입니다. 잠시 생각을 좀 해보십시오. 당신은 망설임 없이 이들 비상구 닫기를 원하십니까?

　많은 내담자들이 그렇게 하는 것처럼, 존은 그가 이 결정들을 지속적으로 그리고 무조건적으로 하는 것이 가능할지에 관한 논의를 시작하였다. 논의 중 어떤 부분에서는 어른 자아상태의 판단을 보여 주었지만 자신의 행동과 사고에 책임을 질 수 있을지에 대한 어린이 자아적인 의구심을 반영하고 있었다. 나의 응답은 분명히 사람들이 영구히 그리고 유보 없이 그러한 결정을 할 수 있다는 뜻을 내포하는 정보를 전달하는 것이었다. 나는 존에게 그러한 결정을 하고 그것을 고수했던 많은 사람들을 알고 있음을 이야기해 주었다. 덧붙여서 나는 스스로 비상구를 닫았고 그것들을 영구히 무조건적으로 닫히게 하는 것이 가능했음을 확신한다고 이야기해 주었다.

　존은 여전히 의구심을 가지고 있어서 이러한 의구심들이 완전히 풀릴 때까지 그것들을 다루는 것이 중요하다는 판단이 들었다. 제시하고 있는 문제가 무엇이든 간에 이 시점에서 다루어져야 할 핵심적인 주제는 자신의 행동과 사고에 대해 책임을 지겠다는 내담자의 능력이다. 특히 그는 자해하거나 타인에게 상해를 입히거나 혹은 자신의 온전한 정신을 포기하려는 충동을 통제할 수 있다는 것을 확신할 필요가 있었다. 존과 같은 내담자들에게 이러한 확신을 주기 위해서는 많은 상담 회기를 가질 수도 있고 그 내담자가 상담에서 해야 할 것 같은 주요한 치료 작업을 마련할 수도 있다.

열한 번째 회기에서 존은 마침내 모든 비상구를 닫을 준비가 되었다고 말했다. 나는 그때 그의 결정을 어구화하여 개괄해 주었다.

좋아요. 만약 당신이 지금 계속해서 비상구를 닫기 원한다면 당신은 스스로 다음과 같은 결정들을 함으로써 그렇게 할 수 있습니다.

- 당신은 어떠한 상황에서도 자신을 죽이거나 해치지 않고 그런 시도를 절대로 하지 않는다. 혹은 우발적으로나 의도적으로 자신을 죽이거나 해치는 계획을 세우지 않는다.
- 당신은 어떠한 상황에서도 다른 누군가를 죽이거나 해치지 않고 그런 시도를 절대로 하지 않는다. 혹은 우발적으로나 의도적으로 다른 누군가를 죽이거나 해치는 계획을 세우지 않는다.

- 당신은 어떠한 상황에서도 미치거나 미치는 시도를 절대로 하지 않는다. 혹은 우발적으로나 의도적으로 미치기 위한 계획을 세우지 않는다.

만약 원한다면 당신은 다른 말을 사용할 수 있을 것입니다. 비상구를 닫는다는 것은 당신이 항상 그리고 무슨 일이 있어도 이러한 결정을 하겠다는 것을 분명히 말하는 것을 의미합니다. 만약 비상구 닫기를 말할 수 있고 그렇게 할 의향이 있다면 그 결정들을 말해 보십시오. 그래서 당신이 기꺼이 비상구 닫기를 하고자 한다면 계속해서 지금 바로 이러한 결정들을 내리십시오.

불일치 점검

비상구 닫기 전체 과정을 통하여 당신은 반드시 자신과 내담자의 자아상태를 관찰해야 한다. 특히, 내담자가 어린이 자아상태로 이동하는 듯한 신호를 보내지 않는지 항상 경계해야 한다. 만일 그렇다면 그것은 내담자의 결정이 아니라 당신에게 하는 약속이 되기 쉽다. 다른 모든 약속이 그렇듯이 이러한 약속은 '깨어지기 십상이다.'

불일치(incongruity)는 비언어적 신호의 형태를 가질 것이다. 예를 들면, 내담자가 손으로 입을 가리거나 낄낄대거나 얼굴을 찡그리거나 머리를 흔드는 것 등이다. 당신이 불일치에 대해 어떤 힌트라도 탐지해 낼 때마다 내담자가 그의 진술을 가볍게 생각하고 있다고 생각하라. 당신은 다음과 같이 말하면서 그에 대처할 수도 있을 것이다. "당신이 결코 다른 사람을 상해하거나 죽이지 않겠다고 진술하고 있었을 때 당신은 당신의 입 앞에 손을 멈추고 있었습니다. 손 좀 치울래요? 자, 그럼 당신이 진심으로 진술을 할 건지 한번 알아볼까요?"

당신은 또한 다음과 같이 부인하는 말을 들을 수도 있을 것이다.

"나는 결코 나 자신을 죽이지는 않을 수도 있습니다."
"나는 나 자신을 죽이는 용기를 갖고 있지 않습니다."
"나는 그 외에 다른 누군가를 해치는 것을 결코 원하지 않을 것입니다."

이와 같은 모든 경우들에 있어서, 당신은 내담자가 진정으로 말하고 있는 것을 알아내야 한다. 이러한 진술들 중에 그 어느 것도 '나는 결코 ……하지 않겠습니다'와 같은 굳은 약속과 동일한 것은 없다. 당신의 임무는 내담자가 언어로 표현하지 않은 메시지를 알아차리는 것이다. 매번 그가 그렇게 할 때마다 당신은 그가 주목하고 있는 미상의 출구를 잡아내고 또 그가 그런 출구 없이 진정으로 진술을 하고 있는지 물어보아야 한다. 만약 그가 그렇게 하고 있지 않다면 그에게 '누명을 씌우고' 싶은 유혹을 참고 그 출구들이 거기 없었다고 가정하라. 그와 같은 경우가 아니라면 좀 더 판단을 해 본 연후에 중지를 명하라. 그리고 내담자는 아직 무조건적으로 비상구를 닫을 준비가 되지 않은 것처럼 보인다고 말하라. 그런 다음 당신과 내담자는 그가 비상구를 닫지 않음으로써 자신에게 설정한 계획이 무엇인지 탐색해 볼 수 있을 것이다. 그렇지만 우선 일시적인 보호 계획을 세우는 것이 필요하다. 이후의 섹션에서 어떻게 하는지를 기술하겠다.

당신은 또한 비상구 닫기 절차가 진행되는 동안 당신 자신에게도 불일치가 일어나는지 주시해야 한다. 특히 당신이 어버이 자아로 빠져들어 간다는 신호는 무엇이나 경계해야 할 것이다. '나는 당신이 ……해 주었으면' '……할 수 있습니까' 혹은 '여기 당신이 해야 할 ……었습니다'와 같은 힌트와 내담자의 응답은 아마도 어린이 자아적인 '약속'의 형태를 가장 띠기 쉬울 것이다.

예외 사항

어떤 내담자들은 기꺼이 특정한 비상구를 닫고 싶다고 이야기하지만 구체적인 예외 사항을 첨가한다. 예를 들면, 다음과 같다.

> "나는 결코 자살하지 않을 겁니다. 그렇지만 늙어서 중병에 걸려 극심한 고통이 있을 때나 식물인간이 될 때는 예외가 될 겁니다."
> "나는 정상적인 경우에는 결코 자살하지 않을 것입니다. 그러나 핵전쟁이 일어나 모두가 방사능으로 고통스럽게 죽어 가고 있으면 그때 나는 나 자신을 죽임으로써 편안하게 되기를 원할 수도 있을 겁니다."
> "물론 나는 결코 다른 누군가를 해치거나 죽이지 않을 것입

니다. 하지만 성인이 아이를 때리고 있는 것을 보게 된다면 아마 예외가 될 겁니다. 그때 나는 그 사람을 공격하는 것이 정당하다고 느낄 것입니다."

"만약 누군가가 나를 죽이려고 하는 경우에만 나는 다른 사람을 죽일 것입니다."

당신은 그러한 예외들이 비상구 닫기를 명백히 거부하는 것이라고 간주해야 한다. 사회적 기준에서 아무리 정당한 예외라고 하더라도 그 속에 있는 언어로 표현되지 않은 어린이 자아의 목적은 '상황이 충분히 나빠지면' 언젠가 불러일으킬 수도 있는 비극적 각본 결말을 열린 상태로 두는 것일지도 모르기 때문이다. 보통 내담자가 묘사하는 가장 최악의 경우에 대한 시나리오는 실제 미래에 일어날 것 같은 어떤 일보다 겁에 질린 어린이 자아의 상상과 더 관계가 있다. 만약 당신이 제시된 예외를 탐색한다면, 그것들은 당신과 내담자를 풍성한 통찰의 영역으로 이끌어 줄지도 모른다. 그런 예외 사항들의 범위에 관해서 어른 자아적인 질문을 해 보는 것도 종종 유익하다. 예를 들면, 다음과 같다.

"어떤 일이 꼭 일어나야만 핵전쟁이 선포되었다는 걸 당신이 알 수 있는지 나에게 말해 주세요. 누군가가 어딘가에 핵폭탄을 실제로 떨어뜨려야만 하는 것인가요?"

"누군가가 어떤 일을 해야만 그들이 틀림없이 당신을 죽이려 한다는 걸 당신이 알 수 있을까요?"

"만약 누군가가 다른 사람을 공격하고 있다면 당신은 그들을 공격하겠다고 했습니다. 내게는 당신이 경찰 업무를 인계받기를 원하는 것처럼 들리는데요. 그런가요?"

실제로, 비상구를 닫는 것은 어른 자아의 논리일지도 모르는 것에 대한 어떤 선택을 포기하는 것을 의미한다. 불치병의 경우에 안락사의 시행을 하나의 예로 들 수 있을 것이다. 자살이라는 비상구 닫기를 함으로써 그 사람은 자발적으로 이 선택(안락사)을 포기하는 것이다. 그는 무조건적인 비상구 닫기로부터 얻게 될 이점에 비례해서 생길 수도 있는 이러한 잠재적 손실을 가늠해 보아야 한다.

우연한 사고

때때로 내담자는 우연히 비상구 중의 하나를 경험할 수도 있다는 것을 제시함으로써 그와 유사한 빠져나갈 구멍을 제안할 것이다. 예를 들면, 다음과 같다.

"나는 결코 고의적으로 자살하지 않을 것입니다. 그러나 물론 요즘 같은 도로 사정에 언젠가 차 사고가 나지 않는다고 보장할 수 없긴 합니다."

당신은 다음과 같은 질문으로 응답할 수도 있다.

"그 말은 당신이 운전할 때 조종을 안 한다는 뜻입니까?"

보통 내담자는 한다고 대답할 것이다. 그 대답에서 그는 아마
그가 가진 어린이 자아의 출구에 관한 통찰을 얻을 수도 있을 것
이다. 만약 내담자가 자신의 차를 충분히 조종하지 않는다고 적합
하게 대답을 한다면 내담자와 당신은 상담에서 우선해야 할 목표
를 알게 된 것이다. 비상구 닫기 과정에서 '우연하게 또는 고의적
으로'라는 구절은 내담자가 자각 없이 설정했을 수도 있는 '사고'
를 막아 내기 위해 고안된 것이다.

물론 도로나 기타 다른 곳에서 실제 사고가 일어날 수도 있다.
그러나 이것은 비상구 닫기와는 무관한 것이다. 만약 내담자가 우
연한 사고와 같은 결말을 결코 설정하지 않았다는 태도로 행동
하는 동안에 벼락을 맞거나 폭주 트럭에 치이거나 혹은 떨어지는
기와에 맞는다면 그 내담자는 자신에게 해를 입히고 있는 것이
아니라 해를 당하고 있는 것이다.

'미치다'의 의미

내담자는 '미치다'의 의미가 무엇을 의미하는지를 자주 물어볼
것이다.

당신은 "글쎄요, 무엇을 의미하는 것 같습니까?"라고 되물어 보
는 응답을 할 수도 있을 것이다.

어떤 경우에서나 내담자가 비상구 닫기 작업을 계속하기 전에
당신 스스로에게 이 질문을 제기하는 것이 유익할 것이다. 가끔

내담자는 '미치다'라는 개념에 대해 통제를 상실한다와 동일하게
보고 있음을 표명할 것이다. 이것은 아마도 '광기'라는 다수 견해
와 일치하지 않을 수도 있다.

> "음, 미친다는 것은 나에게 있어서는 나의 감정을 통제하지
> 못함을 의미합니다. 즉, 팔다리를 사납게 흔든다든가, 얼굴이
> 빨개진다거나, 사람들에게 비명을 지른다거나 하는 것입니다."

그러면 당신은 내담자와 함께 이 미친다는 것에 대한 내담자
자신의 해석에 대해 논의해 볼 수 있다. 비상구 닫기를 목적으로
한 상담에서 '미치다'는 '정신 이상'의 임상 진단을 받을 수도 있
는 모든 종류의 사고나 행위들을 의미한다.

약물치료를 받는 내담자

만약 내담자가 비상구를 닫는 시점에 소량의 신경안정제나 항
우울제를 복용하고 있다면 특별히 고려해야 할 사항들이 있다. 이
러한 약물들의 효과는 그 사람이 느끼고 있는 동요, 불안 혹은 우
울을 차단하는 것이다. 자아상태의 용어로 이야기하자면 약물치
료는 어린이 자아나 어버이 자아를 임시로 휴지(休止)시켜 내담자
의 불편의 근원인 해결되지 않은 각본상의 문젯거리들이 주는 혹
독함을 일시적으로 완화시키는 것이다. 그렇지만 내담자가 복용
량을 줄이거나 약물치료를 계속하지 않을 때 그러한 문젯거리들
과 그것에 병행된 감정들은 다시 활성화된다.

그래서 내담자가 약물치료를 받고 있는 상태에서는 적합하게 비상구를 닫는 것이 가능하다. 하지만 복용량을 줄이거나 약물치료를 중단하게 되면 비상구가 다시 열리게 된다. 이 경우는 적합한 닫기를 신뢰할 수 없는 유일한 상황이다.

만약 당신의 내담자가 약물치료를 받고 있는 동안에 정말로 비상구를 닫는다면 당신이 해야 할 최선의 방침은 약물이 내담자의 이 같은 결정을 재고하길 원하게 될지도 모를 내담자의 자아상태 일부를 일시적으로 작동 정지시켰다는 것을 설명해 주는 것이다. 내담자가 동일한 수준의 약물치료를 계속 받는 한, 그는 비상구들을 닫은 것처럼 계속 상담에 임할 수 있다. 하지만 내담자가 복용량을 줄이기 시작하자마자 당신은 원래 그랬던 것처럼 면밀하게 불일치를 관찰하면서 비상구 닫기를 위한 절차를 반복해야 할 것이다. 당신은 내담자가 약물치료를 중단하고 약물의 효능이 사라질 때까지 수차례 이 과정을 반복할 수도 있다.

만약 내담자가 비상구를 닫지 않는다면

만약 내담자가 상담 회기 동안에 모든 비상구를 닫지 않는다면 어떻게 해야 할 것인가? 그러면 당신은 위험성의 정도를 주시하고 일시적인 보호를 하도록 고안된 후속 절차를 반드시 밟아야만 한다. 이 절차는 내담자가 당신의 면전을 떠나기 전에 행해져야 한다. 그러므로 당신은 회기 종료를 위해 필요한 만큼의 예비 시간을 별도로 반드시 남겨 두어야 한다. 따라야 할 수칙들은 다음과 같다.

- 만약 내담자가 비상구를 닫지 않았다면 당신은 반드시 회기가 종료되기 전에 일시적으로 닫았음을 동의해야 한다.
- 당신은 일시적으로 닫힌 그 시간이 소진되기 전에 반드시 다시 점검해야 하고 필요한 경우 그 기간을 연장해야 한다.

상당한 시간의 논의 후에 당신의 내담자가 결코 자살하거나 자해하지 않겠다는 것을 아직도 분명하게 말하지 않으려고 한다고 가정해 보자. 그런 경우 당신은 그에게 얼마나 오래 비상구를 닫지 않고 통과하는 것을 그만둘 것인지 물어봄으로써 계속 상담을 진행해야 한다.

내가 듣기론 당신이 어떤 상황에 처했어도 결코 자살하거나 자해하지 않겠다는 것을 지금 말하지 않겠다고 했습니다. 그래서 내가 지금 물어보려고 하는 것은 그와 같은 비상구 닫기에 대한 약속을 하는 데 얼마나 오랜 기간이 필요한가입니다. 다음 회기까지쯤입니까? 아니면 다음 한 달 동안에는 그 결정을 할 건가요? 아니면 좀 다른 때인가요? 그렇다면 자살이나 자해를 하지 않겠다고 분명히 약속을 하는 데 얼마나 긴 시간이 필요합니까?

당신의 내담자는 아마 분명하게 '다음 회기까지'라고 대답을 할 수도 있을 것이다. 만약 그렇다면 당신은 반드시 놓치지 않고 바로 내담자가 말한 다음 회기에 그 문제를 다시 제기해야만 한다. 그때 당신은 내담자가 영구히 비상구를 닫을 준비가 되었는지를 반드시 다시 물어야만 한다. 내담자가 준비가 되지 않았다고 한다면 당신은 시간제한을 둔 닫기 절차를 반드시 반복해야 한다.

만약 그가 얼마간의 기간 동안 비상구를 계속 닫은 채로 있겠다는 약속을 한다면 반드시 그 기간이 끝나기 전에 당신은 내담자와 함께 체크해 보아야 한다.

존과의 작업에서 나는 다섯 번째와 열한 번째 회기 사이의 기간을 통틀어 시간제한을 둔 닫기 작업을 수행하였다.

초반 2주 내내 그러한 작업은 한 회기에서 다음 회기까지, 2회기 동안은 닫기가 지속되었다. 그런 연후 존은 2주의 기간 동안 비상구를 닫은 채로 있겠다는 약속을 하여 마침내 그의 비상구는 결국 무조건적으로 닫히게 되었다. 이런 종류의 시간제한을 둔 닫기 절차는 어린이 자아상태에 있는 사람에게 경험적인 학습의 기회, 즉 비상구가 닫힌 채로 있어 보는 임상 경험을 주는 것이 분명한 것 같다.

시간제한을 둔 닫기가 '적합하게 이루어지는 한' 그것은 다음과 같은 사실로 인해 치료 과정에 매우 큰 자산이 될 것이다. 당신이 합의된 시한에서 작업을 하기 때문에 당신은 내담자와 함께 각본 변화를 활성화시키는 과정을 안전하게 진행할 수 있다. 이를 달리 표현해 보면 적합한 시한적 닫기 과정이 진행되는 동안 당신은 비상구가 완전히 닫혔는지를 알아볼 수 있는 어떤 치료적 조치를 취할 수 있는 것이다. 시한적 닫기 과정에서 계속 정보를 얻어 내는 건 내담자의 의무가 아닌 당신의 의무다. 그리고 그 시한이 만료되기 전에 닫기 기간을 연장하도록 내담자에게 권유하는 것도 당신의 책임이다.

비상구 닫기 과정에서의 비상사태

최소한 다음 회기가 될 때까지 내담자가 비상구 닫기를 거부하는 경우는 거의 없다. 그러나 혹시 이런 일이 발생한다면 당신은 어떻게 하겠는가? 이러한 입장을 취하는 내담자는 다시 당신을 보기 전에 자살하거나 살인을 하거나 미칠 수도 있다는 것을 당신에게 명시적으로 말하고 있다는 걸 깨닫기 바란다. 이런 극단적인 가능성은 당신의 극단적인 대응을 요구한다. 그런 경우 당신은 내담자가 얼마나 오랫동안 이 세 가지 부정적인 선택들을 기꺼이 분명히 삼갈 것인지를 묻는 것을 계속해야 한다. 일례로 그가 만약 '스물네 시간'이라고 한다면 당신은 그 스물네 시간이 다 가기 전에 그를 다시 볼 수 있도록 스케줄을 조정해야만 한다. 그 회기가 돌아오면 당신은 그가 얼마나 오래 비상구를 닫은 채로 있을 것인지 확인해야 한다.

당신의 내담자가 만약 짧은 기간 동안에도 비상구 닫기를 하지 않으려고 한다면 어떻게 하겠는가? 그런 경우 당신은 대안적인 보호장치를 즉시 마련해야 한다. 당신은 내담자가 당신의 면전을 떠나기 전에 그렇게 해야 한다. 가능한 선택적 전략은 내담자가 병원에 입원하도록 조처하는 것이다. 의료장구나 사회복지적

여건이 없는 데서 일하는 영국에 있는 상담자들에게 이런 과정은 개방되어 있지 않다. 그러면 당신은 내담자의 주치의에게 즉시 연락을 취해서 내담자가 취한 입장을 알려 주어라. 5장에서 접수상담 때 바로 이런 경우에는 당신이 내담자의 치료 정보에 대한 비밀 유지 조항을 파기할 권리를 보유하고 있다는 것을 상기하라.

내담자가 비상구를 닫을 때

존이 자신의 어른 자아상태에서 분명히 각기 비상구를 닫겠다는 진술을 하였을 때 나는 차후 한 단계를 더 수행하였다. 나 자신의 어른 자아상태에 머물면서 "그 언술이 당신에게 사실인가요?"라고 물어보았던 것이다.

그가 어떻게 대답하는지를 지켜보면서 나는 혹시 불일치가 있는지에 대해 최종 확인 작업을 하였다. 나는 개별적으로 그 세 가지 비상구 각각에 대한 질문을 반복했다.

내가 존이 모든 비상구를 적합하게 닫았다고 확신했을 때 그가 자신의 힘으로 성취한 그 중요한 변화를 축하해 주었다.

🎥 **자기 수퍼비전 7.1**

비상구 닫기

당신이 내담자에게 비상구 닫기를 권유하기 전에 상담자나 치료자의 이름과 함께 시간을 기록해 두라. 그리고 당신 스스로도 비상구를 닫아야 한다.

이것을 완수했으면 당신의 내담자에게 비상구 닫기를 권유하라. 만약 그녀가 당장 그렇게 하지 않으려고 한다면 시한적 닫기 과정을 수행하라.

당신의 내담자가 준비되면 비상구를 닫기 위한 절차를 완료하라. 당 회기에서 녹음한 테이프를 듣고 적합성을 확인해 보라. 내담자뿐만 아니라 당신의 불일치에 대해서도 경계하라. 만약 당신이 회기가 진행되는 동안 몇 가지 불일치를 놓쳤다는 걸 알아냈다면 당신의 내담자에게 이 문제를 재개해서 내담자가 적합하게 비상구를 닫았다는 확신이 들 때까지 닫기 과정을 재수행하라.

비상구가 적합하게 닫힌 채로 있다면 당신의 내담자는 이제 변화를 위한 견고한 초석을 가지게 된 것이다. 다음 단계는 변화를 위한 구체적인 결말을 계획하는 것이고 당신과 내담자는 그러한 결말을 가져오기 위해 무엇을 해야 할지를 교섭하는 것이다. 이것은 계약 맺기의 과정인데 이어지는 8장에서 논의될 것이다.

『TA 상담 개발』에서 더 읽을거리

『TA 상담 개발』(Stewart, 1996a)의 포인트 7은 당신의 내담자에게 비상구 닫기를 권유하는 것에 대한 좀 더 상세한 수칙들을 제공한다. 나는 거기서 그 과정은 반드시 치료 요법에서 항상 주요한 조치로 다루어져야만 하고, 비상구 닫기는 결코 하나의 '규정'으로 설정될 수 없다는 것을 강조했다.

8장
변화를 위한 계약

> '계약 방법'의 의미
> 효과적인 계약 맺기
> 계약 맺기와 치료 방향
> '고의적인 방해' 다루기
> 『TA 상담 개발』에서 더 읽을거리

Eric Berne(1966: 362)은 '계약'을 "분명하게 규정된 행위 과정에 대한 명시적인 쌍무(雙務) 위임"으로 정의했다. 당신과 당신의 내담자가 TA 상담에 대한 계약을 할 때 당신은 내담자가 만들고자 하는 변화에 대한 분명한 진술에 동의한다. 당신은 또한 당신과 내담자가 그 변화를 성취하기 위해 어떤 기여를 할 것인가를 명기하는 것이다.

몇몇 다른 상담 접근법에서, '계약'이란 말은 더욱 제한적 의미로 내담자와 상담자가 함께 보내려고 하는 회기의 횟수에 관한 합의를 의미하는 것으로 사용된다. TA 사례에서 보자면, 이것은 계약에서 명기하는 몇 가지 항목 중 단지 하나다(Sills, 2006; Stewart, 1996a, 2006).

상담관계 성립 초기에 당신과 내담자는 당신의 '상담계약'에 동의한다(5장 참조). 이것은 지불 조건, 그리고 참석하는 장소와 빈도수 같은 관리상의 문제에 관한 세부사항을 자세히 설명한다.

그러면 이제 변화를 위해 설정한 단계들과 함께 당신은 공식적으로 '치료 계약'을 이행하는 것이다. 내담자는 그가 달성하려는 개인적인 변화를 자세히 기술한다. 당신은 내담자와 함께 그것을 성취하는 작업을 기꺼이 할 것인지를 이야기한다. 변화 과정의 일부로서 당신은 내담자나 상담자 중 어느 편에서 특정한 계약 내용에 대한 협상을 할 수도 있다.

당신은 유효한 계약 맺기를 위한 5장에서 Steiner가 말한 '상호동의'의 필요 요건을 상기할 수도 있을 것이다. 상담계약이 관련되어 있기에 상호동의에 대한 필요성에 의혹을 품는 사람은 거의 없을 것이다. 하지만 당신이 TA 상담이 처음이라면 치료 계약에 관한 상호동의의 개념은 당신에게 명확하게 다가오지는 않을 것이다. 당신은 내담자가 만들기를 원하는 변화를 상세히 서술해야 한다는 개념에 익숙할 것이다. 그러나 당신이 얻고자 하는 목표로 제시된 변화를 거절하거나 승낙하는 것이 당신에게 개방되어 있다는 제안에는 그리 익숙하지 않을 것이다.

이 장은 계약 맺기의 본질과 목표를 재검토하는 것으로 시작하고자 한다. 그리고 계속해서 당신이 효과적인 계약을 체결할 수 있는지를 기술하고자 한다. 그다음으로 효과적인 치료 방향을 성취하기 위한 계약 맺기에 대한 계획을 세울 수 있는 방법을 논의하고자 한다. 마지막 섹션에서는 어떻게 내담자가 무의식적으로 계약 맺기를 '고의적으로 방해'하는지를 기술할 것이고 그것을 예방할 수 있는 방법을 설명할 것이다.

'계약 방법'의 의미

당신이 계약 맺기에서 사용하는 세세한 기술적 방법이 무엇이든 간에 계약 방법을 규정하는 두 가지 간단한 조건들이 있다. 우선 당신이 다음과 같은 질문을 할 수 있는 조건들을 확인해 보는 것이다.

- 당신과 내담자는 내담자가 이루려고 하는 개인적인 변화가 어떤 것이든 간에 내담자가 동의했습니까?
- 당신과 내담자는 내담자가 그와 같은 변화를 이루고, 당신은 이러한 변화를 돕고자 한다는 것을 '명시적으로' 동의했습니까?

만약 당신이 이 질문 모두에 '예'라고 대답할 수 있다면 당신과 내담자는 변화를 위한 계약을 한 것이다.

그러면 자연스럽게 상담이 진행되는 와중에 당신과 내담자가 그 계약 수행에 적극적으로 참여하게 되는 시기들이 있을 것이다. 이것은 상담 초기 단계에서는 거의 늘 있는 일이다. 그 초기 단계에서 내담자는 그가 성취하고자 하는 변화에 대해 매우 일반적인 생각만을 가지고 종종 상담에 임한다. 나중의 치료 과정에서, 내담자는 이미 동의한 계약목표를 성취했거나 또는 내담자의 자기발견으로부터 생기게 된 새로운 목표 때문에 당신과 내담자가 다시 계약을 재협상하고 토론하게 되는 시기가 아마도 있을 것이다. 그러한 시점에서 비록 당신과 내담자가 아직 구체적인 계약에 합의하지 않았다 하더라도, 당신은 여전히 '계약에 근거해서 상담을 하고 있는' 것이므로 당신의 작업 초점은 그 계약을 체결하는 데 있어야 할 것이다.

회기가 진행되면서 당신은 자주 내담자에게 전체적인 목표에 다가가기 위해 구체적인 것들을 해야 한다고 완곡하게 말할 것이다. 계약 당사자로서 그가 해야 할 일은 그가 이 계약상의 행동 과정을 수행하고자 하는지 아닌지를 명시적으로 말하는 것이다. 이와 마찬가지로 그는 당신에게 특정한 행위를 요청할 수도 있을 것이다. 그리고 그가 요청한 것을 할지 안 할지를 표명하는 것은 당신에게 달려 있다.

계약 맺기에 대한 모든 공식적 기법은 이런 조건들이 확실하게 충족되는 것을 돕는 기본적인 틀과 같은 것이다. 상담 실제에 있어서 가장 우선적으로 중요한 임무는 내담자가 원하는 변화에 대해 분명하게 합의된 규정에 도달하는 것이다.

치료 계약의 시기

상담과 심리치료에 관한 몇몇 일반 저서들은 TA의 실제에 있어서 구체적인 치료 계약은 항상 처음 몇 회기 중에 결정된다고 제시해 왔다(나는 심지어 '계약이 항상 첫 회기에 이루어져야 한다'고 제시해야 되는 줄로 알고 있었다). 이것은 잘못 알고 있는 것이다. 실제로 내담자들은 상대적으로 이른 상담 단계에서 변화를 위한 분명한 계약에 합의할 준비가 진정으로 되어 있다. 그러한 내담자들에게는 치료 계약을 분명하게 이끌어 내는 그 자체가 개인적 변화를 유도하는 결정적인 동인(動因)이 될 것이다.

계약 맺기의 목적

왜 교류분석가는 계약의 사용을 그렇게 많이 강조하는가?

한 가지 이유는 '사람은 OK다.'라고 견지하는 철학적 입장에 있다. 상담자와 내담자는 서로에게 유리하거나 불리한 위치에 있는 것이 아니다. 개개인은 자신의 결정과 행동에 책임을 진다는 입장에 있다. 상담자와 내담자는 그러한 입장으로부터 변화 과정에 대해 연대 책임을 진다. 만약 그 책임이 무언가 중요한 것을 의미하는 것이라면 상담자와 내담자는 모두 상담 실제에서 무엇을 해야 하는지를 이해하고 합의할 필요가 있다.

계약의 사용은 또한 다음과 같은 몇 가지 실제적인 이익을 가져온다.

1. 내담자는 상담 과정에 적극적으로 개입된다. 그는 상담 초기 단계에서부터 즉시 변화하겠다는 자신만의 동기유발을 보장한다. 내담자는 무언인가를 수동적으로 '하게 되는' 중이라는 것을 결코 느낄 필요가 없다.

   더욱이, 당신은 내담자가 어떻게 변화해야 하는가를 결정하는 것이 당신에게 달렸다는 느낌을 면제받는다. 계약이 없다면 당신은 이중 책임, 즉 내담자가 변하도록 어떻게 도와주어야 하는지뿐만 아니라 그가 무엇을 변화시켜야 하는지도 결정해야 하는 책임을 지는 것이다. 계약에 의거한 작업이라면 당신은 전자에 대한 책임만 가지면 된다. 나는 이러한 점이 계약상의 작업이 주는 큰 혜택 중의 하나임을 경험적으로 알고 있다.

2. 계약은 변화에 대해 정신적 배경을 제공한다. 변화를 위한 목표에 합의하면서 당신과 내담자는 모두 그 목표에 대한 정신적 이미지를 구축해야 한다. 여전히 명확하게 이해되지 않는 이유들이 있지만 이런 긍정적인 시각화는 그러한 결말을 성취하는 데 힘을 보태주는 것 같다. 이러한 이점을 충분히 이해하기 위해서 당신은 계약문구의 표현(어구화)에 각별하게 주의할 필요가 있다. 이후의 섹션에서 이 점을 좀 더 상세하게 설명하고자 한다.

3. 상담자와 내담자는 자신들의 공동작업이 언제 완료될지를 분명히 안다. 계약은 목표에 대한 분명한 진술이다. 그러므로 당신과 내담자 모두는 그 목표가 달성되었는지 그렇지 않은지를 분명하게 이야기할 수 있다. 이것은 상담관계가 분명한 종료 시점 없이 수개월이나 수년을 끌게 될지도 모를 가능성을 방지해 준다.

4. 계약 맺기는 상담자의 목표를 내담자에게 부과하는 것을 방지한다. 모든 상담자는 사람들이 어떻게 해야 한다는 자신만의 관념

을 가지고 있다. 계약이 없다면 당신은 은연중에 내담자가 원하는 변화가 아닌 당신이 생각하는 변화를 위해 내담자에게 영향을 주려고 시도할 가능성이 항상 존재한다.

그리고 개인적인 변화에 대한 당신 자신의 목표와 생각을 계약 협상에서 분명히 밝혀야 한다. 예를 들어, 만약 누군가가 사람들이 정말로 원하지 않는 물건을 모두 잘 팔 수 있게 해 달라는 상담을 요청하러 왔을 때 나는 그 목표가 내키지 않기 때문에 계약을 거절할 것이다.

5. 계약은 은밀한 협의 사항을 추구하는 것을 단념시킨다. 이 문제는 끝까지 계속된다. 당신과 내담자 양자 모두는 무엇을 성취할 것인가에 대해 선입관을 가지고 상담관계를 맺게 된다. 몇몇 선입관들은 내가 판매원 지망자와 작업하기를 꺼려 하는 경우에서 분명히 나타난다. 그러나 다른 선입관들은 아마도 은밀한 것이다. 이것은 당신 자신이나 내담자가 상대를 고의적으로 기만하기 시작했다는 문제에 거의 해당되지 않을 것이고 오히려 양자 모두가 충분히 자각하지 못한 어떤 태도를 가지고 있다는 것을 의미할 것이다. 상담자인 당신들은 아마 다음과 같은 판단을 내릴 수도 있을 것이다.

'이 내담자는 나의 도움 없이는 잘해 나갈 수 없어.'

'이 사람은 도움을 필요로 하지 않아—기운을 되찾으면 될 텐데.'

'나는 그가 내게 말해 주지 않아도 무엇을 필요로 하는지 알아.'

그리고 당신의 내담자는 자각하지 못한 채 자신만의 자기 진술을 할 수도 있다.

> '난 이 상담자의 도움 없이는 잘해 나갈 수 없어.'
> '나는 변화하기 위해서 왔지만 그걸 할 힘이 없어.'
> '만약 이 사람이 나를 변화시키려고 한다면 난 망하는 거야.'

TA는 의사소통의 결과는 사회적 수준이 아니라 심리적 수준에서 벌어지는 일에 의해 항상 결정된다는 입장을 가지고 있다(1장 참조). 그러므로 당신과 내담자가 서로에게 전달하고 있는 '은밀한 메시지'를 있는 그대로 털어놓지 않는다면 당신들은 모두 이와 같은 숨은 목표를 추구하는 데 전력을 기울이게 될 가능성이 있다. 계약 맺기의 기능 중 하나가 이런 은밀한 메시지들을 드러내 놓는 것이다.

당신이나 내담자가 상담관계 초기에 숨은 협의 사항 전체를 발견하여 드러내는 것이 쉽지만은 않을 것이다. 그러므로 상담이 진행되는 동안 주기적으로 계약 내용을 재검토해 보는 것이 필요하다.

효과적인 계약 맺기

상담계약처럼 치료 계약은 Steiner의 네 가지 요구조건을 충족해야 한다(5장 참조). 일단 당신이 이것을 확신하면, 당신은 계속해서 6가지 질문을 고려할 수 있다.

1. 계약 목표는 실현 가능한가?
2. 그것은 안전한가?
3. 긍정적인 말로 표현되어 있는가?
4. 관찰할 수 있는가?
5. 분명한 내용인가?
6. 각본에서 벗어난 내담자의 움직임과 내담자의 자율성을 명시하고 있는가?

당신이 위의 질문에 모두 '예'라고 대답할 수 있으면 당신은 효과적인 치료 계약을 맺은 것이다.

실현 가능성

실현 가능성을 시험해 보려면 다음과 같은 질문으로 실현 가능성을 점검해 본다. '이 세상에서 최소한 누군가 한 사람은 이것을 달성했을까?' 만약 대답이 '예'라면 계약 목표는 잠재적으로 실현 가능한 것으로 판단된다. 동시에 내담자의 연령, 현재 가지고 있는 기술 등을 고려하면서 '이것'이 무엇을 수반하고 있는지를 주의 깊게 숙고해 볼 필요가 있다. 일반적인 지침이므로 실제적인 동시에 낙관적으로 볼 필요가 있다.

어떤 계약이 실현 가능한 것이 되기 위해서는 내담자가 스스로 원하는 변화에 대해 언급해야 한다. 다른 누군가의 변화를 목적으로 실현 가능한 계약을 체결하는 것은 불가능하기 때문이다.

안전

이것은 신체적이고 법적인 안전 둘 다를 의미한다. 그것은 또한 사회적 타당성에 대한 의문을 제기하는 것일 수도 있다. 예를 들어, 어떤 여성 내담자가 결혼 상대로서 어떤 남성을 자신 있게 선택하는 것을 계약 목표로 하기 원하는 경우를 가정해 보자. 서구 사회 집단에서는 이것은 안전한 목표인 것 같다. 그러나 어떤 다른 문화 집단에서는 그런 행동이 내담자에게 사회적으로 불쾌하거나 위험한 결말을 초래할지도 모른다.

당신은 또한 안전이란 내담자가 비축해 왔을 법한 비극적 각본 결말을 막아 내는 보호를 의미하는 것이라고 언급한 3장과 7장의 내용을 알고 있을 것이다. 계약 맺기를 위한 주요 함의는 당신이 '내담자가 비상구를 닫을 때까지는 각본 변화를 위한 계약을 권유해서는 안 된다.'는 것이다. 하지만 당신은 그러한 시점이 올 때까지 순전히 탐색을 목적으로 한 계약을 할 수 있을 것이다. 탐색 작업에 있어서 당신과 내담자는 내담자가 어떻게 스스로 문제들을 만들고 유지해 왔는지를 발견할 수 있을 것이다. 당신은 또한 내담자가 자신이 원하는 변화를 다른 방식으로 성취하려 할지도 모른다는 것을 고려하게 될 것이다. 그 어느 것도 실제로 변화하고 있는 것과는 동일하지 않을 수 있기 때문이다.

긍정적인 표현

어떤 사람들은 무엇인가를 중단하기 위한 목적으로 자주 상담하러 온다. 그는 전형적으로 부정적인 표현으로 자신의 최초 목표를 진술할 것이다. 그는 다음과 같은 것을 원할 수도 있다.

- 친척들과 싸우는 것을 '그만두기'
- 담배 피우는 것 '포기하기'
- 대중 앞에서 이야기하는 데 안절부절하지 '않기'
- 감정을 '조종하기'
- 살을 '빼기'

효과적인 치료 계약을 위해서 그러한 부정적인 목표들은 긍정적인 표현으로 재진술되어야 한다.

부정적인 계약은 장기적으로 거의 효과가 없다. 이와 같은 '계약 중단'은 내담자가 내적인 어버이 자아와 어린이 자아의 투쟁을 설정하고 있다는 것을 의미할 수도 있다. 내담자는 '의지력' 발휘를 통하여 몇몇 행위를 고통스럽게 통제하려고 할 것이다. 보통 투쟁을 계속하는 그러한 상황에서 에너지가 고갈되는 것은 시간문제다. 그렇게 되었을 때 내담자는 더욱더 자신이 통제해 왔던 어린이 자아적인 충동에 탐닉하려고 할 것이다. 한 가지 친숙한 예로 음식을 '조절해서' 살을 '빼다가' 폭식해서 원래의 체중으로 돌아가는 경우를 들 수 있다.

대부분의 '계약 중단'이 비효과적인 데에는 몇 가지 이유가 있다. 먼저 계약 진술이 어떻게 시각화되는지를 고려해 보라. '어떤 것이 아닌 것'을 시각화하기란 불가능할 것이다. 예를 들어, 시험 삼아 '달리는 개가 아닌 것'을 시각화해 보라. 그것을 시각화하려고 시도할 때 당신은 자동적으로 '아닌 것'에 뒤따르는 것들에 대한 그림을 만든다. 그래서 예를 들자면, 만약 누군가가 '두려워하지 않기' 위한 계약을 만든다고 할 때 그는 계속적으로 '두려워하기'를 시각화하지 않는 한, 이 계약 목표에 착수할 수 없을 것이다.

더욱이 부정적으로 표현된 계약은 그 사람에게 무엇을 해야 하는지에 대한 분명한 방향성을 주지 않는다. 그것은 단순히 우리 모두가 어렸을 때 우리의 부모로부터 받았던 '그만해'와 '하지 마'의 목록에 또 다른 하나를 첨가하는 것일 뿐이다. 어린아이 때, 우리는 그것들이 욕구를 충족하고 생존하는 최상의 방법으로 보였기 때문에 행동양식으로 결정했다. 우리가 성인으로서 이 전략을 재연할 때, 그것은 여전히 우리 자신의 어린이 자아의 동기에서 비롯된 것이다. 그러므로 만약 우리가 이러한 행위들을 '중단'하거나 '통제'하기 위한 계약을 한다면 우리는 이 계약을 어린이 자아상태에서 우리의 욕구 충족이나 심지어 생존을 위협하는 것으로 경험할지도 모른다. 우리가 항상 이런 종류의 계약을 고의로 방해하는 방법을 안다는 것은 별로 이상한 일이 아니다.

장기적으로 효과적이기 위해서, 계약은 오래된 행동보다 '적어도 하나 이상의 선택사항'을 제공할 필요가 있다. 이것은 그가 멈추기를 바란 행동만큼 적어도 효과적으로 그의 어린이 자아 욕구를 충족시키는 긍정적인 행동방식을 그에게 제공한다.

종종 긍정적으로 표현된 계약 협상 그 자체가 치료적인 것이 될 수도 있다. 예를 들면, 당신의 내담자가 '나는 담배 피는 것을 중단할 겁니다.'라는 부정적인 계약을 제안하고 당신이 그 계약을 받아들이는 걸 거절했을 때 일어날 수 있는 일을 고려해 보자. 그런 시점에서 순조롭게 일을 진행하기 위해 당신은 내담자에게 '당신은 흡연으로 충족시키곤 했던 욕구를 흡연 대신에 무엇으로 충족시키려고 합니까?'라고 물어볼 수도 있을 것이다.

당신과 내담자는 만족스러운 대답에 이르게 되는 데 얼마간의 시간이 걸릴 수도 있다. 그러나 당신이 그렇게 할 때 그 내담자는 '의지력'과의 계속적인 투쟁 없이 지속적인 변화를 위한 기반을 갖게 되는 것이다.

관찰 가능성

효과적인 치료 계약은 '관찰 가능한' 방식으로 계약 목표를 구체화해야 한다. 이것은 TA에서 계약 맺기의 핵심이다. '관찰할 수 있는' 것이란 당신의 오감을 이용하여 계약상의 성취를 검토할 수 있는 방식으로 계약이 진술되어야 한다는 것을 말한다(Stewart, 1996a: 78-83). 당신은 계약이 수행되고 있다는 것을 보고, 듣고, 혹은 신체적으로 느낄 수 있습니까? (냄새 맡거나 맛보는 것 또한 몇몇 계약과 관련이 있을 것이다). 만일 '예'라면, 그 계약은 관찰할 수 있는 것이다. 이것을 다르게 말하면, 계약은 지각을 기반으로 한 것이다.

종종 계약 내용의 표현에 대한 세심한 주의는 그 계약이 관찰할 수 있는 것인지 어떤지를 점검하는 데 필요한 것이다. 나는 존과 한 작업을 예로 들어 이러한 점을 상세하게 설명할 것이다.

존: 관찰할 수 있는 계약 맺기

존과 내가 상담 과정에서 처음으로 그가 원하는 변화에 대해 논의하고 있었을 때 그는 '사람들에게 좀 더 가까이 다가가는 것'이 그의 목표들 중의 하나라고 말했다.

이 진술은 다른 사람들과 관계를 맺는 그의 방식을 바꾸기를 원한다는 것을 분명하게 특정화한 것이다. 그러나 그것은 관찰할 수 있는 것과는 거리가 멀었다. 이 목표를 관찰할 수 있는 것으로 변환시키기 위하여, 그와 나는 몇 개의 질문에 대해 대답해야 했다. 우리의 (12회기에서의) 변환 작업은 다음과 같이 진행되었다.

존: 나는 사람들에게 더 가까이 다가가기를 원합니다(과잉 일반화).

상담자: 어떤 사람들요?

존: 아, 내가 잘 알고, 내가 좋아하는 사람들요(여전히 관찰할 수 있는 것이 아님, 구체적으로 '누구?' 이름이 언급되어야 함).

상담자: 그 사람들 중 한 사람의 이름을 말한다면요?

존: 음, 헬렌요(여자 친구임), 그렇고 말고요.

지금 존과 나는 특정한 사람에 대해 이야기하고 있다. 그와 나는 그가 자신의 여자 친구에게 '더 가까이 다가갔을' 때 그가 무엇을 할지 계속 기술해 나갔다.

상담자: 당신이 원하는 방식으로 그녀에게 더 가까이 다가가게 되었을 때 당신과 헬렌은 어떻게 그걸 알 수 있을까요?

존: [잠시 침묵] 왜냐하면 그녀가 나에게 말을 하고 있을 때 나는 나 자신에게 주의를 기울이지 않고 그녀의 말에 귀를 기울일 것이기 때문입니다.

우리는 이제 관찰 가능성에 더 가까이 다가갔다. 왜냐하면 우리는 이 두 사람 사이를 연결하는 구체적 방법에 관해 이야기하고 있기 때문이다. 그러나 우리는 여전히 존과 헬렌이 자신들의 감각 중의 하나를 이용해서 어떻게 알 수 있을지, 존이 '그녀의 말에 귀를 기울일지' '자신에게 주의를 기울이지 않을지'를 단정하지 못했다. 그래서 나는 그에게 다른 질문을 계속했다.

상담자: 당신과 그녀는 당신이 스스로에게 주의를 기울이지
않고 그녀가 하는 말에 귀를 기울이고 있다는 것을 알
수 있을까요?

존: [오랜 침묵] 왜냐하면 내가 그녀에게 말할 시간을 줄
것이고 그런 다음 그녀가 내게 말했던 것에 관해 내가
어떻게 느끼고 있는지를 그녀에게 말할 것이기 때문
입니다.

상담자: 아, 그래서 당신과 헬렌은 당신이 그녀에게 이야기할
시간을 주고 그녀가 이야기하는 것에 대해 당신이 어
떻게 느끼는가를 그녀에게 이야기할 때 당신이 그녀
에게 귀를 기울인다는 것을 안다는 거군요?

존: 맞습니다.

이 지점에서 우리는 존이 시작했던 일반화된 목표를 관찰 가
능한 목표로 바꾸었다. 하지만 한 가지 놓친 것이 있었다. 존은
하고자 '원했던' 무엇인가가 있다고 말함으로써 대화를 시작했
다. 만약 우리가 그것을 확인하는 걸로 그쳤더라면 그는 단순
히 더 많은 특정한 욕구를 가진 채로 머물기만 했을 것이다. 그
는 여전히 그것에 관해 무엇인가를 할 거라고는 이야기하지 않
았다. 그래서 나는 계속 질문했다.

상담자: 그렇다면 내주에 적어도 한 번은 그것을 하고 다시 우
리가 만날 때 나에게 어떻게 됐는지 이야기해 주시겠

어요?

존:　[적합한 어른 자아적인 몸동작을 하면서] 예. 그렇게
　　하죠.

이렇게 해서 우리는 관찰 가능한 계약을 했다.

관찰 가능성이 중요한 이유

왜 관찰 가능성을 그렇게 많이 강조하는가? 한 가지 이유는 이런 종류의 계약에 의해서만 진술된 목표에 도달했는지를 당신이 평가할 수 있기 때문이다. 존과 내가 '사람들에게 더 가까워지는 것'이라는 모호한 목표에 대해 계약을 했다고 가정해 보자. 존과 나는 어느 누구도 그가 그 계약을 충족할 정도로 충분히 가까워졌는지를 이야기할 수 없을 것이다.

더욱이, 존과 나는 '사람들에게 더 가까워지는 것'이 수반하는 것에 대해 가지는 우리의 심상을 비교해 볼 필요가 있었다. '가까워지는 것'에 대한 나 자신의 첫 이미지는 신체적인 근접을 의미했다. 존에게 '가까워지는 것'은 다른 사람과 친밀한 감정을 공유하는 것을 의미한다는 것이 밝혀졌다. 관찰 가능한 계약이 없었다면 우리는 실제로는 우리의 목표가 달랐는데도 같은 목표를 지향하고 있다고 믿으면서 계속 상담을 진행했을 것이다.

계약 목표가 어떻게 긍정적인 시각화의 역할을 하는지를 상기해 보라. 당신이 더 많은 지각적인 세부사항을 시각화에 동원하

면 할수록 그 시각화는 더욱 효과적이 될 거라는 것이 잘 정립되어 있다. 만약 내가 어떤 목표를 달성하기 위해 나 자신에 대한 계획을 세운다면 나는 '음향과 영상'을 총동원해서 내가 바라는 결말을 성취하는 나 자신을 가장 강력하게 상상하는 계획을 짤 것이다. 나는 또 신체적인 감각, 냄새와 맛을 첨가할 수도 있을 것이다. 관찰 가능한 계약을 협상하는 데 있어서 당신과 내담자는 바로 이 과정을 이행해야 하는 것이다.

'관찰할 수 있는' 대 '행동할 수 있는'

TA 문헌에서 효과적인 계약은 '행동할 수 있는' 것이 요구된다고 하는 것, 즉 계약은 특정한 행동을 위한 것이어야 한다는 게 관례적으로 인정되어 왔다. 실제로 이러한 관점은 위에서 서술한 바와 같이 Eric Berne의 계약에 대한 정의에서 중심되는 요소다(Berne, 1966: 362). 무언의 가정은 관찰 가능한 것이 되는 것이며 또한 계약의 진술은 행동 가능한 것이어야 한다는 것이다.

그렇지만 상담 실제에서 사람들이 효과적인 상담에서 행동에 관한 계약만큼이나 '결말'에 관한 계약에 관해서도 종종 동의를 한다. 실제로 나의 경험에 비추어 보면 개인적인 변화에 가장 결정적인 영향을 미치는 계약은 아마도 행동이라기보다는 결말에 초점을 맞춘 것이다. 더군다나 행동뿐만이 아니라 결말도 완벽하게 잘 관찰될 수 있는 것이다. 예를 들면, 다음과 같다.

'나는 적어도 일 년에 최소한 …달러를 받는 새 직장을 얻을

것이다.'

'나는 새로운 파트너와 함께 생활할 것이다.'

'나는 나의 체지방 비율을 15퍼센트로 바꿀 것이다.'

이 진술들은 각기 지각에 기반한 것이기 때문에 이 진술들이 성취한 것을 시각과 청각, 그리고 다른 감각들을 사용해서 조사하는 것이 가능하다. 그러나 이 진술 중 어느 것도 행동을 묘사하고 있지 않고 오히려 결과를 묘사하고 있다. 예를 들면, '새 직장을 얻을 것이다.'는 염원했던 결말이다. 그래서 그 진술은 그 사람이 그 결말을 성취하기 위해 무엇을 하려고 하는가에 대해 아무것도 언급하지 않는 것이다. 결말은 일의 상태를 묘사하고, 반면에 실행은 행동을 묘사한다.

그래서 나는 우리가 전통적인 의미의 '행동 계약'에 상응하는 '실행 계약'의 뜻을 가진 '결말 계약'과 '행동 계약'이라는 용어를 유용하게 사용할 수 있다고 제안했던 것이다(Stewart, 1996a: 67; 2006: 63-4). 효과적인 계약 맺기를 위해서는 결말 계약과 행동 계약 모두 지각에 기반할 필요가 있다.

만일 어떤 계약이 결과를 위한 것이라면 그것은 최소한 실행을 위한 하나의 계약이 뒷받침되어야 한다. 왜 그래야 하는가? 내담자는 무엇인가를 함으로써만 세계와 상호작용을 할 수 있기 때문이다. 만약 내담자가 기대했던 결말이 '새로운 직장을 얻는 것'이라면 그는 그런 결말이 현실화되도록 돕는 행동을 최소한 한 가지라도 수행해야 한다. 만약 그가 실행하지 않으면 새로운 것은 아무것도 일어나지 않는다. 내담자의 결말 계약이 새로운 직장을 얻는 것이라면 그 내담자에게 연관되는 몇몇 실행 계약은 다음과 같은 것이 있을 법하다.

> '지역신문을 사서 구인광고란 읽기'
>
> '이력서를 작성하여 대행사가 인쇄하도록 하기'
>
> '구직 인터뷰에 관한 책 읽기'

내용

완전하게 효과적인 계약 맺기를 위해 그 계약의 내용을 고려하는 것이 현명하다(Stewart, 1996a: 97-102). 계약 내용을 결정하기 위해 당신과 내담자는 다음의 세 가지 질문에 대한 답을 협의할 것이다.

1. 어디서 그 계약이 수행되는가?
2. 언제?
3. 어떤 한정된 조건하에서?

우선 보기에 계약상의 문제는 계약이 지각에 기반해야 한다는 요구에 의해 다루어져야 하는 것처럼 보인다. 하지만 좀 더 자세히 살펴보면 반드시 그렇게 해야만 하는 것이 아니라는 것이 드러난다. 다음과 같은 간단한 행동 계약을 예로 들어 보자. '내주에

나는 이전에 말을 걸지 않았던 세 사람에게 인사를 할 것이다.'

이 진술은 분명히 지각에 기반한 것이다. 그렇지만 그 계약 진술은 현재 상태 그대로 볼 때 내용의 일부를 빠뜨리고 있다. 그 계약의 시간상의 범위는 정말 구체적이다(내주에). 이것은 '언제?'라는 질문에 답을 하고 있다. 그러나 '어디에서'라는 공간상의 범위는 명확하지 않은 채로 남아 있다. 내담자는 버스의 뒷좌석, 슈퍼마켓, 혹은 집에서 세 사람에게 인사를 할 것인가? 아니면 그냥 아무데서나 만나는 자리에서 세 사람에게 인사를 할 것인가?

더욱이 우리는 그 계약 진술로부터 내담자가 그 계약을 수행하지 않게 되는 어떤 상황이 있는지 알지 못한다. 이 상황은 바로 내가 '한정된 조건들'이라고 부르는 것이다. 예를 들어, 여성 내담자가 '새로운 사람에게 인사를 하려고' 하는 데 그 사람이 그녀가 황량한 시가를 지나다 우연히 만난 신원 미상의 남자인 경우를 한번 생각해 보자.

당신은 다음과 같은 몇 가지 구체적인 질문들로 계약 내용의 세 가지 기본적인 양상인 시간, 장소, 그리고 한정된 조건을 분명히 할 수 있을 것이다.

- 어디서? 내담자가 합의된 행동을 어디서 하려고 하는가? 그 것은 예를 들어 그녀의 직장, 혹은 그녀의 집과 같은 몇몇 구체적인 환경 안에서인가? (여기서 해야 할 점검 질문은 '그 장소의 이름은?'이다.) 혹은 그것은 일반적인 환경 안에서, 이를 테면 버스 뒷좌석에 있을 때나, 아니면 거리에서의 어떤 시

간에 이루어지는가? 혹은 그 실행 계약은 어느 곳이나 모든
곳에 적용되는가?

• **언제?** 당신은 내담자에게 다음과 같은 질문을 함으로써 계약
내용의 시간상의 범위를 조사할 수 있다.

  '언제까지?'

  '지금으로부터 몇 주, 몇 달, 몇 년?'

  '얼마나 자주?'

  '몇 번이나?'

  '당신이 시작한 이래로 얼마나 오랫동안?'

중요한 목적은 "예, 그 계약은 지금 완료되었습니다."라고 기
꺼이 말하기 위해 얼마나 오래(혹은 얼마나 자주) 그 계약 진
술을 실행에 옮겨야 하는지에 관한 진술을 유도하는 것이다.
그녀는 그것을 한 번 할 필요가 있는가? 만일 여러 번이라면
몇 번이나? 만일 초점이 (체지방 감소를 위한 계약에서와 같은)
과정상에서의 최종 목표를 성취하는 데 있다면 그러한 목표
를 추구하는 상황이 내담자가 계약목표가 성취된 것으로 간
주하게 될 때까지 얼마나 오랫동안 지속될 필요가 있는가?

• **어떤 한정된 조건들 하에서?** '한정된 조건'은 물론 '어디서'와
'언제'에 의해 이미 부분적으로 규정된 것이다. 또한 당신은
그 계약을 수행하려고 하는 내담자와 함께 상담 계획을 세
워 나가면서 한정된 조건들을 특정화하기 시작하였을 것이

다. 내담자는 특정한 어느 한 사람이나 특정한 어느 한 그룹의 사람들, 예를 들면 자신의 자녀나 현재 그와 함께 사무실에서 일하고 있는 다섯 사람과 함께 그 계약을 수행하려고 하는가? (다시 여기서 해야 할 점검 질문은 '함께하는 사람의 이름은?'이다.) 혹은 그 계약은 일반적으로 규정되어 있는 그룹, 예를 들면, 직장 동료들, 혹은 아직 만나보지 못한 어떤 사람들과 함께 있으면서 완료될 것인가? 혹은 내담자는 구체적으로 어떤 사람과, 아니면 모든 사람과 함께 그 계약을 수행하려고 하는가? 부가적인 다음의 질문이 유용할 것이다.

'상대방은 우선 무엇을 해야만 하는가?'
'당신은 이것을 할 때가 되었다는 걸 어떻게 알 것인가?'
'당신이 이것을 하지 않으려는 상황은 어떤 것인가?'

'비가시적인 내용'을 주의하라

다음과 같은 내용의 진술에 동의하는 것도 주의해야 한다.

'나는 보여 주는 것이 적절할 때 나의 감정을 보여 줄 것이다.'
'나는 내가 화를 느낄 때 나의 파트너에게 화를 표현할 것이다.'

이와 같은 진술들의 공통적인 특징은 내담자 자신만의 내면적 경험만을 언급할 뿐 외적으로 관찰 가능한 것들은 언급하지 않는 내용적 상황을 특정화하고 있다는 것이다. 나는 이것을 '비가시적인 내용'이라고 부른다.

이들 '비가시적인 내용' 진술들은 적절한 신중함의 표현인 것 같기도 하고 가끔 실제로 그러한 표현일 경우가 많다. 그러나 나의 경험상 그것들이 자백인 경우가 더 흔하다. 자각하지도 못한 채 그 사람은 그러한 표현으로 각본 변화를 막아 내고 있는 것이다. 그녀는 아마도 그녀의 감정을 보여 줄 수 있는 '적절한' 때는 결코 오지 않을 것 같다는 것을 발견하게 될 것이고 그녀가 막 분노를 표현하려고 하는 바로 그때 설명하기 힘들지만 '분노를 느끼지' 않게 되는 걸 발견하게 될 것이다.

이러한 종류의 '비가시적 내용'을 골라내는 유용한 점검 질문은 다음과 같다.

> '내가 만약 몰래 엿듣는 사람이었다면, 당신이 어떻게 느끼는가를 보여 줄 "적절한" 때가 당신에게 왔다는 것을 내가 어떻게 알 수 있었을까요?'
>
> '당신이 분노를 느끼고 있다고 믿지 않을 때조차 당신은 분노를 기꺼이 보여 줄 것입니까?'

아마 내담자가 자율적으로 그런 내용을 부분적으로나 전체적으로 특정화하지 않은 채로 놔두겠다고 결정하는 그런 경우가 간혹 있을 것이다. 그런 경우에는 공개된 내용이 그 사람에게 더 많은 유연성을 주게 되고 그리 되면 그 사람이 어디서, 언제, 누구와 함께 그 계약을 수행할 건지를 결정하는 데 더 많은 진정한 선택사항을 주게 될 것이다.

계약 맺기와 각본 변화

비록 TA에서의 계약이 매우 구체적인 새로운 결말들이나 행동에 전형적으로 초점을 맞추긴 하지만 그것들 자체 내에서의 그런 변화들이 계약의 유일한 목적이 되는 경우는 거의 없다. 그 계약이 '내담자가 각본에서 벗어난 움직임을 지시하기' 때문에 특정한 변화가 선택되는 경우가 흔하다. 이것이 바로 왜 계약 맺기가 내담자가 가진 각본 신념과 라켓 체계의 다른 특징들에 관한 지식에 의해 안내될 필요가 있는지를 설명해 주는 이유다.

존: 계약 맺기와 각본 변화

앞의 사례 인용에서 존은 '사람들과 더 가까워지기'를 원한다고 말함으로써 상담을 시작했다. 그 목표의 최종적인 관찰 가능한 방안은 일주일 동안 최소한 한 번은 그가 그의 여자 친구에게 말할 시간을 주고 그녀가 말한 것에 대해 그가 어떻게 느끼는지를 그녀에게 말하는 것이었다.

이 관찰 가능한 계약은 내가 기술해 온 것과 같은 다양한 이점을 가지고 있다. 그렇지만 그것은 우선 보기에 존이 가져온 문제를 사소하게 만드는 것같이 보일지도 모른다.

그가 진술한 문제는 여자 친구의 이야기를 듣고 그녀에게 피드백하는 것에 시간을 보낼 것인지의 여부가 아니라 사람들과 가까워지는 것에 관한 것이었다.

그러나 당신이 존의 각본을 구체적인 목표와 관련지어 볼 때, 당신은 그것이 광범위한 문제를 제기한다는 것을 알게 될 것이다. 존은 '사람들과 가까워지는 것'에 어려움을 겪어 왔다. 이것은 우리가 그의 라켓 체계에 대한 정보를 수집할 때 이미 발견한 것, 즉 그의 각본 신념의 하나였던 '난 가까이해서는 안 돼.'를 반영한 것이다. 지금 그는 '사람들과 가까워지는 것'의 한 방법이었던 어떤 행동에 대해 계약을 하고 있다. 그렇게 하는 데 있어서, 그는 각본 신념에 도전하는 방식으로 신중하게 행동하고 있다.

이 행동 변화는 지금-여기에서의 당면한 상황에서는 전혀 공격적이지 않지만 어린이 자아상태의 존에게는 굉장한 함의를 가진 것이다. 그것은 그의 어린 시절 이후로 계속해서 자신의 생존에 필수적인 것으로 보았던 행동양식을 깨뜨리고 있는 것을 의미했다.

마침내 존은 다음의 두 회기에서 각각 자신이 그 행동 계약을 수행했었다고 보고하였다. 이것을 하는 데 있어서 그는 자신이 가진 이유 없는 공포에 대담하게 정면으로 맞섰다. 그는 유아기 때 결정했던 전략들을 사용하지 않고서도 성인으로서 생존할 수 있다는 경험을 하였고 그런 경험을 학습하는 과정을 시작했다. 이런 학습은 어른 자아에서뿐만 아니라 어린이 자아에서도 이루어졌다. 존에게 그것은 각본에서 벗어나 자율성에 이르는 이정표와 같은 움직임이었다.

각본 변화의 이정표로서의 행동

내담자들과 함께한 나의 작업에서 나는 계약적으로 합의된 행동이 각본 변화를 위한 '이정표'와 같은 역할을 한다고 설명한다.

행동의 이정표는 아마 내담자가 상담 회기에서나 상담과는 관계없는 곳에서 하려고 하는 그 무엇을 의미할 것이다. 존은 내가 지금까지 기술해 온 계약을 완료한 직후 회기 내 행동에 대한 또다른 계약을 다음과 같이 체결했다. "나는 상상 속에서 나의 아버지를 다른 의자에 앉게 할 것이고, 그에게 무슨 일이 있더라도 계속 살 것이라고 말할 것이다."

만약 당신이 회기가 끝난 후의 행동의 이정표에 관해 협의를 한다면 내담자는 그것에 관해 보고해야 한다는 것을 계약상 구체화할 필요가 있다. 그렇지 않다면 당신이 관련되는 한 그 계약은 관찰 가능한 행동에 대한 것이 아닐 것이다. 이와 유사한 관점이 내담자가 바랐던 결말이 특정한 사람이나 상황에 관해 '다르게 느끼는' 것일 때 적용된다. 그와 같은 경우에서도 당신의 효과적인 응답은 내담자에게 자신들이 원하는 방식으로 언제 다르게 느끼는지를 당신에게 말하도록 계약을 체결하기를 권유하는 것이다. 행동의 이정표라는 것은 바로 그 '말해 주는 것'인 것이다.

계약 맺기와 치료 방향

2장에서 당신은 '치료 삼각형'을 알았다([그림 2-1]). 그것은 '계약' '진단' 그리고 '치료 방향' 간의 세 갈래 상호작용이 어떻게 이루어지는지를 보여 준다. 이 중에서 치료 방향은 무엇을 중재하고, 어떻게 중재하며, 어떤 순서로 중재해야 하는지에 대한 결정을 수반한다.

치료 순서 중 이 단계에서 당신은 접수상담(5장)에서와 내담자의 라켓 체계(6장)에 대한 세부사항을 수집함으로써 이미 진단자료를 모았다. 당신은 이제 이 정보를 치료 삼각형의 다른 두 부분과 연관 지을 수 있다. 내담자의 각본과 변화를 위한 일반적 목표에 관한 당신의 지식에 비추어서 볼 때 내담자에게 각본에서 벗어나는 움직임을 촉진시키기 위해서는 어떤 계약을 권유할 수 있겠는가? 내담자에게 어떤 순서로 시작하자고 권유할 수 있겠는가? 이 질문들에 대답함으로써 당신은 치료를 위한 효과적인 방향을 결정하는 데 도움을 받을 수 있을 것이다.

언제나 그렇듯, 당신이 짠 치료 계획의 초기 버전은 당신과 내담자가 함께 작업을 해 감에 따라 변경될 것이다.

이어지는 하위 섹션에서 나는 당신이 치료 방향을 결정하면서 각본의 역동성에 관한 당신의 지식을 어떻게 사용할 수 있는가를 논의할 것이다. 그리고 계속해서 계약관리의 실제적인 몇몇 양상들을 검토할 것이다.

계약과 각본의 역동성

당신은 그 사람이 복합 각본 신념을 가지고 그 안에서 한 가지 각본 신념을 더 치명적인 신념을 방어하는 방어물로 사용한다는 것을 언급한 6장의 내용을 기억할 것이다. 예를 들면, 다음과 같다.

> '나는 누구와도 가까워지지 않는 한, 계속 살 수 있을 거야.'
> '내가 열심히 공부한다는 조건이면 나는 존재해도 좋아.'
> '나는 다른 사람들을 만족시킬 때에만 어떤 집단에 소속될 수 있어.'

6장의 논의를 재검토해 보면 당신은 복합 결정에 관한 지식이 계약 맺기에 얼마나 중요한지를 알 수 있을 것이다. 이 지식은 당신이 내담자에게 다른 계약 목표를 다루어 보자고 권유하는 순서를 결정하는 데 도움을 줄 것이다. 요약하자면 따라야 할 지침들은 다음과 같다.

- 내담자가 비상구를 닫을 때까지 각본 변화를 위한 어떠한 계약도 권유해서는 안 된다. 각본상의 변화를 위한 어떤 계약이 '나는 존재해서는 안 돼.'라는 각본 신념을 나타나게 할 위험성이 항상 있기 때문이다. 비상구들을 닫음으로써 내담자는 그런 위험을 막아 내는 보호장치를 가지게 된다.
- 만약 당신이 있을 법한 어떤 복합 신념을 식별해 내었다면

내담자가 방어하고 있는 신념을 바꾸는 계약을 권유해 보라. 방어물로 사용되고 있는 신념을 다루는 것으로 시작해서는 안 된다. 위의 예시들 중 세 번째에서 내담자에게 집단 속에서 무조건적으로 편한 마음을 가질 수 있도록 허용해 보라고 요청함으로써 시작할 수도 있을 것이다.

존: 계약 맺기와 치료 방향

나는 이미 6장에서 존이 가졌을 법한 복합 신념을 포함하여 존의 라켓 체계의 내용에 대한 나의 평가를 기술했다. 그가 제시하고 있는 문제는 주로 감정적으로 다른 사람들에게 가까워지는 데에서 겪는 어려움과 관계된 것이었다. 그렇지만 나는 그가 '나는 존재해서는 안 돼.'('내가 누구와도 가까이하지 않는 한, 나는 계속 살 수 있을 거야.')를 막아 내는 방어 신념으로 '나는 가까이해서는 안 돼.'를 사용하고 있다고 판단했다.

존은 비상구를 닫는 데 비교적 오랜 시간이 걸렸다(7장). 그는 열한 번째 회기 때까지는 그것들을 닫지 않았다. 그래서 나는 그때까지는 존에게 각본 변화를 위한 계약을 체결하자고 권유하지 않았다. 그렇지만 우리는 이러한 초기 회기 동안에 순전히 탐색적인 일련의 계약에 대해 합의했다. 존은 자신이 어떻게 스스로 고통스러운 각본 결말을 설정했는지를 알아내는 데 집중할 수 있었다.

비상구를 닫을 때쯤 존은 '나는 존재해서는 안 돼.'를 방어하는 어른 자아의 보호를 받았다. 그래서 우리가 그러한 시점에서 어떻게 계속 진행해야 하는지를 설계함에 있어서 나는 그가 '나는 존재해서는 안 돼.'를 방어하는 방어물로 사용해 왔던 결정, 즉 '나는 가까이해서는 안 돼.'를 변경시켜도 안전할 거라는 판단을 할 수 있었다. 그의 첫 번째 치료 계약은 마침내 다른 사람들과 적절하게 가까워지는 방법들에 집중되었다.

📷 자기 수퍼비전 8.1

계약 맺기와 치료 방향

치료 순서의 각 단계를 거치면서 당신과 함께 작업해 온 내담자를 고려하라. 이번 자기 수퍼비전에서 나는 이 내담자가 비상구를 닫았다고 가정할 것이다.

당신이 내담자와 함께 논의했던 상담 과정 내에서의 변화를 위한 목표들을 고려하라. 이러한 것들을 모두 내담자의 라켓 체계의 세부사항(6장)에 대해 당신이 가지고 있는 지식과 연결시켜라. 다음과 같은 치료 계획의 특성에 관해 초기 판단을 하는 데 이 종합적인 증거를 사용하라. 고려해야 할 질문은 다음과 같다.

1. 내담자가 원한다고 말했던 개인적인 변화를 성취하는 데 갱신해야 할 필요가 있는 주요 각본 신념들은 어떤 것인가?
2. 당신은 이것이 어떤 복합 신념에서의 변화를 수반할 거라는

증거를 가지고 있는가? 만일 가지고 있다면 계약상의 변화에서 내담자가 우선 다룰 필요가 있는 복합 신념의 부분은 어떤 것인가?(참고: 만약 방어하고 있는 신념이 '나는 존재해서는 안 돼.'라면 비상구 닫기는 내담자가 그 복합 신념의 다른 부분을 바꿀 수 있는 상황에서 어른 자아의 보호를 줄 것이다. 그렇지만 '나는 존재해서는 안 돼.'는 어떠한 경우에서나 항상 우선적으로 다루어져야만 한다. 내담자가 치료상의 몇몇 단계에서 이 신념을 갱신하는 것은 일반적으로 치료적인 것이다.

3. 그녀는 라켓 체계에 목록으로 올려놓은 익숙한 감정들과는 다른 감정들을 표현하는 계약을 할 것인가? 그녀는 자신의 각 본 신념들로 대변되는 오래된 사고를 갱신하는 계약을 할 수 있는가? 그녀는 어떻게 라켓 표현하에서 목록화된 반복적 행동들 중의 하나에서 계약상의 변화를 이룰 수 있는가?

전반적인 계약과 회기 계약

종종 내담자가 진술한 계약 목표가 달성되기 위해서는 얼마간의 시간이 필요하다. 그렇기 때문에 목표를 달성하려는 그의 작업은 다수의 상담 회기에 걸쳐 광범위하게 이루어진다. 이러한 종류의 주요한 목표를 위한 계약은 일반적으로 '전반적인 계약'(overall contract)이라고 불린다.

당신의 작업에 계속적인 방향성을 갖기 위해서 당신과 내담자가 어느 주어진 상담 회기 동안 초점을 맞출 수 있는 '계약 내 단기 계약'을 수립하는 것이 일반적이다. 이것은 '회기 계약'으로 알려져 있다. 앞에서 기술한 '결말'과 '행동'이라는 말을 빌려 표현한다면 전반적인 계약은 흔히 결말에 대한 것이고, 반면에 회기 계약은 그 결과를 보조해 주는 실행에 대한 것이다.

회기 계약은 전반적인 계약을 촉진해야 한다. 예를 들어, 전반적인 계약이 '성인으로서의 나에게 적절한 방식으로 사람들과 가까워질 수 있도록 충분히 허용할 것이다. 그리고 이 변화를 분명히 하기 위하여 나는 6개월 동안 나와 같이 작업하는 네 명의 사람들과 절친하게 지낼 것이다.'라고 가정해 보자. 그러면 가능한 회기 계약은 다음과 같을 것이다.

'나는 이 회기의 끝 무렵에 절친하게 지낼 첫 번째 사람이 누가 될 것인지를 결정할 것이다.'

'나는 상상 속에서 내 앞에 어머니를 앉혀 놓고, 그녀에게 다른 사람과 가까이 지내지 말라는 아동기 명령에 대해 어떻게 느끼는지를 말할 것이다.'

'나는 내가 다른 사람들로부터 멀찍이 떨어져 있어야만 한다고 결정을 하고 있을 어린 시절의 한 장면을 만나야 할지를 알아보기 위해 기억을 더듬어 볼 것이다. 내가 그와 같은 장면을 정말 만난다면 나는 그 오래된 결정을 새로운 결정으로 바꿀 수 있을 것이다.'

내담자는 그 회기가 끝나기 전에 그 회기 계약을 완수할 수도 있을 것이다. 만약 그렇다면, 당신과 그는 그러한 사실을 기록해 두고 계속해서 차후의 분명한 계약을 협상하는 것이 중요하다. 예를 들어, 내담자가 위에서 목록화한 가능한 회기 계약들 중 첫 번째의 것을 채택했다고 가정해 보자. 그 회기가 끝나기 전에 그는 앞으로 그가 다가가려고 하는 사람의 이름을 분명히 말해야 한다. 당신은 "당신이 하려고 한 것이 분명해졌네요. 축하합니다."라고 말함으로써 이런 변화를 한 내담자에게 스트로크를 줄 수도 있을 것이다. 그런 다음 계속해서 "자, 이제 남아 있는 회기 동안 무엇을 얻고 싶습니까?"라고 물을 수 있을 것이다.

당신의 내담자는 계속해서 또 다른 부분에서 실제적인 변화를 원한다고 할 수도 있을 것이다. 혹은 어쩌면 그는 남은 회기 동안 긴장을 풀고 단순히 '그냥 있는' 조용한 시간을 가지는 것을 선호할 수도 있을 것이다. 어느 쪽이든 당신과 그는 당신들 사이에서 동의되고 있는 것에 관해 분명한 상태로 있는 것이다. 당신의 새로운 계약에 대해 명시적이 됨으로써 당신은 계약상의 작업에서 이탈하여 몇몇 숨은 의제를 추구할지도 모를 위험성을 최소화하고 있는 것이다.

회기마다 분명한 계약

Mary Goulding과 Robert Goulding(1979)은 각 회기마다 시작하는 시점의 중요성을 강조했다. 시작 시점은 그 회기의 진정한 의제가 당신과 내담자 사이에서 합의되는 시간이다. 당신은 그 회기에서 변화를 위한 분명한 계약을 시작할 수도 있고 은밀한 의제를 반영하는 심리적 수준의 메시지를 교환할 수도 있을 것이다.

만약 후자의 경우가 일어난다면 그 결말은 내담자가 자신의 각본을 촉진시켰다는 것을 의미할 것이다.

그러므로 당신은 각 회기의 처음 몇 초 동안 교환될 수도 있을 어떤 언어로 표현되지 않은 메시지에 세심한 주의를 기울이는 것이 중요하다. 당신은 또한 이 장의 마지막 섹션에서 약술된 것과 같은 종류의 '출구'를 경계할 필요가 있다.

당신은 또한 내담자가 그 회기에서 무엇을 원하는지 명시적으로 묻는 것으로 회기를 시작하면 분명한 회기 계약을 성취하는 데 도움이 될 것이다.

다음은 Robert Goulding의 모범적인 시작 질문이다.

'당신은 무엇이 변하기를 원합니까?'

가능한 변형 질문들은 다음과 같다.

'당신은 어떻게 변하길 원합니까?'
'당신이 이 회기의 끝 무렵에 얻고 싶은 것은 무엇입니까?'

이와 같은 회기 개시는 당신이 모르는 사이에 여러 문제들에 '골몰'하거나 내담자의 문젯거리에 '관한 이야기'에 빠져드는 기회를 회피하도록 도와준다. 그것들은 실제적인 변화를 위한 정신적인 환경을 만들어 주는 것이다. 그것들은 당신과 내담자 모두가 그 문제로 돌아가는 것이 아니라 원했던 결말로 나아가는 것을 도와준다.

일단 한번 내담자가 그 회기에서 성취되어야 하는 목표에 관해 분명한 진술을 당신에게 주었다면 당신은 그녀에게 이 회기 계약이 그녀의 전반적인 계약을 촉진하는 데 어떻게 기여하게 될 것인가를 명료하게 설명해야 할 것이다.

행동 과제

당신은 내담자에게 한 회기와 다음 회기 사이에 특정한 행동을 수행할 것을 제안할 수도 있을 것이다. 이것은 '행동 과제'로 알려져 있다. 선택된 행동은 현재의 전반적인 계약을 촉진시키는 행동이다. 예를 들어, 전반적 계약이 '가까워지는 것을 허용하는 것'인 내담자는 어떤 행동 과제에 동의할 것이다. 즉, 이번 주 중에 세 명의 직장 동료에게 그들의 이름을 부르면서 인사하고 이어서 다음 회기에 다시 보고하기와 같은 행동 과제에 동의할 것이다.

회기 계약에서처럼 행동 과제의 경우에도 당신이 내담자의 명시적인 어른 자아의 동의로 당신이 제안하는 어떤 행동을 수행해 보도록 권유하는 것이 필요하고 그러한 동의가 적합하게 이루어졌는지 그리고 확실하게 이루어졌는지를 확인할 필요가 있다. 그렇지 않다면 당신은 계약에 의거한 작업을 하고 있는 것이 아닐 것이다.

계약 진행 과정 추적하기

치료에서 분명한 방향을 유지하기 위해 당신은 내담자의 계약 진행을 계속 놓치지 않고 따라가는 것이 필요하다. 나는 이런 주의 깊은 계약 추적을 묘사하기 위해 '계약 관리'란 용어를 사용한다.

당신은 매 회기를 시작할 때 당신이 내담자와 함께 시행 중인 전반적인 계약을 숙지할 필요가 있다. 아마도 당신과 내담자는 이전 회기에서 회기 계약에 합의를 했을 것이다. 그 계약은 성취되었는가? 만약 그렇다면 내담자는 계속해서 현재 회기 동안 각본에서 벗어나는 것을 촉진해 줄 수 있을 무엇인가를 하기를 원하는가? 만약 지난 회기의 계약이 성취되지 못했다면 그 내담자는 계속해서 현재 회기에서 같은 목표를 다루려고 하는가? 아니면 그걸 포기하고 새로운 것을 시작하기를 원하는가?

당신은 마지막 회기에서 행동 과제에 동의했는가? 만약 그랬다면 내담자에게 그것을 어떻게 수행할 것인지를 묻는 것이 중요하다. 만약 내담자가 성취했다면 당신은 내담자에게 스트로크를 주는 기회를 가지게 되는 것이다. 만약 그렇지 않다면 당신과 내담자는 어떻게 자신을 멈추었는지를 검사하고 그녀가 무엇을 다르게 했는지를 논의할 수 있다. 만약 당신이 내담자에게 어떻게 했는지를 물어보지 않는다면 그녀는 어린이 자아상태에서 당신이 그녀에게 관심이 없거나 혹은 각본 속에 머무르는 걸 묵인하고 있다고 받아들일 것이다.

계약 관리를 돕는 조력자로서 당신은 계약에 대한 기록 관리를 계속해야 할 것이다. 이것을 하는 한 가지 유용한 방법은 종이 한 장을 세로로 두 개의 칸으로 나누어서 거기에다 기록을 하는 것이다. 왼쪽 칸에 당신은 내담자의 전반적인 계약을 기록한다. 오른쪽 칸에는 관련된 회기 계약과 행동 과제의 목록을 작성한다. 당신은 언제 각 계약 목표가 처음으로 합의되었고, 그것들이 완료되었는지, 재협상되었는지, 포기되었는지를 보여 주는 모든 기재 사항들에 날짜를 적어 넣을 수도 있을 것이다.

'고의적인 방해' 다루기

당신은 당신의 내담자가 자신의 각본 결정을 자신의 욕구 충족과 심지어 생존에 필수적인 것으로 인식하게 될 것임을 상기하라. 이러한 준거 틀 안에서는 각본에서 벗어나는 움직임이 모두 하나의 위협처럼 보일 것이다.

이런 이유로 그녀는 계약 맺기 과정을 '고의적으로 방해'하는 온갖 종류의 방법들을 찾을 것이다. 나는 '고의적인 방해'(sabotage)라는 단어에 인용부호를 표기했다. 왜냐하면 어린이 자아상태에 있는 내담자에게 그 동기는 고의적으로 방해하는 것과는 정반대이기 때문이다. 그것은 아동 초기에 그녀가 위험한 상황을 모면하고 생존하는 데 기여해 온 방식들을 고수하려는 시도다. '고의적인 방해'는 그녀의 의식적인 자각 없이 이루어지는 것이다.

그러므로 당신과 내담자는 내담자의 각본을 은밀하게 촉진하는 어떤 계약에 착수하지 않는다는 것을 분명히 해야 한다. 이것을 달성하기 위해서 당신은 일반적으로는 인생각본에 대한 당신의 지식 그리고 구체적으로는 내담자의 각본에 대한 당신의 지식을 사용할 필요가 있다. 계약 맺기 과정 동안에 당신의 어른 자아의 판단과 평가를 사용해야 할 뿐만 아니라 내담자의 내면의 '화성인'과 같은 가공의 존재와도 박자를 맞출 수 있는 당신의 직관을 사용할 필요도 있다.

어떤 내담자들은 자신의 각본을 위협하는 계약에서 빠져나갈 수 있는 은밀한 방법을 아주 끈질기게 찾는다. 이러한 상황에서 당신은 계속 진행해서 '정말 상담을 해 볼까'라는 유혹을 느낄 수도 있다. 비록 당신이 그 계약 목표가 뭔지 혹은 그것이 내담자의 각본 신념을 촉진할 것인지에 관해 확신하지 못할 때도 말이다. 그와 같은 경우에 내가 이렇게 했을 때 내가 항상 실수한 것으로 판명되었다. 상담자와 내담자는 분명하고 무각본적인 계약에 도달하기 위해 필요한 만큼 많은 시간을 보낼 필요가 있다. 그렇지 않다면 이어지는 작업들은 움직이는 모래 위에 선 것과 같을 것이다.

여기 당신이 직면할 만한 몇몇 종류의 '고의적인 계약 방해'와 그것들에 어떻게 대면해야 하는지에 관한 몇 가지 제안들이 함께 제시되어 있다.

각본 신념을 촉진시키는 계약

계약 내용이 내담자의 진정한 각본에 있는 신념들 중의 하나를 촉진시킬 수도 있다는 단서를 찾으면서 이야기를 들어 보라. 이를테면 어떤 내담자가 "나는 나의 감정을 통제하기 위해 도움을 원합니다."라고 말하면서 당신에게 올 수도 있을 것이다.

당신이 내담자의 라켓 체계 세부사항을 수집할 때 '나는 느껴서는 안 돼.'가 그의 각본 신념들 중의 하나임을 발견했다고 가정해 보자. 만약 당신이 이 계약을 받아들였다면 위의 발견으로 당신이 그의 각본을 촉진시킬 수도 있다는 것을 알게 될 것이다.

그러면 계약을 받아들이는 대신 당신은 내담자가 자신의 감정을 억누르고 있다는 것을 자각하도록 권유해 볼 수 있을 것이다. 당신과 내담자는 계속해서 그가 이러한 감정들을 경험해 보고 그것들을 안전하고 적절하게 표현하도록 돕는 계약에 합의할 수도 있을 것이다.

이와 유사한 주의사항이 대항각본 신념에도 적용된다. 일례로 '더 많은 일을 하되 더 적은 실수를 하기 위해 도움을 원합니다.'라고 말하는 내담자를 들 수 있다.

그의 대항각본을 조사하자마자 당신이 '나는 열심히 일해야만 돼.'와 '나는 내가 모든 것을 바르게 할 경우에만 받아들여질 만해.'를 발견했다고 가정해 보자. 이런 상황에서 그가 제안한 계약을 받아들이는 것은 단순히 그를 자신의 대항각본 속으로 더 깊이 함몰되도록 도와주는 것 이상이 아닐 것이다. 그에게 있을 법한 결말은 스트레스를 주는 문제에 괴로워하다가 몸이 망가지는 것일 것이다.

그 대신에 당신은 내담자에게 그의 노동과 완벽주의가 욕구 충족을 위한 전략으로 쓰기에는 이미 철이 지났다는 것을 알게 되도록 도와줄 수 있을 것이다. 그리고 당신과 내담자는 비각본적인 방법으로 이들 욕구를 충족하는 것을 허용해 줄 다른 계약을 계획해 볼 수도 있을 것이다.

계약 출구

계약에는 언어로 표현되지 않은 '고의적인 방해'를 무심코 드러내는 어법적인 버릇들이 수없이 많다. 이러한 것들을 탐지해 내기 위해 문명사회에서 의미하게끔 되어 있는 것이라기보다는 말해지고 있는 문자 그대로의 의미로 화성인에게 귀를 기울여 보라.

Mary Goulding과 Robert Goulding(1979)은 당신이 '출구'(let-outs)에 대해 듣자마자 이들 '출구'를 대면하는 것이 얼마나 중요한지를 강조해 왔다. 만약 당신이 사회적 수준의 내용에 기초하여 출구를 무시하고 계속 진행한다면 아마도 어린이 자아상태에 있는 당신의 내담자는 이것을 자신의 각본을 촉진시키는 데 사용할 것이다. 가장 빈번한 언어적 출구는 다음과 같다.

• '연구하다': 당신은 내담자에게 "당신은 상담을 통해 무엇을 얻고자 합니까?"라고 묻는다.
  내담자는 "나는 권위 있는 인물에 대해 내가 느끼는 공포의 감정을 연구하고 싶습니다."라고 대답한다.
  이 대답이 의미하는 바는 말한 그대로다. 내담자는 모르고 있겠지만 그의 은밀한 의도는 무엇인가를 바꾸어 보겠다는 것이라기보다는 어떤 문제를 한없이 '연구하기' 위해 상담 회기를 사용하겠다는 것이다. 당신은 화성인에게 그 내담자의 이목을 집중시킴으로써 어른 자아로 이것에 맞설 수 있다. 어린이 자아의 대안(Goulding & Goulding, 1979)은 의자에서 몸을 뒤로 젖히고 지루하다는 자세를 취하고 나지막하게 '연구, 연구, 연구……'를 읊조리는 것이다.

- **미결(未決)의 비교급 표현:** 때때로 내담자는 '나는 더 많은 자신감을 얻는 데 도움을 청하러 왔습니다.'와 같은 말을 할 것이다. 이 같은 표현의 형태를 살펴보면, 그는 비교급 '더 많은'을 사용하고 있지만 '무엇보다 더 많은'이라고 지칭하지 않고 있다. 비교급 표현이 이런 식으로 '미결'된 채이기 때문에 당신이나 당신의 내담자는 그 누구도 내담자가 얼마나 더 많이 자신감을 가지게 될 것인가를 알 수 있는 방법이 없는 것이다. 이런 출구를 가지는 어린이 자아의 목적은 '연구하다'의 목적과 유사하다. 즉, Goulding 부부가 '영원한 계약'이라고 부르는 것을 산출하기 위한 것이다. 이것에 맞서기 위해 당신은 내담자에게 '충분히 자신감 있는' 행동에 대해 지각에 기반을 둔 묘사를 해 보라고 권유할 수 있다.

- **'시도하다':** 이 출구는 보통 계약 협상의 마지막을 향하고 있는 것으로 보인다. 당신과 내담자는 구체적인 행동 가능한 목표에 합의를 한 것으로 보인다. '그래서 이제 ……을(합의된 행동이라면 무엇이든) 해 보시겠어요?'라고 물어봄으로써

그 합의를 간단히 요약할 것이다.

내담자는 "예, 시도해 보겠습니다."라고 대답한다.

문자 그대로의 의미가 보통 진짜 의미일 경우가 많다. 내담자는 동의하고 있는 것처럼 보이는 것을 '시도'할 것이다. 그러나 그는 실제로 그것을 하지는 않을 것이다. 만약 그가 그것을 했다면 그는 더 이상 그것을 시도할 필요가 없을 것이다.

- '원합니다' '할 수 있습니다' '내 생각엔 ……을 할 것입니다': 이런 모든 표현들은 '시도하다'와 똑같은 취지를 가지고 있다. 흔히 이런 표현들의 문자적 의미는 내담자가 실제로 말하는 의미를 전달한다. 당신은 '시도하다'에 응답한 것과 같은 방식으로 응답할 수 있다. "나는 당신이 시도할 거라고(원한다고, 할 수 있다고, 당신이 생각하기에 할 것이라고) 들었습니다. 이제, 해 보시겠어요?"

만약 내담자가 "예, 할 것입니다."라고 대답하면, 이 같은 애매한 비언어적 단서들을 주의하라. 그것들은 아마도 어린이 자아상태에 있는 내담자가 주는 심리적 수준의 메시지, 즉 '나는 지금 바른 것을 말하려고 했지만 거짓말을 할 수밖에 없었다.'라는 메시지를 전하고 있는 것으로 보인다.

이러한 모든 출구는 어린이 자아상태에 있는 당신의 내담자가 자신의 각본 신념에 대해 위협이라고 본 것을 방어하고 있음을 보여 주는 것이다.

다음 9장에서 나는 사람들이 자신들의 각본 신념을 어떻게 방어하는지를 좀 더 상술할 것이다. 그리고 당신의 내담자가 지금-여기서의 당면한 현실에 맞서 이러한 아동기 신념들을 시험하는 것을 도울 수 있는 방법들을 제시하고자 한다. 내담자가 그렇게 해 봄으로써 실제적인 각본 변화 속으로 옮겨갈 것이기 때문이다.

『TA 상담 개발』에서 더 읽을거리

『TA 상담 개발』(Stewart, 1996a: 포인트 9~16)의 전체 섹션은 효과적인 계약 맺기에 대한 차후의 주의사항을 위한 것이다.

9장
낡은 신념 도전

각본 신념, 재정의와 디스카운트
교류 재정의
디스카운트
디스카운트 매트릭스
라켓과 게임 직면
『TA 상담 개발』에서 더 읽을거리

　어떤 사람이 각본을 따를 때 자신이 아동기에 결정했던 자기제 한적인 '각본 신념'을 재연하고 있다는 것을 3장과 6장에서 이미 살펴보았다. 이렇게 행동할 때 그는 자신의 라켓 체계를 구성하 는 부적응적인 감정과 행동을 반복하기가 쉽다. 그러므로 상담에 서 주안점을 두어야 할 주요 사항은 내담자로 하여금 자신의 각 본 신념들이 지금-여기서의 현실에 적절한지 점검하게 하는 것 이다. 그가 그렇게 해서 이러한 낡은 신념을 점점 변화시켜 나간 다면 그는 각본으로부터 벗어나서 자율성을 찾게 될 것이다.

각본 신념, 재정의와 디스카운트

내가 이 장에서 기술하고 있는 많은 중재 사항들은 'Schiff 이론' 혹은 '카텍시스'(Cathexis, 정신분석학 용어, 심적 에너지가 어떤 대상에 집중되거나 집중되는 대상을 언급 – 역자 주, 이 이론의 세부사항을 좀 더 알고자 한다면 Schiff et al., 1975; Stewart & Joines, 1987: 173-203 참조) 이론의 한 영역에서 발전되어 온 것들이다. 다음의 '핵심 개념'에서, 나는 이 장에서 기술하려고 하는 상담 실제와 연관되는 Schiff의 개념들을 약술하였다.

🔍 핵심 개념 9.1

재정의와 디스카운트

1. 어떤 사람이 각본을 따를 때, 그 사람은 자신의 각본 신념이 들어맞도록 자신, 다른 사람들, 그리고 세계에 대한 자신의 인식을 왜곡한다. 이러한 왜곡의 과정을 '재정의'라고 부른다(Mellor & Sigmund, 1975b). 그 사람은 재정의를 하면서 자신이 그렇게 하고 있다는 걸 의식적으로 자각하지 못한다.

2. 그 사람은 '심리 내적으로'[즉, '자신만의 이지(理智) 내에서'] 재정의를 한다. 따라서 그가 혹시 재정의를 하고 있지는 않나를 판단하기 위해서 당신은 그 사람이 외면적으로 보여 주는 확실한 단서들에 기반을 둘 필요가 있다. 이러한 단서들 중에는 '재정의 교류'라고 불리는 특정한

의사소통 패턴이 있다. 이후의 섹션에서 그 예를 들어 보겠다.

3. 재정의 과정의 부분에서 그 사람은 디스카운트(discounting, TA 에서 이 용어는 기본적으로 당면한 문제해결에 필요한 정보를 무시하는 걸 뜻한다 - 역자 주)를 시작할지도 모른다(Mellor & Sigmund, 1975a). 이 용어는 '실체에 대한 확실한 특징을 무시하거나 최소화하는 것'이라고 정의된다. 디스카운트를 하면서 그 사람은 전형적으로 자신 또는 다른 사람의 자원을 과소평가하거나, 실생활에서 처하게 될 상황에서 활용 가능한 몇몇 선택들을 무시한다. 그는 이것을 의식적인 자각 없이 행한다.

4. 재정의처럼, 디스카운트도 심리 내적으로 진행된다. 따라서 어떤 사람이 디스카운트를 하고 있는지를 알아내기 위해서 당신은 그 사람이 외적으로 보여 주는 단서들에 의존할 필요가 있다. 이 단서들은 언어적이거나 비언어적인 것일 것이다. 그 사람의 행동에서, 그의 감정 표현에서, 또는 그가 보고한 생각에서 발견될 것이다. 나는 이 장 전체에서 그런 단서의 예를 제시하게 될 것이다.

이 장의 처음 두 주요 섹션에서 나는 당신이 어떻게 재정의 교류와 디스카운트에 대한 언어적 또는 비언어적 단서들을 탐지하고 직면할 수 있는가를 차례차례 설명하고자 한다. 다음 섹션에서는 '디스카운트 매트릭스'를 살펴보게 될 것이다. 이것은 당신이 디스카운트의 본질과 강도를 정확하게 지적해 내는 데 사용할 수 있는 하나의 모델과 같은 것이다.

마지막 섹션은 당신이 그것들을 동반하는 라켓 표현에 직면시킴으로써 각본 신념에 어떻게 직면할 수 있는가를 보여 줄 것이다(3장의 라켓 체계 참조).

당신은 이 장의 배치가 6장의 배치와 대칭적임을 알게 될 것이다. 앞 장에서, 우리는 당신이 내담자의 각본 신념과 라켓 표현에 관한 정보를 어떻게 수집하는지를 살펴보았다. 지금 이 장에서는 당신이 그 각본 신념과 라켓 표현을 어떻게 직면할 수 있는지를 검토하게 될 것이다.

9, 10장과 치료 순서

9, 10장은 모두 내담자가 각본 신념을 갱신하고, 각본감정을 해결하며, 각본 행동으로부터 벗어나도록 도와 줄 수 있는 방법을 기술하고 있다. 이 두 개 장 간의 초점 차이는 당신의 내담자가 변화 과정 동안 있게 될 주요한 자아상태와 관련이 있다. 현재의 9장은 내담자가 주로 어른 자아상태에 있게 될 때 쓸 수 있는 기법들을 설명하고 있다. 10장은 내담자가 어린이 자아상태에 있을 동안 변화를 만들어 보라고 내담자에게 권유하는 중재 사항들을 살펴보게 될 것이다.

이 두 장의 순서는 Eric Berne(1961)이 추천한 치료 순서를 반영하고 있다. 하지만 현재 상담을 진행하고 있는 교류분석가들은 특정한 순서를 따르기보다는 치료 계약과 내담자의 욕구에 따라서 이러한 두 개 군(群)의 중재 사항들 사이를 유연하게 이동할 것이다(Mellor, 1980b 비교).

직면의 본질과 기능

이 장 전반에 걸쳐서 나는 각본 신념에 직면하는 것에 관해 이야기하고자 한다. TA의 어법에서 '직면'이라는 말은 거칠거나 공격적인 중재를 의미하는 말이 아니라는 것을 다시 반복해서 언급할 가치가 있다고 생각한다. '직면'은 간단히 당신이 내담자에게 자신의 각본 신념들을 실체와 맞대도록 권유하는 이야기 혹은 행동방식이다.

실제로 당신들이 직면에서 충분히 효과적이 될 수 있으려면, 당신은 '나는 OK, 당신도 OK'라는 관점에서 당신의 직면을 전달해야 한다. 왜냐하면 당신이 하는 일은 내담자 자신의 가치를 조사하는 것이 아니라 그 사람의 신념, 감정, 그리고 행동이 가진 각본적 패턴을 직면하는 것이기 때문이다.

직면과 갱신하기

당신이 내담자의 각본 신념 중 하나의 신념에 직면할 때 내담자에게 열려 있는 선택 가능한 길은 단 세 가지다.

- 당신의 직면을 거절하거나 무시하고서 계속 같은 각본 신념을 되풀이하는 것
- 또 다른 각본 신념으로 변경해서 당신의 직면을 회피하기. 이 같은 경우 당신은 내담자와 함께 이동해서 그의 변경된 대안적 신념에 직면할 수 있다.

- 대안적 신념으로 변경하지 않고 당신의 직면을 수용하기. 이
  것은 필연적으로 내담자가 자신의 각본 신념을 지금-여기서
  의 당면한 실체에 대한 인식으로 대체했다는 것을 의미한다.

당신은 그 사람에게 실체에 기반한 정보를 제공함으로써 이 과
정의 진행을 계속 도울 수 있을 것이다.

교류 재정의

TA 용어에서 '교류'는 간단히 말하자면 두 사람 사이의 의사소
통의 교환을 의미한다(Berne, 1966: 370). 좀 더 자세히 언급하면
'교류를 재정의하는' 과정에서 그 사람은 지금 논의되고 있는 것
에 대해 '근거 입장 변경(shifts ground)'으로 응답을 하는 것이다.
그는 자각하지 못한 채 이렇게 한다. 이렇게 하는 그의 동기는 항
상 그가 어린이 자아상태에서 원래의 주제를 자신의 각본 신념에
대한 위협으로 인식하기 때문이다. 이런 위협을 막아 내기 위해
그는 내면적으로 재정의를 하는 것이다. 그런 다음 재정의의 결과
물로 응답을 하는 것이다.

상담에서 내담자의 각본 신념에 직면하는 것은 당신이 가진 중
요한 목적 중의 하나다. 그래서 사람들이 특히 상담 회기 동안 교
류를 재정의하는 데 관여하는 경향을 보이는 것이다. 이 관여의
은밀한 의도는 그 사람의 각본 신념을 위협했던 원래의 문제제기

로부터 당신과 내담자의 관심을 다른 곳으로 돌리는 것이다.

이런 방식으로 근거 입장을 변경함으로써 당신의 내담자는 자신의 새로운 방침에 자신을 데려다 주도록 어린이 자아적인 권유를 당신에게 하는 것이다. 만약 당신이 그의 권유를 받아들인다면 당신의 내담자는 아마도 당신이 자신의 재정의와 향후 자신의 각본 신념을 '승인'했다고 받아들일 것이다.

두 가지 형태의 교류 재정의가 있다. 그것은 '무관한 교류'와 '봉쇄적 교류'이다.

무관한 교류

교류의 두 당사자를 사람 A, 사람 B로 부르기로 하자. '무관한 교류'에서 사람 B는 사람 A가 제기한 원래의 문제와는 다른 문제를 알림으로써 '근거 입장을 변경'한다. 혹은 똑같은 문제지만 다른 관점으로 알림으로써 그렇게 한다. 예를 들면, 아래와 같다.

> 상담자: 당신이 우리가 함께하는 회기에서 얻고자 하는 것은 무엇입니까?
>
> 내담자: 글쎄요. 사람들은 내가 더욱 단호해야 한다고 자주 이야기하는데요.

이 교류에서 근거 입장은 '내담자가 원하는 것'에서 '사람들이 그에게 말하는 것'으로 변경되었다. 내담자의 어린이 자아가 당신에게 권유하는 것은 자신이 좀 더 단호해질 수 있는 가능성에 대한 논의를 시작하자고 하는 것이다. 이것은 당신이 그에게 원래 제기한 요청, 즉 그가 원하는 것을 말하도록 하는 요청으로부터 관심을 다른 데로 돌리는 것이다.

때때로 당신은 그 사람의 단어 선택에 주의를 기울임으로써 무관한 교류를 탐지해 낼 수 있을 것이다.

> 상담자: 당신은 어떻게 느끼십니까?
>
> 내담자: 당신이 나를 비웃고 있는 듯한 느낌이 드네요.

내담자는 '느낌이 든다'라는 단어를 사용했지만 이어지는 것은 느낌이 아니라 인식의 보고다. 이 내담자는 아마도 감정을 드러내는 것이 위험하다는 각본 신념을 재연하고 있는 것이다. 당신이 만약 그의 이러한 교류에 응해 그를 비웃고 있는 건지 아닌지를 말해 준다면 당신은 내담자의 그와 같은 신념을 직면하지 않은 채로 방치하는 결과를 초래하는 것이다.

가끔 무관한 반응은 단순히 질문에 대답하지 않은 채로 놔두는 것일 수도 있다.

> 내담자: ……그래서 그녀가 나에게 그것을 말했을 때 나는 정말 분개했습니다.
>
> 상담자: 지금 당신의 느낌은 어떻습니까?
>
> 내담자: 곤란한 것은 내가 그녀에게 좀처럼 말할 용기가 안 난다

는 것입니다.

회기가 진행되는 동안 당신은 이따금 애매하지만 근거 입장이 들쑥날쑥하다는 느낌이 들 때도 있을 것이다. 만약 그렇다면 한 가지 가능성은 당신이 재정의 응답을 놓치고 내담자와 무관한 교류를 시작했다는 것이다. 어린이 자아상태에 있는 몇몇 사람들은 설사 자각하지 못하고 있다 하더라도 무관한 교류를 하는 데 매우 능숙하다. 만약 당신이 직면하지 못하면, 당신은 내담자를 따라 이 방침 저 방침을 교류하느라 대부분의 회기를 소비하게 될 것이다. 이와 같이 진행된 회기의 말미에는 당신은 아마 많은 에너지를 사용하였으되 쳇바퀴만 돌아 결국 아무데도 도달하지 못한 것과 같은 허탈감으로 탈진하는 듯한 기분이 들 것이다.

봉쇄적 교류

'봉쇄적 교류'라는 것은 '제기된 문제에 대한 재정의에 동의하지 않음으로써 문제 제기의 목적을 회피하는' 교류다. 예를 들면, 다음과 같다.

> 상담자: 당신은 우리가 함께하는 회기에서 무엇을 얻고자 하십니까?
> 내담자: 아. 글쎄요! 나는 그것이 정말 내가 얻고자 하는 것에 대한 문제인지 궁금하네요.

혹은

> 상담자: 당신은 어떻게 느끼십니까?
> 내담자: 내가 감정적으로 어떻게 느끼는지, 혹은 신체적으로 어떤 느낌인지를 물으시는 겁니까?

봉쇄적 교류에서 어린이 자아가 쓰는 전술은 당신에게 재정의와는 상관없는 논쟁에 참여하도록 하는 것이다. 이것은 인지된 위협으로부터 자신의 각본 신념으로 주의를 돌리는 것이다.

교류 재정의에 직면하기

효과적인 중재를 위해서 당신은 내담자가 하는 모든 재정의 응답을 알아차려야만 한다. 어떤 경우에는 당신이 즉각적으로 직면하는 것을 택할 수도 있을 것이다. 혹은 재정의의 내용들이 당신에게 내담자의 각본 신념을 파악하는 데 필요한 어떤 통찰을 줄수 있는가를 알아보기 위해서 조금 더 많은 교류를 기다릴 수도 있을 것이다. 만약 당신이 후자의 과정을 택한다면 재정의 전에 당신이 가지고 있었던 주제를 마음속에 확고히 가지는 것이 중요하다. 양자의 경우 몇몇 시점에서 당신은 원래의 방침으로 다시 돌아가 내담자가 함께하도록 권유할 필요가 있을 것이다. 이렇게 하기 위한 한 가지 표준적인 방법은 원래 했던 질문과 똑같은 질문을 반복하는 것이다.

상담자: 당신은 우리가 함께 진행하는 회기에서 무엇을 얻고자
　　　하십니까?

내담자: 글쎄요, 사람들은 내가 더욱 단호해야 한다고 자주 이야
　　　기하는데요.

상담자: 당신은 우리가 함께 진행하는 회기에서 무엇을 얻고자
　　　하십니까?

당신은 내담자가 계속 재정의를 한다면 질문을 수차례 더 반복
할 수도 있을 것이다.

다른 접근 방법은 그 재정의에 관한 평가를 하는 것이다.

상담자: 당신은 어떻게 느끼십니까?

내담자: 당신이 나를 비웃고 있는 듯한 느낌이 드네요.

상담자: 당신은 당신 자신에게 '이 녀석은 나를 비웃고 있다.'고
　　　말하는 것으로 내게 보입니다. 그것은 느낌이 아니라 신
　　　념입니다. 그래, 지금 당신은 어떻게 느낍니까?

혹은

상담자: 지금 당신의 느낌은 어떻습니까?

내담자: 곤란한 것은 내가 그녀에게 좀처럼 말할 용기가 안 난다
　　　는 것입니다.

상담자: 당신은 내 질문에 대답하지 않았습니다. 대답해 주시겠

어요?

봉쇄적인 움직임에 반응해서 당신은 내담자에게 그 정의에 대한 책임을 되돌려 줌으로써 가끔 성공적으로 직면할 수도 있을 것이다.

상담자: 당신은 어떻게 느끼십니까?
내담자: 내가 감정적으로 어떻게 느끼는지, 혹은 신체적으로 어떤 느낌인지를 물으시는 겁니까?
상담자: 어느 쪽이든요!

비록 내가 그러한 점에서 '재정의'란 용어를 사용하지는 않았지만 당신은 이미 이 책의 7장과 8장에서 이와 같은 실례를 접했을 것이다. 예를 들면, 8장의 계약 맺기에 대해 논의를 하는 부분에서 말이다.

상담자: 그래서 우리가 방금 합의한 것을 하시겠어요?
내담자: 그럼요, 시도해 보죠.

당신은 지금 이런 '계약 출구'가 재정의 교류의 실례라는 것을 알게 될 것이다. 내담자의 이와 같은 응답은 당면 주제를 자신이 할 것으로부터 다른 쪽으로 옮겨가 버린다. 대신에 그는 자신이 시도할 것에 관해 이야기를 하는 것이다. 이런 계약 출구들을 다루면서 상담자는 재정의에 직면하는 것이다.

> 상담자: 음, 나는 당신이 무엇을 하려고 시도할 것인지를 물은
> 것은 아닙니다. 당신이 하려고 하는 것이 무엇인지를 묻
> 고 있었습니다.

비상구를 닫기 위한 절차가 진행되는 동안(7장 참조), 당신은 대체로 다음과 같은 의사교환을 들을 수 있을 것이다.

> 상담자: 당신은 어떠한 상황에서도 자살하거나, 자해하지 않을
> 것을 보증합니까?
> 내담자: 아, 나는 너무 겁쟁이입니다! 나는 자신을 해칠 용기가
> 없습니다.
> 상담자: [직면하면서] 당신은 만약 충분한 용기가 생긴다면 당신
> 자신을 해칠 수도 있다고 지금 말하는 것입니까?

그러므로 계약 맺기를 하는 동안, 그리고 그보다 더 일찍 내담자가 비상구를 닫고 있었을 때 당신은 이미 재정의 교류를 직면하고 있었던 셈이다.

┌─🖥 **자기 수퍼비전 9.1**──┐

┌───┐

 재정의 교류

 당신이 내담자와 함께 진행한 최근의 회기에서 수 분 분량의 녹음 내용을 골라서 그것을 여러 번 듣고 다음 사항을 적어라.

  1. 어떤 시점에서 그 내담자가 당신에게 재정의 반응을 제공했는가? 이러한 시점 각각에 대하여 적어라.
   - 무관한 혹은 봉쇄적 교류였을 때인가?
   - 당신은 내담자와 함께 재정의 혹은 직면을 하였는가?
   - 만약 당신이 직면했다면, 아주 즉각적으로 했는가 혹은 기다렸는가?
   - 만약 당신이 재정의를 같이했다면, 당신과 내담자는 그다음에 무엇을 했는가?
  2. 이 테이프에서 당신의 중재 중 특별히 효과적이었다고 생각하는 것은 어느 것인가?
  3. 마지막으로, 당신이 다음번에는 무엇을 다르게 할 것인지 간단하게 요약하라.

└───┘

디스카운트

이 장의 시작 섹션에서 나는 어떤 사람이 디스카운트를 할 때 심리 내적으로 그렇게 한다고 설명하였다. 그래서 디스카운트 자체는 곧바로 관찰 가능한 것이 아니다. 그렇기 때문에 당신은 관찰할 수 있는 외적인 단서들을 증거로 하여 언제 그 사람이 디스카운트를 하는지 추론해야 한다. 이러한 단서들은 그 사람의 단어선택이나 비언어적 신호에 숨어 있을 수 있다.

다른 사람들이 내면적인 디스카운트를 '확신'하고 있는 것으로 보일 때마다, 그 사람은 아마도 자신의 각본 신념을 정당화하기 위해 무의식적으로 그것을 사용할 가능성이 많다. 그래서 당신이 내담자의 디스카운트를 직면하는 게 중요한 것이다. 이것은 내담자가 자신, 다른 사람들 혹은 그 상황이 가지는 특색을 최소화하는 방식으로 주의를 지속적으로 기울이게 하는 것을 의미한다. 그녀는 당신의 직면에 대항하여 전투를 벌일 수 있다. 왜냐하면 그 직면들은 그녀가 어린이 자아상태에서 자신의 생존을 위해 필요한 것으로 인식했던 오래된 신념들을 위협하고 있기 때문이다. 많은 교묘한 방법으로 그녀는 무의식적으로 당신이 자신의 디스카운트를 스트로크해 주도록 권유한다. 당신은 이러한 권유들을 조심해야 하고 개개의 권유로 거절해야 한다.

재정의 교류에서와 마찬가지로 디스카운트에 있어서도 당신은 항상 즉각적으로 그것에 직면할 필요는 없다. 당신은 경우에 따라서 그 디스카운트에 유념하고 이어지는 것이 뭔지를 알기 위해 기다릴 수도 있다. 그러나 효과적인 상담 작업이 되기 위해서 당신은 개개의 디스카운트나 디스카운트 전부를 알아차려야 할 필요가 있다.

사람들이 자신들이 디스카운트를 하고 있다는 것을 보여 주는 수많은 방법들이 있으며 또한 동시에 다른 교류분석가들이 디스카운트에 직면하는 방법들도 많이 있다. 이 책에서는 활용 가능한 지면상의 제약으로 인해 그들 전부를 열거할 수는 없다. 하지만 당신이 직면 과정에 대한 일반적인 '감각'을 개발할 수 있을 거라는 나의 바람에서 몇몇 실례들을 간단하게 언급할 수는 있을 것이다. 당신은 경험을 통해서 당신 자신이 선호하는 기법들을 만들어 내는 데 이것들을 활용할 수도 있을 것이다.

디스카운트에 대한 언어적 단서

아래에 사람들의 단어 선택이 디스카운트하고 있다는 것을 어떻게 나타내는가에 대한 몇 가지 예가 있다.

'나는 생각할 수 없어.'

'당신은 날 기분 나쁘게 만들고 있어.'

'그것을 하는 게 불쾌해.'('나는 불쾌해.'를 의미한다.)

'당신 없이는 난 아무것도 아니야.'

'난 당신이 철자를 모른다는 것을 알아.'

'당신이 어떻게 느끼는지 내게 말해 줄 수 있습니까?'(말을 전달받고 있는 사람이 신체적 장애 또는 말하기 장애가 없다고 가정하면, 그녀가 자신이 어떻게 느끼고 있는지를 말 '할 수 있는' 것은 명백하다. 질문은 '그녀가 해 줄까요?'다.)

'요즈음에는 사람들을 신뢰할 수 없다.'

'우리는 파업하는 것 외에는 대안이 없다.'

'인생은 마치 하나의 큰 투쟁과 같습니다.'

우리가 7장과 8장에서 접했던 언어적 '출구들'을 다시 생각해 보면, 당신은 지금 이러한 표현들의 대다수가 디스카운트에 대한 단서였다는 것을 알아볼 수 있을 것이다.

왜곡과 삭제

디스카운트에 대한 언어적 단서들은 '왜곡'뿐만 아니라 '삭제'도 포함한다(Bandler & Grinder, 1975 참조). 삭제에 있어서 그 사람은 문제를 해결하는 데 연관이 있을 수도 있는 정보를 빠뜨린다. 예를 들면, 다음과 같다.

'나는 가까워지기를 원한다(삭제: 누구와 가까워지기를?), 그러나 나는 그럴 수 없다(왜곡).'

'나는 도움이 필요합니다.'(삭제: 어떤 도움이? 누구로부터?)

'사람들은(삭제: 어떤 사람들?) 나에게 다가오려고 애쓴다(왜곡).'

'나는 당신이 어떻게 느끼는지 내게 말해 주기를 원한다.'

(삭제: 화자는 그녀가 어떻게 느끼는지를 그에게 말하도록 다른 사람에게 암시적으로 요청하지만 명시적으로 요청하지는 않는다. 삭제된 내용을 채우기 위해서 화자는 '당신은 그렇게 해 주시겠어요?'와 같이 간단한 말을 덧붙일 필요가 있으며, 혹은 '당

신이 어떻게 느끼는지 나에게 말해 주시겠어요?'라고 간단히 물어볼 수도 있을 것이다.)

디스카운트에 대한 언어적 단서 발견하기

원칙적으로 디스카운트에 대한 언어적 단서를 탐지하는 것은 간단하다. 당신은 그녀가 실체의 어떤 국면을 무시하거나 축소시키는 것을 지시해 주는 말을 할 때마다 그 언사를 디스카운트의 증거로 삼는다. 방금 말한 '실체(현실)의 국면'은 그녀 자신, 다른 사람, 혹은 지금-여기서의 당면한 상황과 연관되어 있다.

실제 상담에서는 그런 단서들을 탐지하는 데 두 가지의 어려움이 있다. 첫 번째는 일상의 사회적 대화에서 언어적 디스카운트가 너무 많아 우리들 대부분이 그것에 무감각해졌다는 것이다. 당신은 '화성인 생각하기'(1장 참조)에 대한 당신의 기술을 축적함으로써 이것을 교정할 수 있다. 당신의 목표는 사람들이 쓰는 단어가 관습적으로 받아들여지고 있는 의미에서 벗어나 사람들이 실제로 말하고 있는 것을 듣는 것이다.

두 번째는 사람들이 디스카운트를 할 때 무의식적으로 한다는 것이다. 모든 디스카운트는 그 사람이 가진 '맹점', 즉 그가 의식적인 의도 없이 무시하고 있는 실체의 특성을 반영하는 것이다. '만약 당신이 그와 똑같은 맹점을 공유하지 않고 있다면', 당신은 그 디스카운트를 골라내는 데 어려움이 없을 것이다. 그러나 그렇지 않다면 당신은 당연히 그것을 놓칠 것이고 놓치고 있다는 것을 의식적으로 자각하지 못할 것이다.

이것은 당신이 상담이나 치료에서 당신 자신의 각본에 대한 문 젯거리들을 해결하는 것이 얼마나 중요한지를 강조하는 것이다. 그렇게 함으로써 당신은 자신이 가진 많은 맹점들을 줄일 수가 있는 것이다. 당신은 이 맹점을 줄이는 작업을 당신의 상담 작업 을 정기적으로 감독하고 뒤늦게나마 내담자가 언제 디스카운트를 하고 있었는지를, 그리고 당신이 그것에 직면했는지를 식별함으 로써 보완할 수 있다.

디스카운트 평가하기

언어적 디스카운트에 직면하는 한 가지 방법은 내담자의 어른 자아상태를 활성화시켜 디스카운트의 특징을 평가하는 데 집중하 도록 권유하는 것이다. 예를 들면, 다음과 같다.

> 내담자: 아시다시피, 나는 천성적으로 무뚝뚝한 사람입니다.
> 상담자: 당신은 당신이 '천성적으로' 그렇다는 것이 정말 사실이 라고 생각합니까?

> 내담자: 나는 도움이 필요합니다.
> 상담자: 무엇을 도와드릴까요?

당신이 초기 디스카운트를 들을 때 당신은 내담자가 재연하고 있는 각본 신념이 무엇인지를 더욱 세부적으로 조사할 수도 있을 것이다. 이렇게 함으로써 당신은 내담자가 어린이 자아상태에서 방어하고 있었던 최초의 가장 파국적인 신념에 도달할 수 있을 것이다. 그러면 당신은 곧장 그 신념에 직면할 수 있을 것이다. 다음의 예에서 상담자는 조사 수단으로 문장 완성하기를 사용한다.

> 내담자: 나는 정말로 어머니에게 내가 그녀에게 얼마나 화가 났는지를 말할 수 없었습니다.
>
> 상담자: '왜냐하면 만약 내가 어머니에게 말한다면, 나는 ……할까 봐 두렵습니다?'
>
> 내담자: 나는 어머니가 그것을 감당할 수 없을까 봐 두렵습니다.
>
> 상담자: '또 만약 내가 어머니에게 화를 내고 어머니가 그것을 감당할 수 없다면, 나는 ……와 같은 경우가 될까 봐 두렵습니다?'
>
> 내담자: [잠시 머뭇거림] 나는 정말로 그녀가 좌절하는 경우가 될까 봐 두렵습니다.
>
> 상담자: 만일 당신이 당신 어머니에게 화를 낸다면, 그녀가 좌절하는 것이 두렵습니까?
>
> 내담자: 예.
>
> 상담자: 이것은 당신이 '만약 내가 어머니에게 화가 났음을 보여 준다면 나는 어머니를 파괴할 것이다.'라고 믿고 있는 것처럼 들립니다. 당신은 그렇게 믿고 있었다고 생각합니까?
>
> 내담자: 예, 그렇다고 생각합니다.

상담자: 그래서 실체는 무엇입니까? (이것은 당신이 각본 신념을
들을 때 물어볼 수 있는 유용한 질문이다.)

내담자: 나는 어머니에게 화를 낼 수 있고 어머니는 살아남을 것
(견딜 것)입니다.

상담자: 다시 말해 주실래요?

내담자: 나는 어머니에게 화를 낼 수 있고 그리고 그녀는 살아남
을 것입니다.

상담자: 그래요, 당신 말이 옳습니다, 그녀는 살아남을 것입니다.
(실체에 기반한 인식을 확정한다.) 나는 당신 스스로 상당
한 정보를 갱신했다고 생각합니다.

디스카운트 반박하기

직면하기의 다른 방법은 그 디스카운트를 간단히 직접적으로
반박하는 것이다.

내담자: 난 생각할 수 없어요.

상담자: 아뇨, 당신은 할 수 있습니다!

내담자: 당신은 나를 화나게 만들고 있습니다!

상담자: 아닙니다. 그렇지 않습니다. 누군가가 당신에게 무언가
'느끼도록 만드는 것'은 가능하지 않습니다.

만약 당신이 직접적인 반박을 사용하는 것이 익숙하지 않다면,

그것은 우선 보기에는 내담자에게 강요하는 것처럼 보일지도 모른다. 하지만 왜 반박이 필요한가에 대한 근본적 이유는 다음의 이야기에서 더 명확하게 된다(워크숍에서 Shea Schiff가 발표한 것). 꼬마가 아빠의 침실로 허겁지겁 달려와서는 "아빠! 아빠! 내 침대 밑에 호랑이가 있어요!"라고 말한다.

이런 상황에서 아빠가 관심을 가져야 할 것은 꼬마를 그의 침대로 데리고 가서 그 침대 밑을 보는 것일 것이다. 그는 아마도 실제로 호랑이가 있는지를 점검해 주기 위해 꼬마에게 같이 보자고 요청할 수도 있을 것이다.

그러나 만약 아버지가 그렇게 했다면, 그는 가끔 어린 소년의 침대 밑에 호랑이가 있을 수도 있다는 아들의 신념을 '확증하는' 것이 될 것이다. 왜냐하면 만약 호랑이가 없다면 왜 일부러라도 거기에서 호랑이를 찾아야만 했을까?

그래서 아빠가 응답할 수 있는 더 나은 방법은 "어린 소년의 침대 밑에는 호랑이 같은 건 없어. 너는 안전하니까 어서 자러 가렴."이라고 단호하게 말하는 것이다.

이 이야기는 상담자와 내담자가 이러한 종류의 직면을 행하고 있는 동안에 사용하고 있는 자아상태를 강조하는 것이다. 상담자는 어버이 자아상태를 지시하는 단어들과 비언어적 신호들을 사용하여 '실체에 대한 정의'로서 반박하는 표현을 내놓고 있다. 그는 내담자가 어린이 자아상태에서 자신의 정의를 듣도록 권유하고 있다. 이것은 당신이 내담자에게 디스카운트를 평가하도록 요청할 때 일어나는 것과는 대조적이다(앞 섹션, '디스카운트 평가하기’ 참조). 그 경우에 당신과 내담자는 어른 자아 대 어른 자아의 교전에 참여하고 있기 때문이다.

당신은 내담자가 실체의 몇몇 국면을 명백하게 무시하거나 축소시키는 언사를 할 때 사용할 수 있는 그러한 직접적인 반박을 보유해야 한다고 말할 필요는 거의 없다. 당신은 ‘나는 생각할 수 없다.’와 같은 디스카운트에 대한 일반적인 응답으로 그것을 사용하면 되기 때문이다. 이와 같은 경우에, 내담자는 마치 그 디스카운트가 사실인 것처럼 자기 제한적인 각본 신념을 말하고 있는 것이다. 실제는 내담자가 생각할 수 있다는 것이다. 아마 내담자는 사고할 수 있는 자신의 능력을 충분하게 사용하고 있지 않을 수도 있고, 혹은 자신은 생각할 수 없다고 믿고 있을 수도 있다. 그러나 이러한 것들은 다른 문제들이다. 그러므로 앞에 나왔던 이야기의 ‘아빠’처럼, 당신이 어버이 자아의 견지에서 당신의 내담자에게 실제로 어떤 상황인지 말해 주는 것은 정당한 것이다.

불일치에 직면하기

비상구 닫기와 계약 맺기(7장과 8장)에 관해 예시된 내담자의 ‘비언어적 출구들’은 모두가 디스카운트에 대한 비언어적 단서가 된다. 당신은 이미 그러한 단서들을 ‘불일치’, 이를테면 내담자가 말하는 내용과 일치하지 않는 몸짓을 예의 주시함으로써 탐지할 수 있음을 알고 있다.

상담의 실제에서 당신은 특정한 비언어적 신호가 내담자가 디스카운트를 하고 있다는 것을 나타내 준다고는 확신할 수 없을 것이다. 7장에서 다른 사람을 죽이거나 해치지 않을 것이라고 말하면서 자신의 입 앞으로 손을 가져다 대는 내담자를 상기해 보자. 직관적으로 당신은 그가 하는 몸짓이 자신의 말을 부인하는 것이고 그러므로 디스카운트를 신호하는 것이라고 추정해 볼 수 있다. 하지만 당신이 내담자의 생각을 읽을 수는 없으므로 일련의 질문들을 통해 당신의 초기 판단을 점검해 볼 필요가 있다.

만약 당신이 비언어적 신호의 의미에 대해 의심이 가면 반드시 그 사람이 디스카운트를 하고 있는지를 언어적으로 항상 점검하라. 결코 그것을 사회적 수준의 내용에 대한 증거로 판별해서는 안 된다. 이것에 대한 합리적인 이론적 근거는 Berne의 '대화의 규칙'에 있다(1장). 즉, 그 규칙이란 실제로 무슨 일이 일어나고 있는가를 우리들에게 알려 주는 것은 심리적 수준이라는 것이다. 따라서 그 사람이 디스카운트를 하고 있고 당신은 그가 그렇지 않다고 추측한다면, 당신은 당신과 내담자 사이에서 일어나고 있는 것에 대한 의미 전체를 잘못 판단할 것이다.

내담자가 자신의 각본에 당신이 스트로크를 주도록 끌어들이는지 아닌지를 알 때까지 당신이 할 수 있는 최상의 선택은 일시적으로 어떠한 행동이나 말을 하지 않는 것이다. 당신이 하는 어떠한 행동이나 말들은 당신의 내담자에 의해 정신적으로 기록이 되어서 자신의 각본 신념이 정당화되는 '증거'로 사용될 수도 있기 때문이다. 이것은 심지어 당신이 보이는 '음', 미소, 혹은 얼굴 표정의 변화와 같은 외관상의 중립적인 응답에 적용될 수도 있을 것이다.

썰렁한 유머에 직면하기

디스카운트를 하고 있다는 것을 알려 주는 흔한 단서는 '썰렁한 유머'(원문의 gallows를 우리말로 옮긴 것이다. gallows humor로 볼 수 있고 정확하게는 심각하거나 끔찍한 상황에서 빈정거리듯이 하는 <u>으스스한 농담이다. gallows</u>의 사전적인 의미는 단두대를 뜻한다–역자 주)라고 불리는 불일치이다. 이 같은 경우는 내담자가 고통스러운 일이나 상황에 관해 이야기하면서 웃거나 미소 짓는 경우를 말한다. 예를 들면, 다음과 같다.

> '오, 하, 하, 내가 정말 바보였지!'
> '나는 정말로 음주량을 줄일 수 있다고 생각하지 않습니다.'
> (미소)

이와 같은 썰렁한 유머는 내담자가 당신에게 같이 웃거나 혹은 미소로 응답해 달라는 어린이 자아를 유인하는 것이다. 만약 당신이 그 권유에 응하면 내담자는 당신이 자신의 디스카운트를 인정했다고 여길 것이다.

그와 같은 썰렁한 유머에 직면하기 위해, 당신은 내담자와 함께 웃는 것을 자제한다. 미소 짓지 않고, 돌처럼 굳은 표정을 유지한다. 또한 당신은 다음과 같이 말로 디스카운트를 반박할 수 있다.

내담자: 오늘 여기로 오는 길에 내 차가 몇 번 부딪쳤습니다. 하하!

상담자: [미소 짓지 않고] 웃을 일이 아닙니다.

모든 웃음이 썰렁한 유머인 것은 아니다. 게다가 썰렁한 유머적인 웃음이 솔직한 웃음과 반드시 다르게 들리지만은 않는다. 당신은 이 차이를 어떻게 분간하겠는가? 대답은 당신이 내용으로 판단할 필요가 있다는 것이다. 만약 의심이 가면, 내담자가 내면적으로 무엇을 하고 있는가를 발견할 때까지 그 사람과 함께 웃거나 미소 짓는 것을 조심해야 한다.

📷 자기 수퍼비전 9.2

디스카운트에 직면하기

당신이 내담자와 함께 진행한 최근의 회기에서 수 분 분량의 녹음 내용을 골라서 그것을 여러 번 듣고 다음의 질문들을 고려하라.

1. 어떤 시점에서 당신은 지금 내담자가 디스카운트를 했을지 모른다는 단서를 들었는가? 당신이 들은 각 사례에 관해, 메모를 계속하라.
   - 디스카운트가 어떻게 나타났는가? 썰렁한 유머적 웃음과 같은 비언어적 단서들에 의해서? 혹은 언어적인 신호?
   - 당신은 직면했는가?
   - 만약 당신이 직면했다면, 내담자는 당신의 직면을 수용하였

는가?
  - 당신은 직면에서 다른 어떤 선택을 사용했는가?
  - 만약 당신이 직면하지 않았다면, 내담자는 다음에 무엇을 했는가?
2. 당신의 판단이 특히 효과적이었던 작업의 특징을 적어 두어라.
3. 마지막으로, 당신이 다음번에는 무엇을 다르게 할 것인지 간단하게 요약하라.

디스카운트 매트릭스

'디스카운트 매트릭스'는 어떤 사람이 가진 디스카운트의 특성과 강도를 정확하게 지시하도록 해 주는 모델이다(Mellor & Sigmund, 1975a). 그것은 문제 공식화와 해결에 도움을 주기 위해 고안된 것이다.

이 모델은 디스카운트의 3개 영역을 구분하는 것으로 시작한다.

- 자신
- 타인
- 상황

존은 나에게 했던 말 중 하나에서 위 세 영역 모두에서 디스카운트를 표현했다.

'나는 내 부모님들에게 내가 그들에 대해 어떻게 느끼는지를 정말로 이야기할 수 없습니다.'(자신에 대한 디스카운트)

'그러나 한편으론, 그들은 당신이 이야기를 건넬 수 있는 그런 부류의 사람들이 아닙니다.'(다른 사람에 대한 디스카운트)

'어쨌든 우리 집에서는 사람들이 어떻게 느끼는지 거의 말하지 않습니다.'(상황에 대한 디스카운트)

각 영역 내에서 디스카운트는 네 '수준'과 세 '유형'으로 분류된다(Mellor & Sigmund는 '수준' 대신에 '양식'이라는 용어를 사용했다). 이것은 4×3 매트릭스를 제공하고 있으며 [그림 9-1]에 제시되어 있다.

매트릭스의 각 네모 칸은 디스카운트의 수준과 유형의 특별한 조합을 나타낸다. 맨 위 왼쪽 네모 칸을 예로 들면 수준은 '존재'이고 유형은 '자극'이다. 어떤 사람이 자극의 존재를 디스카운트할 때 그는 내면적으로나 외면적으로 진행되고 있는 무언가에 대한 자신의 감각적 자각을 무시하고 있는 것이다. 식사 전에도 배고픔을 느끼지 않고 식사 후에도 배부름을 느끼지 않는 사람을 예로 들 수 있다.

거기서 오른쪽으로 다음 네모 칸은 어떤 사람이 '문제의 존재'를 디스카운트하고 있다는 것을 보여 준다. 여기서 그는 무언가가 진행되고 있다는 것은 자각하고 있지만 그것이 자신이나 다른 사람에게 문제가 될 가능성을 무시하고 있는 것이다. 예로 애기 엄마가 애기가 우는 것을 듣고 "아, 쟤가 또 우네. 애기들은 항상 울

수준	유형		
존재	T₁ 자극의 존재	T₂ 문제의 존재	T₃ 선택의 존재
중요성	T₂ 자극의 중요성	T₃ 문제의 중요성	T₄ 선택의 중요성
변화 가능성	T₃ 자극의 변화 가능성	T₄ 문제의 해결 가능성	T₅ 선택의 실행 가능성
개인적 능력	T₄ 다르게 반응할 개인의 능력	T₅ 문제를 해결할 개인의 능력	T₆ 선택에 따라 행동할 개인의 능력

그림 9-1 디스카운트 매트릭스

어.”라고 하는 경우를 들 수 있다.

오른쪽으로 한 칸 더 이동하면, 그 사람은 ‘선택의 존재’를 디스카운트하면서 무언가가 진행되고 있고 그게 문제가 될 거라는 걸 알고 있지만 그 문제를 푸는 데 활용 가능한 어떤 행동이 있다는 가능성을 무시한다. 예를 들면, 다음과 같다. 누군가가 안개가 자욱하게 낀 자동차 도로를 빠른 속도로 달리고 있다. 그는 속도를 줄이지 않고 그의 동승자에게 “지독한 안개군요, 그렇죠? 그들은 속도 제한 표지판을 갖다 놓았을 거예요.”라고 말한다.

매트릭스에서 한 줄 아래로 내려오면, 누군가가 ‘자극의 중요

성'을 디스카운트하고 있는데 그 사람은 무언가가 진행되고 있다
는 것은 알지만 그것이 자신에게 어떤 중요한 의미를 가질 수도
있다는 실현성을 차단한다. 여기에 해당되는 예로서 애기가 우는
소리를 듣고 '애기들은 항상 울어.'라고 말하는 그 엄마를 다시 인
용할 수 있다.

매트릭스의 나머지 부분은 이러한 과정의 계속적인 진행으로
구축되어 있다. 당신은 위의 예 중 하나를 선택하여 내담자가 여타
다양한 유형과 수준의 조합으로 디스카운트를 하고 있는가를 어
떻게 탐지해 낼 수 있을까를 연구해 보는 것도 좋을 것이다.

디스카운트의 계층구조

디스카운트 매트릭스의 네모 칸들 사이에는 상호 연관성이 있다.
어떤 네모 칸 안에 있는 디스카운트는 또한 다음의 칸 안에 있
는 디스카운트도 수반하는 것이다.

- 그 칸의 '오른쪽'에 있는 모든 네모 칸들
- 그 칸 '아래'에 있는 모든 네모 칸들
- '같은 대각선상'에 있는 모든 네모 칸들

이 원칙은 '디스카운트의 계층구조'라고 불린다.
예를 들면, 만약 어떤 사람이 배고픔이나 배가 부른 느낌을 알
아채지 못하고 있다면, 그 사람은 그러한 느낌들을 완화하거나 충

족시키기 위한 조치를 취하는 데 있어서 해결해야 할 문제를 가지고 있음을 인식하지 못하는 것이다(오른쪽에 있는 칸). 그 사람이 문제를 인식하지 못하고 있기 때문에 그러한 문제들을 해결할 수 있는 여러 선택들을 고려할 동기가 유발되지 않는다(오른쪽의 두 개 칸).

배고픔이나 포만감의 지각에 대한 자각을 차단함으로써 그 사람은 자신에게 어떤 의미를 가지고 있는 지각의 여타 문제들을 차단하고 있는 것이다. 그러므로 당신은 그 매트릭스에 있는 다른 네모 칸들에 해당하는 예들을 완성하는 데도 주의해야 한다.

우리는 이미 문제의 존재를 디스카운트하고 있었던 울고 있는 애기를 둔 그 어머니가 같은 이유로 자극의 중요성을 디스카운트하고 있다는 것을 알고 있다. 이 두 개의 칸들은 같은 대각선상에 있다. 매트릭스 도형에서 대각선들은 화살표로 제시되고 있고 T_1(맨 위 왼쪽)에서 T_6(맨 밑 오른쪽)까지의 순번이 주어져 있다는 것을 주목하라. 매트릭스의 계층구조에서 당신은 다음과 같은 사항을 알 수 있을 것이다.

- 대각선상에 있는 어떤 것이든 디스카운트하면, 그것으로 인해 아래에 있는 대각선상의 모든 것과 오른쪽에 있는 것들에도 '디스카운트'가 나타나게 된다.

일단 당신들은 위에 제시된 예들 중 하나를 사용해서 이와 같은 사실을 확증하기를 원할지도 모른다.

문제의 계통화(조직화)에 디스카운트 매트릭스 사용하기

누군가가 문제해결에 실패하고 있다면 그것은 그가 자신을 효과적인 행동으로 이끌어 줄 수 있었던 몇몇 정보를 놓치고 있다는 것을 의미한다. 문제의 계통화에서 디스카운트 매트릭스가 가진 유용성은 그 사람의 수집 정보에서 '잃어버린 고리'(missing link)의 위치를 당신이 정확하게 알아낼 수 있도록 도와준다는 데 있다.

디스카운트 매트릭스는 그 사람이 필요한 정보에 접근하기는 했으나 자각하지 못한 채 그 정보를 차단(디스카운트)한 곳을 우선적으로 알아내기 위해 사용할 수 있도록 고안된 것이다. 그렇지만 '정보 부족'이나 '잘못된 정보'로 야기되는 문제해결에도 그만큼 효과적으로 사용될 수 있다. 그러므로 디스카운트 매트릭스는 광범위한 상담 환경, 예컨대 각본상의 문제가 알려지지 않은 직업 상담에서 사용할 수 있는 효과적인 도구다.

어떤 사람이 디스카운트를 하고 있다는 것을 나타내 주는 말이나 행동을 할 때 당신이 취해야 할 첫 번째 행동은 매트릭스상에 그 디스카운트의 유형과 수준을 위치시키는 일이다. 그렇지만 이런 첫 번째 인상은 그 사람이 준 정보의 기저에 있는 '잃어버린 고리'가 놓일 곳을 당신에게 정확하게 알려 주지 않을 수도 있다. 왜 그런가? 왜냐하면 '그 사람은 당신이 첫 번째로 주목한 그 디스카운트의 왼쪽과 위에 있는 대각선에서 디스카운트를 하고 있을 수도 있기 때문이다.'

존: 디스카운트의 계층구조

존이 말한 욕구 중 하나는 그의 부모와 정서적으로 가까워지는 것이었다. 나는 이것을 일반화된 계약 목표로 받아들였다. 왜냐하면 나는 이것을 그의 가까워지면 안 된다는 초기 결정에서 벗어나려는 뚜렷한 움직임으로 보았기 때문이다. 우리가 이 계약이 존에게 어떤 구체적인 변화를 의미하게 될 것인지에 관해 협상했을 때 나는 그가 어떻게 디스카운트를 해 왔는지를 정확하게 알아내기 위해 디스카운트 매트릭스를 사용했다(13회기에서).

존은 자신의 문제를 "나는 나의 부모에게 어떠한 종류의 감정에 관해서도 이야기를 할 수 있을 것 같지는 않습니다."라고 진술하면서 시작했다. 우선 보기에 그는 선택에 따라 행동할 수 있는 자신의 능력을 디스카운트하고 있는 것으로 보였다. 그래서 그의 디스카운트는 대각선 T_6에 놓으면 될 것 같았다. 하지만 나는 이런 나의 첫 번째 인상을 매트릭스상의 대각선들을 자세히 체계적으로 따져 보고 연구함으로써 점검했다. 다음과 같은 의사교환이 진행되었다.

존: 나는 부모님과 가까워지고 싶지만 내가 할 수 있는 방법이 전혀 없는 것 같습니다.

상담자: 다음 주의 마지막 날에 당신이 '맞아, 나는 내가 원하

는 방식으로 내 부모님들과 가까워졌어.'라고 말하려면 다음 주 중에 당신이 취해야 할 하나의 행동은 뭐지요?(T_5를 조사하라)

존: [잠시 머뭇거림] 실제로 특별히 내가 그것에 관해 할 수 있는 일이 있을지 모르겠어요.(T_5의 디스카운트를 나타내고 있다)

상담자: 그래요. 지금 당장 당신은 당신이 할 수 있는 특별한 어떤 것에 관해 생각하고 있지 않습니다. 당신은 당신이 원하는 방법으로 부모님과 실제로 가까워질 수 있는 무언가가 당신 안에 있다고 추정합니까?(T_4를 조사하라)

존: [썰렁한 유머의 미소를 짓고] 글쎄요. 근본적으론 내가 그것을 가지고 있는지를 나는 알 수가 없죠. 어쩌면 나는 다른 사람들과 가까워질 수 있는 그런 부류의 사람이 아닐지도 모르죠.(T_4상에서 디스카운트하기)

상담자: 당신은 당신이 원하는 방법으로 그들의 부모님과 가까워진 다른 누군가를 알고 있습니까?(T_3를 조사하라)

존: 오, 물론이죠! 헬렌이 그렇게 하죠, 원래부터요.

존의 '잃어버린 고리'는 T_6이 아니라 T_4에 놓여 있는 것으로 판명되었다. '자신에 관한 영역'에서 그는 다르게 대응할 수 있는 자신의 능력을 디스카운트하고 있었다. 이것은 또한 그가 문제해결 능력과 자신이 이용할 수 있는 선택들의 중요성을 디스카운트하고 있었다는 것을 의미한다.

동시에 그와 나는 우리의 준거 틀이 T_3에서 일치하고 있음을 발견했다. 우리는 마침내 이 공통된 근거를 그 문제에 대한 해법을 만들어 내는 우리의 공동 출발점으로 삼을 수 있게 되었다.

해당 문제를 계통화하는 데 있어서 당신은 위의 경우와 동등하게 매트릭스로 통하는 다른 경로, 즉 맨 위 왼쪽 칸에서 시작하고 대각선들의 아래쪽으로 작업하는 경로를 택할 수도 있을 것이다. 당신은 이것에 대한 자신들의 실례를 구성해도 좋을 것이다.

디스카운트 매트릭스에 대한 중재

디스카운트 매트릭스는 문제의 계통화에 도움이 될 뿐만 아니라 효과적인 중재를 위한 길잡이 역할도 겸할 수 있다. 따라야 할 원칙은 다음과 같다.

• 어떤 대각선에서 내담자가 디스카운트를 하고 있는지를 알아내라. 그리고 디스카운트 매트릭스에서 그 '대각선상이나 위에서' 중재를 하라.

만약 당신이 위 원칙보다 더 낮은 대각선상에서 중재를 한다면 중재 그 자체는 아마도 디스카운트되기 쉬울 것이다.

존: 디스카운트 매트릭스에 대한 중재

이전 섹션에서 든 예를 가지고 계속해서 설명해 보자. 만약 내가 나의 초기 인상을 가지고서 곧장 T_6에서, 즉 '선택에 따라 행동할 개인의 능력'에서 중재를 했다고 가정해 보자. 그러면 나는 존에게 계속 진행해서 다음 주에 그의 부모님들에게 몇 가지 방법으로 가까이 접근해 보고 다시 돌아와서 나에게 보고해 주기를 권유했을 것이다. 사회적 수준에서 그는 이것에 동의했을 수도 있다. 그렇지만 사실상 그는 T_6가 아니라 T_4에서 디스카운트를 하고 있었던 것이다. 내면적으로 그는 '그의 부모와 가까워지는 것'으로 간주될 수 있는 특정한 행동을 취한다는 인식을 차단하고 있었던 것이다(T_5). 더군다나 그는 자신이 원한다고 이야기했던 결말을 성취하기 위해 무슨 일이든 할 수 있는 자신만의 내재적인 능력을 축소하고 있었던 것이다(T_4). 그래서 내가 T_6에서 중재를 계속하는 한, 존이 자신이 동의한 변화를 고의적으로 계속 방해하는 방법을 발견하게 해 주는 기회들은 있다.

그래서 나는 먼저 존이 디스카운트하고 있었던 가장 높은 곳에 있는 T_4의 대각선에 직면했다. 나는 만약 이 이동이 성공을 거둔다면 다음에는 T_5로, 그리고 같은 방식으로 T_6로 이동할 거라는 계획을 세웠다. 그리하면 결국에는 맨 아래 오른쪽 귀퉁이 칸에서 존에게 그 매트릭스에서 나오도록 권유할 수 있게 될 것이다. 이러한 과정을 통해 존은 구체적인 문제해결로 이행할 수 있을 것이라고 예상했다.

다음은 우리가 계속 진행한 의사교환 방식이다.

상담자: 좋습니다. 그래서 당신은 당신이 하기를 원하는 것을 할 수 있는 다른 사람이 최소한 한 사람은 있다는 것을 알았습니다. 자, 여기 당신에게 줄 몇 가지 정보가 있습니다. 당신은 '다른 사람들에게 가까이 다가갈 수 있는 부류의 사람'임이 분명합니다. 당신은 헬렌이 가지고 있는 것과 꼭 같은, 그리고 많은 다른 사람들이 가지고 있는 것과 같은 그런 능력을 가지고 있습니다. (T_4의 디스카운트에 대한 직접적인 반박)

존: 당신이 그처럼 단도직입적으로 표현하시니, 예, 물론 나는 내가 그 능력을 가지고 있다는 것은 알아요. 그러나 나는 여전히 다른 사람들에게 다가갈 수 없다는 느낌이 들어요.

상담자: 그건 다릅니다. '당신이 할 수 없다고 느끼는 것'은 '할 수 없다는 것'과는 다릅니다. (T_4의 반박을 되풀이함)

존: [크게 웃는다.] 좋은 지적입니다! (T_4의 디스카운트에서 빠져나옴) [잠시 머뭇거림] 그러나 곤란한 점은 여전히 내가 어떻게 느끼는지에 관해 나의 부모님에게 어떻게 이야기를 시작해야 하는지 생각해 낼 수가 없다는 겁니다. 그것에 관해 내가 어떻게 하면 되는지

좀 알려 주실래요? (T_5의 디스카운트)

상담자: 나는 그 질문을 당신에게 되돌려 주려고 합니다. 당신이 다음 주에 당신의 부모님에게 이야기를 건네기 위해 시작할 수 있는 것 중에서 당신이 할 수 있는 한 가지 일은 무엇입니까? (내담자가 T_5의 디스카운트를 평가하도록 요청하라.)

이 회기가 끝날 무렵 존은 T_6으로 이동했고 그다음에는 디스카운트 매트릭스로부터 벗어나서 문제해결을 위한 계약으로 이동했다. 그는 과거에 평소 해 왔던 것처럼 부모가 자신을 만나러 오는 걸 기다리기보다는 오히려 부모에게 전화를 걸고 가서 만날 시간을 정하는 것이 자신에게 개방되어 있다는 것을 인식했다. 그는 또한 부모님에게 감정에 대해 논의를 시작하자고 먼저 제의를 받지 않았기 때문에 자신이 스스로 이 주제를 끄집어낼 필요가 있음을 인식했다. 그가 할 최종 단계는 다가오는 주 중에 이러한 행동을 실제로 취하고, 다음 회기 때 나에게 다시 보고한다는 계약을 하는 것이었다.

마침내 존은 이 계약을 수행했다. 성인이 되어서는 처음으로 자신이 부모에 대해 느낀 바를 부모와 함께 공유했다. 처음에는 몇 가지 불편한 점이 있었지만, 그 후 그들의 반응은 친숙해졌다. 문제해결에서의 이런 실제적인 진전으로 존은 자신이나 자신의 부모가 자신의 각본 신념 속에서 그려 온 것과는 다르다는 것을 자신의 어른 자아 속에 명기할 수 있게 되었다. 그가 새로운 행동을 반복할 때마다 그의 라켓 체계 안에 있는 주요한 피드백 고리 중의 하나가 약화되었을 것이다. 그리고 그 대신에 그는 새로운 고리, 이번에는 성인으로서 자신의 선택들의 실체에 적합한 고리를 강화시킬 수 있을 것이다.

치료 계획과 디스카운트 매트릭스

앞에서 제시된 예들은 당신이 어떻게 하면 디스카운트 매트릭스를 치료 순서(2장)와 계약 맺기(8장) 둘 다에 대한 길잡이로 사용할 수 있는지를 명확하게 보여 주고 있는 것이다. 내담자가 제시하는 문제를 가지고 시작한다면 당신은 우선 내담자가 디스카운트하고 있는 맨 위의 대각선을 발견할 수 있다. 그런 다음 당신은 가장 맨 위의 대각선에서 시작해서 아래쪽으로 작업을 해 가면서 순서대로 그 대각선들을 다루는 계약을 구체적으로 세울 수 있다. 특히 이것은 그 매트릭스에서 더 높은 곳에 있는 디스카운트를 놓칠 수도 있는 행동 계약으로 성급하게 건너뛰려는 유혹을 피할 수 있게 해 준다. 예를 들어, 배고픔이나 배부름의 느낌을 마음속에 명기하지 않은 내담자의 경우를 한번 보자. 당신이 우선 내담자에게 할 수 있는 계약은 식사 전과 후에 내담자의 신체 감각에 간단히 주의를 기울이면서 이러한 감각들을 기록하고 그것들에 관해 내담자와 이야기하는 데 몇 주간을 사용하는 것이 될 것이다.

🎥 자기 수퍼비전 9.3

> **디스카운트 매트릭스 사용하기**
>
> 자기 수퍼비전 9.2(디스카운트에 직면하기)에서 사용했던 것과 같은 동일한 테이프 부분을 사용하는 것은 도움이 될 것이다. 여러 번을 듣고, 당신이 들은 디스카운트에 대한 각 단서를 기록하라.
>
> 1. 디스카운트는 어떤 영역(자신, 타인, 상황)에 있는가?
> 2. 그 영역 안에서, 디스카운트 매트릭스에서 어느 네모 칸이 디스카운트에 일치하는가? (그것의 유형과 수준은 무엇인가?)
> 3. 만약 당신이 직면한다면, 당신은 그 직면으로 매트릭스상의 어느 대각선을 다루는가?
> 4. 이것은 내담자가 디스카운트하고 있는 대각선과 어떻게 비교되는가?
> 5. 내담자는 다음에 무엇을 하는가?
> 6. 이번에 당신이 했던 것에 대해 무엇이 효과적이었다고 판단하는가?
> 7. 당신이 다음 번에 다르게 할 것은 어떤 것인가?

라켓과 게임 직면

당신은 6장에서 이미 '라켓'과 '게임'을 접했던 것을 상기할 것이다. 모든 라켓과 게임은 내담자가 심리 내적으로 자신의 각본 신념을 재연하고 있다는 것을 알려 주는 외면적인 현시다. 즉, 내담자는 디스카운트를 하고 있는 것이다. 내담자가 각본에서 벗어나도록 돕기 위해서 당신이 해야 할 일은 이러한 낡은 패턴들에 직면해서 그것을 대신할 수 있는 새로운 선택을 제시하는 것이다.

내담자의 초기 불평은 아마도 상담관계의 외부에 있는 사람들에게 재연하고 있는 라켓과 게임에 관한 것이다. 그러나 그녀는 아마 당신과 함께하는 회기 내에서도 같은 패턴을 재연함으로써 위의 재연과 병행하게 될 것이다. 당신은 이 둘 다에 모두 초점을 두어 곧장 중재를 할 수 있다.

라켓 감정 다루기

상담에서 당신의 목표는 내담자가 유아기에 결정했던 마법적인 전략들을 더 이상 따를 필요가 없다는 것을 내담자에게 알려 주는 것이다. 성인으로서 내담자는 자신의 욕구를 충족시킬 수 있는 더 나은 방법들을 가지고 있다. 당신은 다음과 같은 방법으로 내담자에게 그것을 알려 줄 수 있다.

- 라켓 행동과 라켓 감정에 직면하기
- 문제해결적인 행동과 진정한 감정에 스트로크 주기
- 당신이 라켓 또는 라켓 감정에는 스트로크를 주지 않는다는 것을 분명하게 하기

이와 같은 점에 대해 즉각적으로 고려해야 할 사항이 있다. 그것은 '감정 표출 그 자체가 반드시 치료를 요하는 사항이 아니다.'라는 것이다. 만약 당신의 내담자가 라켓 감정을 표출하고 당신이 그 감정에 대해 그에게 스트로크를 주었다면 그는 당신이 자신의 각본 신념을 확증했다고 이해할 것이다. Bob Goulding(워크숍 프리젠테이션에서)은 모든 사람들은 '한 통의 감정'을 가지고 있으며 나아지기 위해서는 그 통이 비워질 때까지 감정을 계속 표출하는 것이 필요하다는 믿음의 오류를 지적했다. Goulding이 말하길, 진실은 그 통이 밑이 없을 정도로 깊은 통으로 판명될 수도 있다는 것이다. 만약 표현되고 있는 감정이 라켓 감정이라면, 그 사람은 '무한정' 계속 감정들을 표현할 수 있고 그렇게 한다 해도 아무것도 바뀌지 않는다.

라켓 감정에 접촉 스트로크 주는 것 피하기

Goulding 내외는 내담자가 라켓 감정을 표현하고 있을 때 '내담자와의 신체적 접촉을 피하는 것'이 중요하다고 특히 강조했다(Goulding & Goulding, 1979: 97). 예를 들어, 여성 내담자가 어떤 회기가 진행되고 있는 중간에 갑자기 울음을 터뜨리고 신체적 접촉을 하려고 손을 뻗을 때, 그녀의 손을 잡아 주거나 안아 주는 것은 '자연스럽고' '자상한' 것일 수도 있다. 하지만 그러한 접촉은 어린이 자아에게는 잠재적으로 스트로크를 주는 것이다. 그러므로 이 내담자의 눈물이 라켓 슬픔을 표현하고 있는데 당신이 그에 대한 응답으로 그녀와 신체적 접촉을 하게 되면 아마도 그녀

는 이것을 자신의 각본 신념의 '확증'으로 받아들일 가능성이 농
후하다.

그 대신에 당신은 그녀가 라켓으로 가리고 있었던 진정한 감정
을 표현하도록 권유할 수 있을 것이다.

'양파 껍질 벗기기'

그러나 문제는 거기에 그치지 않고 당신이 어떻게 내담자가 라
켓 감정에서 진정한 감정으로 이동하는 것을 촉진할 수 있는가다.
종종 그것을 촉진하기 위해 쓰이는 방법은 처음에는 라켓 감정을
표현할 때 '화를 발산할' 시간을 주는 것이다. 그러면 잠시 후에
그녀는 종종 자발적으로 진정한 감정으로 이동하게 될 것이다. 당
신이 내담자의 신체 신호를 계속 주의 깊게 관찰한다면 이 이동
과정을 도울 수 있을 것이다.

상상 속에서 자신의 아버지에 대한 분노를 큰 소리로 외치고
있는 어떤 내담자를 예로 들어 보자. 당신은 그가 이미 이전에 이
런 행동을 여러 번 했고 지속적인 위안을 경험하지 못했다는 것
을 알고 있다. 그러면 당신의 가설은 그의 분노가 라켓 감정이라
는 것이다.

내담자: [고함친다.] 나는 당신에게 화가 나요, 아버지![방석을
　　　　때린다.]
상담자: 다시 한 번 더요. (표현되고 있는 감정에 스트로크를 주지
　　　　않고 그 표현을 계속하도록 권유한다.)

내담자: [목소리가 낮아지고 손으로 얼굴을 감싼다.] 난 당신에게 화가 나요, 아버지.

상담자: 당신이 화난 소리로 들리지 않습니다. [부적합성에 직면한다.] 당신이 느낄 수 있는 것은 그 무엇이라도 지금 느껴 보기 위해 자신에게 시간을 주십시오. [진정한 감정으로 이동하는 데 스트로크를 준다.][잠시 멈춤] 자, 이제 계속해서 당신이 느끼고 있는 것을 아버지에게 말하세요.

내담자: 나는 두렵습니다. 나는 아버지, 당신에게 화가 난 것이 두렵습니다.

내담자는 라켓 분노로 가려 왔던 진정한 공포 속으로 이동했다. 만약 그가 준비가 되면 당신과 그는 그를 두렵게 한 것이 무엇인지를 탐색하고 그의 두려움을 해결하기 위해서 무엇이 필요한지를 알아내는 작업을 시작할 수 있을 것이다.

때때로 그 사람은 하나의 라켓 감정을 또 다른 하나의 라켓 감정이나 여러 개의 라켓 감정들로 가려 왔다. 그러므로 당신은 상담에서 내담자가 처음 제시한 라켓 감정으로 상담을 시작할 필요가 있으며 '양파 껍질 벗기기'의 방식으로 그 내부로 진입해 들어가는 작업을 해야 할 필요가 있을 것이다. 종종 라켓 감정들의 층위(層位)는 '양파 껍질'에 해당하는 후기 발달단계에서 학습된 감정들에 의해 생길 것이다. 처음 우리가 예로 들어 본 내담자는 차단의 라켓에서 기인한 감정을 제시했다. 스트레스를 받는 상황에서 그의 초기적 대응은 어떤 감정도 경험하지 못하도록 스스로를 막는 것이었다.

상담자에 의해 시간이 주어지고 직면을 하게 됨으로써 그는 기저의 분노를 느끼도록 자신을 기꺼이 방임할 수 있게 되었다. 그리하여 마침내 그는 자신의 진정한 어린이 자아의 공포 감정에 도달할 수 있게 되었던 것이다.

이 과정을 간단히 요약하면 다음과 같다. 라켓 감정에 스트로크를 주는 것은 결코 치료가 아니다. 그러나 당신의 내담자에게 잠시 동안 라켓 감정을 표출하도록 유도하는 것은 치료적일 수 있다. 물론 당신이 그것이 기저에 놓인 진정한 감정으로 통하는 길을 열어 줄 수 있을 것이라고 믿는 한에는 말이다. 당신의 임무는 내담자가 언제 라켓 감정 속에 있는지, 언제 진정한 감정을 보이는지를 계속 알아내야 하며, 그리고 어느 것에 스트로크를 주어야 하는지를 분간해야 하는 것이다.

라켓에서 진정한 감정으로의 이동은 '재결정'으로 알려진 변화 과정의 중심 요소다(10장 참조).

감정 만들기의 신화에 직면하기

만약 누군가가 라켓 감정을 경험하고 있다면, 그 사람은 그 라켓 감정 대신에 다른 감정을 느끼는 것을 선택함으로써 간단히 그것에서 항상 벗어날 수 있다.

사적인 예를 하나 들어 보자. 내 삶의 대부분 동안에 나 자신만의 단독적인 라켓은 내가 보통 어딘가 가려고 급히 서둘렀을 때

나의 차 열쇠를 '잃어버리는' 것이었다. 나 자신은 자각하지 못했지만 이러한 상황을 해결하는 데 내가 쓴 방법은 라켓적 격앙감정을 느끼는 나 자신을 정당화시키는 것이었다. 이후 내가 라켓에 대해 알게 된 때부터 나는 다른 전략을 사용했다. 지금 내가 만약 차 열쇠를 둔 곳을 잊어버렸다면 나는 나 자신에게 '아! 내가 또 라켓 감정의 설정에 들어갔구나.'라고 말한다. 즉, 나는 라켓적 짜증을 느끼는 대신에 그 라켓을 분간해서 알아맞힐 정도로 영리하다고 나 자신을 만족시키는 감정을 느끼는 것을 선택한 것이다.

흥미롭게도, 부차적으로 나는 지금 예전에 그랬던 것보다 열쇠를 '잃어버리는' 횟수가 훨씬 줄어든 성과를 얻었다. 그리고 라켓 체계의 관점에서 보았을 때 이것은 예측 가능한 결과다. 나 자신을 비난하고 짜증을 느끼는 대신 영리함과 만족함을 느끼는 나 자신에게 스트로크를 주는 것을 선택함으로써 나는 나의 각본 속에서 불러내었던 오래된 라켓적 고리를 차단한 것이다. 그래서 본질적인 감정의 변화가 라켓적 행위를 소멸시키는 것을 도왔던 것이다.

이런 전략을 내담자에게 제공했을 때 무슨 일이 일어날까? 내 경험으로는 많은 사람들은 자신들이 어떻게 느끼는지를 선택할 수 있다고 믿는 데 처음에는 어려워했다. 우리들 대부분은 아동기에 우리들이 느끼고 있는 것을 느끼도록 유발하는 것은 다른 사람이거나 외부적 사건이라고 배웠다. Goulding 내외는 이것을 '감정 만들기의 신화'라고 불렀다(Goulding and Goulding, 1979). 이 신화는 대중가요('당신은 내가 당신을 사랑하도록 만들었어요……')를 포함하여 많은 문화적 영향력을 가진 매체에 의해 영속된다.

어떤 사람이 외부적 사건들이 자신을 느끼게 만든다고 믿고 있다면, 그 사람은 자신은 어떻게 느낄까를 결정하는 힘이 없다고 믿고 있는 것이다. 아마도 이것은 바로 왜 성인기의 사람들이 감정 만들기의 신화에 끈질기게 집착하는지를 설명해 주는 한 가지 이유가 될 것이다. 그것은 감정에 대한 책임을 외부 환경에 전가하는 어린이 자아의 마법적 수단이다. 이런 식으로 자신의 힘을 디스카운트함으로써 그 사람은 자신의 각본적 응답이 자신의 선택이라기보다는 주위 환경에 의해 '유발되었다'는 것을 믿을 수 있게 된 것이다.

상담에서 당신의 임무는 내담자가 감정 만들기의 신화를 표현할 때마다 그것에 직면하는 것이다. 앞의 '디스카운트에 직면하기' 섹션에서 몇 가지 예를 들었는데 여기서 좀 더 예를 들어 보자.

내담자: 모든 상황이 너무 절망적입니다!

상담자: 당신은 이런 상황에서 좌절감을 느끼고 있네요. 내가 말하는 방식과 당신이 말하는 방식 간의 차이점을 들었습니까?(감정 만들기에 직면하기, 내담자가 디스카운트를 평가하도록 이끌기)

내담자: 지금 당신은 나를 혼란스럽게 하고 있습니다.

상담자: 어디 한번 '이안, 나는 당신에게 지독하게 분노하고 있다!'라고 말해 보세요. (이중의 직면. 나는 감정 만들기를 거절하고 있고 내담자가 라켓 감정으로 덮어 왔다고 추측

되는 진정한 감정을 표현하도록 유도하고 있다.)

라켓티어링에 직면하기

6장에서 당신은 '라켓티어링'이라고 불리는 과정을 접했음을 상기하라(English, 1976a, 1976b). 이것은 한 사람이 라켓 감정을 표현하는 자신에게 다른 사람이 스트로크를 주도록 권유할 때 일어난다. 이 권유는 심리적인 수준에서 일어난다. 가상의 예를 한 번 들어 보자.

> 내담자: 나는 오늘 또 상관과 말다툼을 했어요. 그래서 지금 정말 기분이 처집니다.
>
> 상담자: [본의가 아님] 저런, 저런, 당신이 그렇게 느끼고 있다는 것을 들으니 참 유감입니다.
>
> 내담자: 예, 그런데 곤란한 점은 내가 상관에게 다르게 말을 못 한다는 겁니다.
>
> 상담자: [본의가 아님] 그런 말을 들으니 정말 공감이 가네요.

심리적 수준에서 내담자가 하는 권유는 '부디 의기소침과 무력감을 느끼는 나에게 스트로크를 주세요.'다. 위의 예에서 상담자는 자신의 응답으로 그 권유를 받아들였고 그렇게 라켓티어링은 진행되고 있다.

사람들은 어버이 자아상태나 어린이 자아상태로부터 라켓티어를 할 수 있다. 영국의 상담자들은 어린이 자아상태에서 라켓티어 링을 하는 사람들을 두 집단, 즉 '무력한' 집단과 '말썽꾸러기' 집 단으로 세분화한다. 무력한 라켓티어들은 위의 예에 있는 내담자 처럼 슬프고 애처로운 표현을 한다. 말썽꾸러기 라켓티어들은 무 력한 라켓티어처럼 불리한 입장에서 행동하지만 불평하고 비난하 는 견지를 가지고 있다. 이러한 입장 양쪽 모두는 자신을 디스카 운트하는 어린이 자아상태를 지시해 주고 있다.

　영국의 상담자들은 어버이 자아 라켓티어들을 '도움이 되는' 혹은 '으스대는' 두 집단으로 분류한다. 양쪽의 라켓티어들이 하 는 역할은 유리한 입장을 취하는 것이다. 양자의 입장은 이번에는 다른 사람을 디스카운트하는 것이다. '도움이 되는' 라켓티어들은 '이 사람은 자신을 도울 수 없으니 내 도움이 필요해.'라고 믿으면 서 다른 사람에게 도움 또는 지원을 제공한다. 위의 가상의 예에 등장한 상담자는 이런 '도움이 되는' 역할을 견지하고 있는 것이 다. '으스대는' 라켓티어들은 '이 사람은 내가 통제하고 일일이 명 령하지 않으면 잘해 나갈 수 없어.'라고 믿으면서 다른 사람을 비 판하고 간섭한다. '말썽피우는' 라켓티어와 '으스대는' 라켓티어 사이에서 일어나는 라켓티어링은 다음의 가상적인 예와 같을 것이 다.

　　　내담자: 아우, 넌더리 나요! 오늘 또 상관과 말다툼을 했어요. 그 　　　　　　돼지한테 계속 말을 할 수 없었어요!

　　　상담자: [본의가 아님] 좋아요. 당신 상관을 저기 있는 방석 위에

놓고 '보스, 당신은 돼지야! 나는 더 이상 당신을 참아

내지 않을 거야!'라고 말하세요.

내담자: [안절부절못한다.] 차마 그렇게까진 못하겠고. 여하튼 어

떻게 그렇게 할 수 있나요?

상담자: [본의가 아님] 날 믿어 봐요! 당신은 알잖아요. 여하튼

당신은 문제 삼을 걸 문제 삼고 있는 거잖아요. 어서요.

방석에 상관을 놓으세요!

상담에서 당신이 해야 할 일은 내담자가 주는 라켓티어링으로

의 권유들 각각을 거절하는 것이다. 이것은 당신쪽에서 보면 세심

한 주의를 요구할 수도 있다. 왜냐하면 이러한 드러나지 않은 권

유들은 사회적 수준에서는 공감과 도움을 요청하는 것으로 종종

들리기 때문이다. 라켓티어링적인 계략과 진정한 요청을 구분하

기 위해서 당신은 이전 장에서 제시된 '디스카운트'를 탐지하고

직면하는 모든 기법들을 사용해야 할 것이다. 라켓티어링으로의

권유는 심리적 수준에서의 디스카운트와 함께 항상 드러나지 않

은 메시지(1장 참조)를 수반한다.

📷 자기 수퍼비전 9.4

라켓티어링에 직면하기

최근의 회기로부터 수 분 분량의 테이프 녹음 내용을 통해서 다

음 질문에 답을 적어라.

1. 어떤 시점에서 내담자가 당신을 라켓티어링으로 유도했는가?
2. 어떤 자아상태에서 내담자가 그렇게 권유했는가?
3. 각각의 시점에서 당신은 그 권유를 수용했는가 혹은 직면했는가?
4. 만약 당신이 직면했다면, 내담자는 어떻게 응답했는가?
5. 만약 당신이 라켓티어링으로의 권유를 수용했다면, 당신은 어떤 자아상태로부터 그렇게 응답했는가? 당신과 내담자는 그다음 무엇을 했는가?
6. 이번에 당신이 효과적으로 한 것에 대해 자신에게 스트로크를 주어라.
7. 당신이 다음 번에 다르게 할 것은 무엇이든 적어 두어라.

게임에 직면하기

당신은 6장에서 게임은 전형적으로 라켓티어링적인 상호교환처럼 시작된다고 배웠다. 그러나 게임에서 한 당사자가 갑자기 자신의 행위를 바꾸는 순간이 온다. 만약 그녀가 불리한 입장으로부터 라켓티어링을 하고 있는 것이라면 그녀는 유리한 입장으로 이동하는 것이다. 그리고 그 반대도 가능하다. 상대측도 보통 동시에 입장을 바꾼다. 이런 갑작스런 변경은 전환이라고 불린다. 이것이 게임을 규정하는 특징이다. 전환 후에 각 참가자들은 즉시 혼란의 순간을 느끼고 그다음에는 강렬한 라켓 감정의 결과물을 가진다.

각본 속에 있는 사람은 한 경우에서 다른 경우로 가면 달라지는 사소한 내용물만을 가지고 전형적으로 같은 게임 절차를 몇 번이고 되풀이한다. 그러나 매번 게임을 하고 전환의 '지겨운 버릇'에 이를 때마다 그는 스스로에게 '이건 모두 너무 익숙하다. 그러나 나는 다시 이렇게 되리라고는 예상하지 못했어!'라고 말한다.

당신이 내담자와 치료 계약에 동의를 했다면 당신이 해야 할 일은 그가 매번 상담 회기 중에 게임을 하기 시작할 때마다 그 게임에 직면하는 것이다. 당신은 또한 내담자가 상담 관련 외의 사람들과 하고 있는 게임에서 어떻게 빠져나올 수 있는가를 보여 줄 수도 있을 것이다.

TA 저자들은 게임에 직면하는 많은 독창적인 기법들을 제안해 왔다(예를 들면, Berne, 1964a; Dusay, 1966; James, 1976). '핵심 개념 9.2'에서 요약 정리한 게임 직면의 원칙들을 참고할 수도 있겠다.

🔍 핵심 개념 9.2

게임에 직면하기

1. 게임에 직면하기 위해, 당신은 예측할 수 있는 흐름을 중단시켜야 한다.
2. 따라서 게임에 직면하는 첫 단계는 그 게임에서의 움직임을 인식하고 있는 것이다.
3. 그러면 어떤 단계에서도 중재를 함으로써 그 게임을 중단시킬 수 있

다. 당신은 게임에서 요구하는 예측할 수 있는 움직임보다 다른 어떤 것을 하도록 게임 참가자에게 권유함으로써 이것을 할 수 있다. 당신은 또한 게임 참가자의 기대에 맞지 않도록 당신 자신의 반응을 변화시켜도 좋을 것이다.

4. 게임중지와 병행해서 당신은 참가자에게 게임에서 '예상되는' 단계를 대체할 수 있는 비각본적 선택을 제공할 수도 있을 것이다.

5. 만약 당신의 중지가 받아들여지면 그 게임에서 이어지는 모든 단계는 미리 방지될 것이다.

이어지는 하위 섹션에서 나는 게임에 직면하는 몇 가지 방법들을 약술했다. 사실 이 장의 초기 섹션에서 당신이 얻은 지식으로도 직면에 대한 지식은 충분히 갖추고 있다.

디스카운트에 직면하기

당신은 게임에서의 모든 단계가 디스카운트를 수반한다는 것을 상기할 것이다. 따라서 디스카운트를 탐지하고 직면하는 데 있어서 당신이 알고 있는 어떤 기법을 사용함으로써 효과적으로 중재할 수 있을 것이다(이 장의 앞부분 참조). 당신이 게임에서 디스카운트를 골라내고 다루는 것이 이르면 이를수록, 당신이 방지할 수 있는 게임은 더 많아질 것이다. 가장 효과적인 것은 초기의 이면 교류에서 일어나는 첫 번째 디스카운트에 직면하는 것이다.

라켓 감정 보상하지 않기

당신은 또한 게임의 보상은 라켓 감정을 경험하고 있는 참가자를 수반한다는 것을 알고 있다. 그러므로 비록 그 사람이 보상을 바라고 게임을 하였을지라도 당신은 라켓 감정 대신에 진정한 감정을 느끼도록 그를 유도함으로써 그가 장래에 게임의 위기에서 벗어나도록 도와줄 수 있을 것이다('감정 만들기의 신화에 직면하기'에 관한 앞의 섹션 참조).

전환의 순간에 친밀함으로 이동하기

게임에서 참가자에게 전형적으로 일어나는 일은 일단 참가자가 전환의 순간에 이르게 되면 그 참가자는 자신에게 유일하게 가능한 다음 단계는 익숙한 혼란의 순간을 경험하고 라켓 보상으로 이동하는 것이라고 당연하게 받아들이는 것이다. 그렇지만 Emily Ruppert(1986)는 그 사람이 다른 선택을 가지고 있다는 것을 지적했다. 모든 게임은 참가자가 아동기에 다른 사람들을 교묘하게 조종해서 자신의 욕구를 충족시키는 간접적인 수단으로써 학습했던 전략인 것이다. Ruppert는 전환의 순간에서 참가자는 자신의 진정한 욕구를 곧장 표현하는 것을 선택함으로써 게임에서 벗어날 수 있다고 제시했다. 이와 더불어 그 사람은 라켓 감정의 보상으로 이전에 감추어 왔던 진정한 감정의 표현이 이루어지게 된다. Berne(1964a)은 이러한 진정한 욕구와 감정의 공유를 설명하기 위해 '친밀함'이란 용어를 사용했다.

만약 어떤 사람이 게임으로부터 이 새로운 출구를 선택하면 그는 글자 그대로 '공인되지 않은 영역'으로 이동하게 되는 것이다. 그 사람이 게임의 각본적 흐름 내에 머무르는 한, 전환 후의 혼란 의 순간이 그 대가의 친숙성에 의해 뒤따르게 될 것이다. 그러나 만약 그 사람이 게임 대신에 친밀함을 선택하게 되면 그 사람은 자발적으로 혼란에 머무는 것이다. 게임에서 벗어난다는 것은 또 한 각본에서 벗어난다는 것을 의미한다. 그러면 그는 처음부터 다 시 시작하지 않을 수 없고 또한 익숙한 각본적 응답 대신 자신이 만들려고 하는 현시점에서의 응답을 만들어 내지 않을 수 없게 된다.

그 사람은 오래된 게임 패턴보다 더 편하게 새로운 출구를 경 험하지만은 않을 것이다. 실제로 그 사람은 새롭고 시도되지 않은 선택들과 싸우면서 처음에는 심한 불편함을 느낄 수도 있다. 그 사람과 당신의 만족감은 그 사람이 이제 선택하는 결말이 어떤 것이든 거기에 대해 성인의 책임을 수용했다는 데 있을 것이다.

존: 게임의 직면

존이 자신의 장기적 게임에서 벗어난 것도 이런 방식에 의해 서였다. 그는 단순히 나쁜 감정에 대한 보상을 바라고 게임하 는 대신에 상담을 하러 옴으로써 이미 변화를 위한 첫 번째 움 직임을 만들었던 셈이다. 그다음에 그가 한 중요한 단계는 비 상구 닫기였다. 그렇게 함으로써 그는 어린이 자아상태에서 스스로 여태까지 자신의 게임 보상을 정당화하는 데 사용해 왔던 '분노 스탬프'를 축적하는 것을 그만두는 것이 가능해졌다.

이런 식으로 형성된 기반을 가지고 나는 존에게 게임에서 벗어나 친밀로 오도록 권유했다. 14회기에 그는 헬렌이 자신을 떠날까 봐 얼마나 두려워하고 있는지를 분명히 알아챘고, 그 사실을 나와 함께 공유했다. 그가 원했던 것은 그녀가 자신에게 머무르는 것이었다. 나는 그가 헬렌에게 내게 말했던 것을 공개적으로 말하는 계약을 가질 것을 제안했고 존은 그 계약을 받아들였다.

그는 그 계약을 계속 실행에 옮겼다. 라켓 분노를 가지고 헬렌을 추궁하는 대신에, 그는 그녀가 자신을 거부할 만약의 경우를 두려워했다고 그녀에게 말했다. 그는 또 자신이 그녀에게 가장 원하는 것은 자기 곁에 그녀가 머무르는 것이라고 말했다.

헬렌 자신은 상담에 참여하지 않았다. 존은 처음에는 그녀가 놀람과 심지어 의심으로 자신의 개방성에 대응했다고 보고했다. 그는 자신이 정말로 느끼고 원하는 것을 그녀에게 말하면서 위험을 감수하고 있다는 것을 알아차리고 있었을 것이다. 왜냐하면 존이 알고 있는 모든 것은 그녀가 어떻든 자신을 거부하는 것을 결정할지도 모른다는 것이었기 때문이다. 이 위험은 어떤 관계성 속에 있는 한 사람이 게임에서 벗어나기를 선택할 때 항상 존재하는 것이다. 다른 사람이 그 또는 그녀의 게임을 포기하게 만드는 것은 가능하지 않다. 마침내 헬렌은 존을 떠나지 않았지만 그녀가 그의 새로운 관계 방식에 적응하는 데 많은 시간이 걸렸다. 그녀는 존이 상담을 마친 후에도 여전히 이런 과정 속에 있었다.

이 장에서 우리는 당신이 내담자의 어른 자아가 분명히 작동하도록 하고 그것을 강화시키도록 내담자를 유도하는 방법들을 살펴보았다. 다음 장에서는 어린이 자아상태에서 변화들을 만들도록 내담자에게 권유하는 데 당신이 사용할 수 있는 기법들을 살펴보게 될 것이다. 만약 내담자가 그렇게 하는 것을 선택한다면 그는 자신의 인생각본의 기반이었던 아동기의 경험과 결정을 다시 만나게 될 것이다.

『TA 상담 개발』에서 더 읽을거리

『TA 상담 개발』(Stewart, 1996a)의 포인트 26과 27은 당신이 내담자와 호흡을 맞추면서 어떻게 각본에 효과적으로 직면할 수 있는가에 대해 더 많은 제안을 하고 있다.

10 장
새로운 결정

3장과 6장에서 인생각본이 아동기의 결정들을 토대로 한다는 사실을 살펴보았다. 성인으로서 각본을 따를 때 고통스럽거나 자기제한적인 것이라 하더라도 유아기의 전략들을 재연하는 것이다. 각본을 따를 때 자신이 아동기의 특정한 시간에 했던 것처럼 행동하고, 사고하고, 느끼는 것이다. 즉, 지금 어린이 자아상태에 놓여 있는 것이다.

성장한 사람으로서 이러한 초기의 결정들을 변화시키고자 한다면, 어린이 자아상태에서 새로운 결정을 하는 것이 가장 효과적일 것이다. 이런 가정은 TA의 '재결정' 개념에 대한 기초를 제공해 준다(Goulding & Goulding, 1972, 1976, 1978, 1979; Kadis, 1985).

Goulding(1985: 10)은 재결정을 '내담자가 실제 어린 시절에 한 결정들을 어린이 자아상태에서 다시 내린 결정'이라고 정의한다.

Goulding 내외는 현재 TA에서 재결정학파의 창시자들이다. 이들의 접근법은 게슈탈트 치료요법(Gestalt therapy, 게슈탈트 심리학을 응용, 발전시킨 정신치료요법 – 역자 주)에서 이끌어 낸 정서적 기법들과 TA의 인지 구조를 결합하고 있다(Perls, 1971, 1976; Clarkson, 1989 비교).

이 장의 첫 부분에서는 재결정 작업에 관한 이론적 근거를 약술하고 있다. 두 번째 부분에서는 재결정의 과정과 순서를 기술하고 있다. 나는 이 과정의 각 단계에서 당신이 필요로 하는 기법들을 선정할 것을 제안한다.

재결정 이론

자아상태 모델의 관점에서 보면 우리는 어른 자아상태에서 한 새로운 결정과 어린이 자아상태에서 한 결정 간의 구별을 명확하게 할 수 있다. 우리가 누군가가 어른 자아상태에서 새로운 결정을 하고 있다고 이야기할 때 우리가 의미하는 바는 그가 현재에서 자신이 바라는 몇몇 변화를 성취하기 위해 자신의 성인으로서의 자원을 사용하고 있다는 것이다. 현시점에서의 이러한 변화는 또한 그 사람이 자각하지 못한 채로 보유하고 있는 어린이 자아상태의 동기를 만족시키는 것으로 볼 수도 있을 것이다. 그렇지만 아마도 그렇지는 않은 경우도 있을 수 있다. 실제로 몇몇 외관상으로 감지할 수 있는 어른 자아상태에서의 변화는 어린이 자아상태에서 볼 때 문제를 더 악화시킬 수도 있다.

Robert Goulding(1985)은 자신의 경험에서 이에 해당하는 예를 제시하고 있다. 그는 순전히 어른 자아상태에서 일을 줄이겠다고 결정했다. 그러나 Goulding은 예상했던 편안한 감정보다는 심한 두통을 느꼈다고 말했다. 사실 어린이 자아상태에서는 '야, 그동안 열심히 일하며 스트로크를 받아왔는데, 이제 일을 그만하기로 결정하면 스트로크 받기는 틀렸다.'고 생각한 것이다.

'재결정'을 할 때, 어린이 자아상태의 동기에 직접적으로 주의를 기울인다. 재결정이란 단순히 어른 자아상태를 통해 각본에 의한 행동 유형을 통제하는 것이 아니라, 어린이 자아상태에서 유아 시절에 사용하던 전략들을 포기하도록 변화시키는 것이다.

재결정과 라켓 체계

재결정의 과정은 라켓 체계에 대한 설명적인 틀과 관계가 있을 수 있다(3장).

당신은 유아가 자신의 나이에 적합한 사고뿐만이 아니라 감정 처리에 의해서도 자신의 초기 결정을 만드는 것으로 보인다는 것을 상기할 수 있을 것이다. 검열되지 않은 감정 표현으로 자신의 욕구를 충족시키는 데 실패하면, 유아는 자신이 할 수 있는 마법적이고 구체적인 방법으로 그 실패를 '해명'한다. 오랜 기간 반복되어 온 그 '해명'이 각본 결정을 구성하게 되는 것이다. 그리고 유아는 원래의 감정을 억누르는 것이다. 최대한 자신이 할 수 있는 대로 자신의 욕구를 충분히 충족시키기 위해서 원래의 감정을 억누르는 대신 자신의 보호자에게 지원을 강요하도록 고안된 전방위적인 행위와 감정들을 결정하는 것이다. 성인의 삶 속으로 이런 행위와 감정들이 옮겨지면 이는 그 사람의 라켓 표현과 라켓 감정이 되는 것이다. 그리고 자각하지 못한 채 성인기로 이동해 온 유아의 각본 결정은 성인의 각본 신념이 되는 것이다.

재결정의 주된 특징은 그녀가 어린이 자아상태에 있는 동안에 그녀의 원래 초기 결정의 시기에 그녀에게 개방되지 않았던 욕구를 현재에서 충족시킬 수 있는 방법을 가지고 있음을 충분히 알게 된다는 것이다. 이것은 그녀가 어렸을 때는 활용 가능하지 않았던 여러 자원들을 지금은 가지고 있기 때문에 가능한 것이다.

어린이 자아상태에 있는 그녀는 자신이 욕구를 충족시킬 수 있는 새로운 방법이 있다는 것을 알게 됨에 따라 유아일 때 결정했던 오래된 교묘한 조종 전략에 집착하지 않고 놓아주는 것이 가능해진다. 그러므로 그녀는 라켓 표현에 참여해서 라켓 감정을 경험할 필요성이 줄어드는 것을 느끼기 시작할 것이다. 이러한 라켓 감정들 대신 그녀는 각본 결정을 한 이후로 계속 억눌러 왔던 원래의 진정한 감정을 표현하고 경험하도록 자신을 허용할 것이다.

그녀가 자신의 욕구 충족을 위해 시험 삼아 진정한 감정을 표현하고 성인의 능력을 사용함에 따라 그녀는 더 이상 원래의 보호자에 의해 이러한 욕구들이 충족되지 못한 이유에 대해 자신의 유아적 '해명'을 재연할 필요가 없어지게 된다. 바꾸어 말하면 그녀는 자신의 각본 신념을 놓아 버리는 것이다. 대신에 그녀는 현

시점에서의 체험에 기반한 자신, 타인, 그리고 세계에 대한 인식
을 채워 넣게 되는 것이다.

재결정의 지표들

어떤 사람이 재결정을 할 때 그는 생각하고, 느끼고, 행동하는
방법에서의 변화를 통하여 이 재결정의 조짐을 알릴 것이다. 그는
하나 또는 그 이상의 영역에서 변화할 수도 있을 것이다(Erskine
& Moursund, 1988 비교).

- 재결정의 영역에서 그의 '사고'는 더 많이 자주 현실에 기반
  을 둘 것이다. 그리고 자신의 각본 신념에 맞추기 위해 자신
  의 사고를 왜곡하는 경우가 많이 줄어들 것이다. 달리 표현
  하면, 그는 더 많은 시간을 분명하게 사고하는 데 쓸 것이고
  더 적은 시간을 재정의와 디스카운트에 쓰게 될 것이다.
- 그는 라켓 감정 대신에 '진정한 감정'을 매우 자주 경험하고
  표현하게 될 것이다.
- 라켓 감정을 '정당화'해야 할 필요성이 줄어들었다고 느끼
  기 때문에 그는 라켓 표현에 참여하는 경향이 줄어들 것이
  다. 대신에 그는 성인으로서 자신에게 적합한 능력을 사용하
  여 자신의 욕구를 곧장 충족시키도록 고안된 '행동' 양식들
  에 더 많이 의존하게 될 것이다.

게다가 재결정은 자주 그 사람의 신체적 변화를 동반한다(Erskine, 1980; Erskine & Moursund, 1988). 이러한 사실은 그 사람이 빠른 맥박, 다한증 또는 근육통과 같은 신체적 불쾌감의 완화를 보고할 때 뚜렷이 알 수 있다. 혹은 위의 경우보다 더 많은 일련의 미묘한 신체적 변화들이 재결정의 신호로 포착될 수도 있을 것이다. 이러한 변화들은 자신보다 다른 사람들이 더 분명하게 알아본다. 전형적으로 관찰자들은 그녀가 '더 부드럽고' '더 따뜻하고' '더 편하게 보이는' 등의 변화를 가지고 있는 것으로 본다. 이것은 초기 결정들이 흔히 기존에 가지고 있던 신체적 패턴에 의해서 만들어진다는 사실을 반영한다(3장). 그 사람이 결정을 바꾸게 됨에 따라 그 결정과 함께 가지고 있던 근육의 긴장도 동시에 완화되는 것이다.

재결정의 정도

재결정은 단발적이고 이판사판식의 변화 형태를 가지는 경우는 거의 없다. 각본 결정에 전적으로 전념하는 입장으로 시작하여 그다음 한 번의 스트로크에 새로운 결정으로 이행하는 것 같지는 않다. 그보다 재결정은 정도의 문제이고 종종 시간이 걸리는 문제다. 어떠한 초기 결정도 전적으로 혹은 부분적으로 재결정되지는 않는 것 같다. 그 사람은 상담 또는 치료요법에 관한 특별한 영역을 수차례 재방문할 것이다. 재방문할 때마다 매번 그녀는 해당 영역에서 이미 만들었던 재결정을 강화하는 기회를 가진다 (Erskine, 1973; Stewart & Joines, 1987).

게다가 만약 그 사람이 그러한 재결정을 자신의 삶에서 영구적인 부분으로 만든다면 그 사람은 그러한 재결정에서 비롯되는 새로운 행동들을 지속적으로 실행해야만 할 것이다(Goulding & Goulding, 1979; Pulleyblank & McCormick, 1985). 이런 방식에서도 역시 재결정은 단발성의 변화가 아니라 장기간에 걸쳐 그 사람이 참여하는 과정으로서 나타나게 될 것이다.

재결정에서 상담자의 역할

이 장의 뒷 섹션에서 나는 당신의 내담자가 재결정하는 것을 촉진시킬 수 있는 상담 기법들을 기술할 것이다. 그렇지만 내담자가 재결정 기법들을 수반하지 않는 여러 방법들로도 재결정을 할 수 있다는 것을 언급할 가치가 있다. 당신과 내담자가 순전히 어른 자아 수준에서 작업을 하고 있을 때 내담자가 어린이 자아 수준에서 재결정을 할 수도 있다. 가끔 재결정은 당신이 상담 회기에서 현시(顯示)하는 내용보다는 당신이 제공하는 적합한 모델링과 더 관계가 있을 것이다.

예를 들면, 당신의 내담자가 '나는 신뢰해서는 안 돼.'라는 초기 결정을 한다고 가정해 보자. 당신과 내담자는 아마도 내담자의 라켓 체계의 내용을 분석해 가면서 어른 자아적인 논의를 하는 데 얼마간의 회기를 보낼 수 있을 것이다. 이것을 기반 삼아 내담자는 어른 자아에 기원한 새로운 행동들을 시험 삼아 해 보는 데 바쁠 것이다. 그렇지만 어린이 자아상태에서 자각하지 못한 채, 그는 당신을 시험해 보는 것에 관심을 두는 것과 같은 짓을 하고 있는 것이다. 이때 당신은 어떻게 하겠는가? 그가 유아였을 때 그의 부모와 같은 인물들이 했던 것을 그가 알아볼 수 있는 방식으로 그를 포기하거나 잔인한 속임수를 쓰겠는가? 점차적으로 그는 어린이 자아상태에서 당신이 진실하고 자신에게 머물러 준다는 신뢰에 대한 확신을 발현시킬 수 있을 것이다. 이것이 재구성의 시작을 본질적으로 구성하는 것이다.

당신이 재결정 기법을 정말로 사용할 때 당신은 내담자의 변화과정에 무엇을 제공할 수 있는가? 무엇보다도 당신은 내담자를 자신의 어린이 자아상태로 권유하는 것이 필요하다. 그런 다음 내담자가 '여전히 어린이 자아상태에 있는 동안에' 지금 – 여기 성인적 선택과 자원을 알아차리는 것을 촉진하는 방법들을 발견해야 한다. 최종적으로 당신은 내담자가 새로이 결정된 사고방식, 느낌방식, 행동방식을 내담자의 일상적인 어른 자아의 기능 속으로 통합하도록 내담자와 함께 작업하는 것이 필요할 것이다. 이 장의 나머지 부분에서 기술된 기법들은 모두 이러한 목표들을 성취하도록 고안되어 있다.

재결정 기법

나는 당신이 재결정의 단단한 기초를 놓고자 한다면 반드시 완료되어야 하는 치료 단계를 기술하는 것으로 이 부분을 시작하고

자 한다. 그다음에는 재결정 작업의 유형적인 순서를 개관하고자
한다. 나머지 섹션들에서는 좀 더 상세히 이런 순서에서의 각 단계
를 기술하고자 한다. 나는 단계별로 이러한 순서를 예증하기 위해
존과 함께한 재결정 작업의 한 부분을 사용할 것이다.

재결정을 위한 기초 놓기

당신의 내담자와 함께 재결정 작업을 시작하기 전에 당신은 내
가 5장에서 8장까지 기술해 왔던 치료 순서상의 모든 단계들을
정상적으로 완료했을 것이다. 특히 재결정을 위해 필수적인 전제
조건이 되는 치료상의 두 단계가 있다.

- 내담자는 세 가지 비상구 모두를 틀림없이 닫아 놓아야만 한
  다[1] (7장).
- 당신은 변화를 위해 분명한 계약을 틀림없이 협상해 놓아야
  만 한다(8장).

이 두 단계를 안전하게 완료했다면 당신과 내담자는 재결정 작
업을 위한 견실한 기초를 가진 것이다. 실제로 그것들은 그 자체
로 내담자가 자발적으로 재결정으로 이동하게 하는 강력한 권유
가 된다.

---

1) 7장에서 언급한 대로 내담자가 시간 제한을 둔 기간 동안, 그리고 그 기간이 끝나지
않은 동안 비상구들을 닫았다면 이 조건은 충족된다.

이와 대조적으로 만약 당신이 필수적인 기초 없이 계속 진행하고자 한다면 재결정 기법의 사용은 거의 전적으로 효과가 없을 것이다. 그리고 더 나쁘게는 내담자에게 잠재적으로 해를 끼칠 수도 있다는 것이다. 왜 그런지를 상기하고자 한다면 당신은 3장과 7장의 '비극적인 각본 결말'에 대한 논의를 재검토해 보는 것이 좋을 것이다.

Pulleyblank와 McCormick(1985)은 또한 재결정 작업에 착수하기 전에 당신과 내담자가 개인적인 신뢰감을 구축하여야 한다는 것을 강조했다. 내담자는 어린이 자아상태에서 안전하고 신뢰할 수 있게 당신을 경험할 수 있도록 충분히 당신을 잘 알아야만 한다. 몇몇 내담자들에게는 이러한 신뢰 구축의 단계가 이어지는 재결정 작업보다 훨씬 더 오래 걸릴 수도 있다.

안전한 환경 제공하기

재결정 작업 동안에는 내담자가 개방적으로 감정을 표현하는 것이 안전하다고 느끼는 게 중요하다. 이러한 감정 드러내기는 어쩌면 소란스럽거나 격렬할 수도 있을 것이다. 그러므로 당신이 재결정 기법을 사용해야겠다고 결정하기 전에 당신은 반드시 주변 환경이 안전하고 적절함을 보증해야 한다. 다음에 점검해 보아야 할 몇 가지 사항들이 있다.

- 내담자는 상담실 외부에서 듣는 사람이 없이 떠들 수 있어야만 한다. 그럼에도 불구하고 그녀의 말을 들을 수 있는 누군

가가 있다면 그 사람은 무엇이 진행되고 있는지에 관해 간단한 언질을 받아야 하고 내담자도 그것을 알아야 한다.

- 내담자가 주먹으로 마구 치거나 발로 찰 수도 있기 때문에 큰 방석들이 많이 있어야 한다. 내담자를 매트리스 위에 놓인 방석에 번갈아 앉도록 하는 것이 현명하다. 만약 내담자가 격노하게 되면 단단한 표면이나 부서지기 쉬운 물체를 주먹으로 칠 위험이 없다는 것을 보증해야 한다.

- 만약 당신이 회기가 진행되는 도중에 재결정 작업을 시작할 것을 고려한다면, 시간을 고려해야 한다. 그 회기의 종료 전까지 적어도 20분이 남지 않았다면 그런 부분적인 재결정 작업을 시작하지 말 것을 권한다.

재결정 작업의 전형적인 순서

나는 Goulding과 Goulding(1979), McNeel(1976) 그리고 Pulleyblank와 McCormick(1985)의 작업과 나 자신의 부가적인 자료(Stewart, 1987, 1996a)로 이 '전형적인 순서'를 개발했다.

우리는 내담자가 비상구를 모두 닫았고 전반적인 치료 계약을 협상했다는 전제로부터 시작한다. 그 순서에 따른 단계들은 다음과 같다.

1. 분명한 '회기 계약'을 수립하라.
2. 당신의 내담자가 상담을 하러 가지고 온 문제에 좋은 예가

되는 '최근 장면을 재경험'하도록 권유하라. 그가 그 장면을 기술할 때 그가 경험하고 있는 '라켓 감정'을 적어 두라. '각본 신념'을 동반하는 그의 표현에 귀를 기울여라.

3. 다음으로 내담자에게 방금 기술하고 있던 최근 장면과 관련된 '자신의 아동기에서의 한 장면을 재경험'하도록 요청하라. 내담자가 최근 장면에서 보였던 것과 같은 라켓 감정을 보고하고 있는지를 점검하라. 최근 장면과 초기 장면 사이를 연결하고 있는 것이 바로 이 라켓 감정이다. 내담자가 회상된 초기 장면에서 강력하게 말로 표명하는 '각본 결정'들에 귀를 기울여라. 이 각본 결정들은 현재의 각본 신념들에 대응하는 아동기의 대체물이다.

4. 내담자가 '계속 어린이 자아상태에 있을 동안에' 자신의 욕구를 충족하고 생존하기 위해 '현재에' 이용할 수 있는 성숙한 자원이 충분하다는 것을 알아차리도록 내담자를 북돋아 주어라. 이 단계는 자주 다음 단계로 자연스럽게 들어간다.

5. 내담자가 어린이 자아상태에 있는 동안 자신의 현재 자원의 이점을 충분히 이용할 수 있는 '새로운 결정을 내리도록' 권유하라. '라켓 감정'에서 빠져나와 '진정한 감정' 혹은 적합하게 전달되는 새로운 결정의 언어적 확정으로의 이행(移行)을 주시하고 귀를 기울여라. 당신은 또한 재결정에 흔히 동반되는 신체적 변화, 즉 얼굴과 몸의 윤곽이 전형적으로 '부드러워지는' 것을 볼 수 있을 것이다.

6. 내담자에게 어른 자아상태로 돌아가도록 요청해서 즉시 지

금–여기에서 그가 만든 재결정을 '정착'시킬 것을 권유하라. 이것은 재결정에 대한 자신의 경험을 다시 활성화시키기 위한 동인(動因)으로서 차후 필요한 때에 사용할 수 있도록 그에게 몇몇 행동들에 참여하도록, 혹은 몇몇 지각적인 충동을 알도록 요청하는 것을 의미한다.

7. '어른 자아가 한 일에 대한 보고 청취'를 수행하라. 여기서 당신은 내담자와 함께 그가 방금 만든 새로운 결정에 관한 어른 자아적인 이해에 대해 논의하는 것이다. 이 단계에서는 원래의 회기 계약을 재언급하고 내담자가 그 계약을 얼마나 성취했는가를 점검해 보는 것이 유용하다.

8. 최종적으로 내담자가 재결정을 지속적으로 '실행'하는 데 사용하게 될 자신의 새로운 행동들에 대해 분명한 계약을 협상하라.

1단계: 회기 계약 수립하기

나는 이미 당신들이 내담자에게 분명한 회기 계약을 권유할 수 있는 방법을 설명했다(8장). 당신은 문제로 역행하는 것이 아닌 결말로 나아가는 질문을 함으로써 이 단계를 효과적으로 시작할 수 있다. 예를 들면, '당신은 이 회기가 끝날 때쯤 무엇을 성취하기를 원합니까?'와 같은 질문들을 할 수 있을 것이다.

내담자가 응답할 때 Goulding 내외가 '첫 번째 반대(first con)' (Goulding & Goulding, 1979: 90)라고 부른 것에 특히 귀를 기울여

라. 당신은 '착수하다' '시도하다'와 같은 재정의를 듣거나 혹은 비언어적인 불일치를 알아차릴 수도 있을 것이다. 이 모든 것은 어린이 자아상태에 있는 내담자가 자신의 각본 신념에 감지된 위협에 대항하여 은밀한 방어물들을 소집하고 있다는 신호인 것이다.

당신이 그와 같은 개시적인 '반대'에 직면하는 것이 결정적으로 중요하다. 재결정에 관한 회기들은 가끔 극적이고 자극적인 것일 수 있다. 그래서 당신은 내담자가 만들기를 원하는 것을 내담자에게 듣지 못했음에도 어서 '그 작업에 열중'하고 싶어 조바심을 낼 수도 있을 것이다. 이 방법을 택하지 마라. 내담자가 회기에서 얻고자 하는 것을 재정의 없이 분명하게 말할 때까지는 재결정 기법을 가지고 상담을 진행하지 마라. 나의 경험상 재결정 작업이 '지리멸렬하게' 끝났을 때는 거의 항상 초기 회기 계약이 불분명했거나 상담자가 '첫 번째 반대'에 직면하는 데 실패했을 때였다.

늘 그렇듯 계약의 표현은 긍정적이고 관찰 가능할 필요가 있다. 핵심 질문은 '당신과 내담자는 내담자가 그 회기 동안 자신의 목표를 성취했다는 것을 보고 듣는 것이 어떻게 가능합니까?'다. 당신과 내담자가 이 질문에 대한 답을 알 때까지는 이 첫 시작단계에 머물러라.

가끔 당신이 이 순서의 다른 단계를 시작할 수 있는 시간을 채 가지기도 전에 당신이 가진 50분의 시간이 결말에 사용될지도 모른다. 당신이 어른 자아적 논의와 더불어 적절한 직면을 하는 데 이 50분을 썼다고 한다면 이런 결말은 모두 만족스럽고 좋은 것이다. 이번에는 이 내담자에게라는 식으로 변화를 위한 분명한 목표를 특정 지우는 것이 치료요법상의 관심거리일 것 같다.

회기 동안에 각본 변화를 추적하기

재결정 작업을 하는 중에는 자주 내담자는 회기가 진행되는 도중에 초기의 회기 계약을 완료할 것이다. 그 시점에서 내담자의 작업에 관한 내용으로부터 당신은 각본에서 벗어나려는 내담자의 움직임을 도와줄 수 있다고 믿는, 그리고 내담자가 즉시 할 수 있을 것 같은 다음의 움직임을 알 수 있게 될 것이다. 계약 방법의 일반적인 원칙에 입각하여 볼 때 이것은 당신이 그 시점에서 새로운 회기 계약을 협상해야 할 필요가 있다는 것을 의미한다.

그러나 재결정 작업에서 이러한 점은 당신에게 특별한 문제를 제시하는 것이다. 초기 계약을 완료하는 그 순간에 내담자가 어린이 자아상태에 있을 수도 있다는 것이다. 만약 당신이 새로운 회기 계약에 관한 논의를 시작한다면 당신은 내담자가 어린이 자아상태에서 나와 어른 자아상태로 돌아가도록 권유를 해야 할 것이다. 당신과 내담자 양자는 어린이 자아상태에서 내담자의 작업 흐름에 충돌하는 방해로 인해 이것을 경험하게 될 것이다. 그러나 만약 당신이 새로운 계약을 권유하지 않는다면 당신은 내담자에게 그 계약을 완료하지 못했다고 '누명을 씌우는' 모험을 감수해야 한다. 당신은 이 딜레마를 어떻게 해결할 수 있을까?

한 가지 유용한 전술은 회기 시작 시에 그러한 가능성에 대비하는 것이다. 당신은 회기 계약에 동의할 때 그러나 내담자가 어린이 자아상태 속으로 가도록 권유하기 전에 이 전술을 쓸 수 있다. 당신은 내담자에게 다음과 같이 말할 수 있을 것이다. "이 회기 동안 나는 당신이 특별한 어떤 것들을 말하거나 행동하라고 제안할 수 있습니다. 만약 그때 내가 제안한 것을 당신이 기꺼이 말하거나 하지 않으려고 하는 상황이 우연히 벌어진다면 나는 당신에게 그냥 내가 한 말을 무시하라고 요청할 겁니다. 당신은 그것에 OK입니까?" 만약 내담자가 OK라고 말하면 내담자가 그렇게 말하는 것이 적합한지를 점검하라.

당신이 연장된 기간 동안 내담자와 함께 재결정 작업을 하고 있다면 당신은 이것을 내담자의 모든 재결정 회기를 망라하는 '포괄적인' 요청으로 삼을 수 있다. 이것이 바로 존과 함께한 작업에서 내가 쓴 방법이다. 목전에 걸린 문제는 그가 진정으로 '하려고' 하는 것임을 주목하는 것이다. 이것은 그가 하기를 '원하는' 것과 동일한 것일 수도 있고 아닐 수도 있다.

미지(未知)의 변화에 대한 계약

가끔 당신은 내담자가 그 작업에 열중하기 전에 현재의 몇몇 불편감의 근저에 어떤 각본 결정이 놓여 있는가를 확실히 모르는 경우가 있다. 당신은 그 결정이 내담자가 몇몇 초기의 장면들을 재방문할 때나 상상 속에서 부모와 같은 몇몇 인물들에게 말을 건넬 때 나타날 거라고 기대할 수 있다. 그러나 내담자가 미리 그 결정이 무엇인지를 모를 때 그 결정을 변화시킬 계약을 당신의 내담자가 어떻게 할 수 있을까?

이 가능성을 수습하는 표현들의 한 형태가 있다. 먼저 내담자에게 그가 재결정 작업의 전형적인 순서 중 하나를 가지고 기꺼이 진행할 건지를 물어보는 것이다. 예를 들면, 다음과 같다.

> "당신은 상상을 통해 방금 나에게 말했던 고통스러운 그 장면과 여러모로 연관되어 있는 아동기의 한 장면으로 되돌아가 그것을 기꺼이 재경험하겠습니까?"

혹은

> "당신은 상상 속에서 다른 방석에 당신의 어머니를 앉혀 놓고 당신이 존재하기를 원하지 않는 그녀에 대하여 당신이 어떻게 느끼는지를 표현해 주시겠어요?"

늘 그렇듯, '예'라는 응답이 적합한가를 점검하라. 적합한 것이라면 계속해서 다음과 같은 만약을 묻는 의문문으로 질문하라. "그리고 만약 이 작업이 진행되는 동안 당신이 지금 고통스럽거나 제한적으로 만드는 아동기 결정을 알아차리게 된다면, 당신은 성인으로서의 충분한 자원을 염두에 둔 새로운 결정을 위해 그 아동기 결정을 기꺼이 변화시키겠습니까?"

이것은 내담자가 재결정 작업을 시작하기 전에 비상구들을 닫는 것이 얼마나 중요한지를 또 한 번 강조해 주는 것이다. 비상구가 닫히지 않았다면 내담자가 어떠한 초기 결정이라도 그것을 변

화시킬 포괄적인 계약을 받아들이는 것이 위험할 수도 있다는 것
이다.

2단계: 최근 장면을 재경험

이 두 번째 단계는 재결정 작업의 모든 부분에 적용할 수 없다.
당신과 내담자가 몇몇 특정한 각본 변화 쪽으로 이행하는 전략에
이미 합의를 한 상태이기에 당신은 회기 계약을 수립하는 단계
(1단계)에서 곧장 바로 의자기법(3단계 참조)과 같은 몇몇 재결정
순서로 들어갈 수도 있을 것이다.

그렇지만 내담자는 변화에 대해 모호하게 정의된 욕구를 언급
함으로써, 혹은 그가 상담하러 들고 온 문제에 대해 막연히 언급
함으로써 그 회기를 시작할지도 모른다. 이런 상황에서는 내담자
에게 자신의 현재 삶으로부터 나온, 그리고 변화에 대한 문제나
인지된 욕구를 예시해 주는 특정한 장면을 재경험해 보도록 권유
하는 것이 유용하다. 당신은 그 장면에 대해 '이야기를 하는' 것이
아니라 그 장면을 '재경험'하도록 내담자에게 요청하는 것임을 유
의하라.

Mary Goulding과 Robert Goulding(1979)은 이러한 목적을
달성할 수 있는 간략한 중재의 순서를 제시했다. 내담자가 변화에
대해 일반적인 문제나 모호하게 표현된 바람을 나타내는 말로 상
담을 시작했다고 가정해 보자. 당신은 그렇다면 "당신은 나에게
이것에 대한 최근의 예를 말해 주시겠어요?"라고 묻는다.

내담자가 최근의 장면을 기술하기 시작할 때 다음과 같이 이야기하라. "자, 실례지만 그 장면에 그대로 있으세요. 그리고 마치 그 장면이 지금 일어나고 있는 것처럼 현재형으로 그 장면을 말해 주실래요?"

몇 문장을 말한 후에 내담자는 과거형을 은근슬쩍 쓸지 모른다. 만약 그렇다면 간단하게 현재형으로 그 장면을 다시 기술하도록, 그리고 그가 말하고 있는 장면에 있는 자신을 상상해 보라고 권유하라.

그 최근의 장면이 또 다른 한 사람과 어떤 상호작용을 수반하고 있는 상황이라면 당신은 내담자가 상상 속에서 그 사람을 빈 의자에 '두고' 대화를 재현하도록 권유할 수 있을 것이다. 그가 한 사람에서 다른 사람으로 정체성이 변하듯이, 의자에 앉는 사람을 바꾸면서 자신의 역할과 그 사람의 역할을 번갈아 가며 하도록 요청하라.

그가 최근의 장면을 재경험하게 됨에 따라 재경험하는 장면이 비록 자신의 성인 생활에서 온 것이라 하더라도 그는 이미 어린이 자아상태 속으로 이동했을 수도 있다. 당신은 그가 최근 장면 그 자체에서 그랬던 것처럼 동일한 라켓 감정을 표현하고 동일한 각본 신념을 외치는 걸 그에게서 들을 수 있을 것이다. 당신은 다음과 같이 질문함으로써 이 과정을 도와줄 수 있다. "그래서 결국 어떻게 느낍니까? 당신의 머릿속에서는 당신 자신에 대해 무어라고 말합니까? 다른 사람에 대해서는요? 전반적으로 인생에 관해서는요?" 늘 그렇듯이 다음 질문으로 넘어가기 전에 한 질문에 대한 대답을 기다려라.

계약 맺기에서 최근의 장면을 사용하기

내담자가 변화에 대해 모호하게 정의된 바람을 말함으로써 시작하는 상황이라면 당신은 순서상 단계 1과 2의 순서를 바꾸는 것이 유용함을 발견할 수도 있을 것이다. 이것은 그 회기에서 변화에 대한 분명한 계약 수립을 위해 내담자의 최근 장면에 대한 경험을 사용하는 것을 허용한다. 당신은 우선 내가 앞에서 기술한 방식으로 내담자가 최근 장면으로 돌아가도록 권유하라. 그런 후 다음의 질문을 하라.

"그래서 이 장면에서 당신이 고통스러운 결과 대신 유쾌한 결과를 얻기 위해 다르게 행동할 필요가 있는 것은 무엇입니까?"

당신은 내담자가 그 장면 안에 머물러서 그와 다른 사람이 그가 새로운 방식으로 행동하는 걸 어떻게 보고 듣는지에 관한 세부적인 영상들을 축적하도록 권유할 수 있다. 내담자는 이제 행동 변화에 대해 명확하게 정의된 목표를 가진 것이다. 후에 재결정 회기의 마지막에 당신은 이 목표로 되돌아가서 그가 정말로 현실에서 기꺼이 진행할 것인지, 그리고 방금 시각화했던 행동을 수행할 것인지를 물을 수 있을 것이다.

'다른 사람들은 변화되어서는 안 된다'

당신은 내담자가 자신이 원하는 결말을 성취하기 위해 어떻게 다르게 행동할 수 있는지를 시각화하도록 권유하는 것에 유의하라. 당신은 다른 사람들이 그 장면 자체에서 실제로 행동하는 방식과는 다르게 행동하는 어떤 장면을 상상하도록 내담자에게 요청해서는 안 된다. 이 원칙은 재결정 작업의 모든 단계에 적용되는 중요한 것이다. Goulding 내외(1979: 206)는 명령형으로 이것을 요약했다.

• '다른 사람들은 변화되어서는 안 된다.'

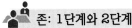 **존: 1단계와 2단계**

내가 예증으로 사용하고 있는 작업의 일부는 15회기에서 나온 것이다. 존과 나는 이미 그가 성취하기를 원했던 전반적인 변화에 동의했다. 그는 자신의 여자 친구들에게 폭력적이 되는 습관적인 패턴이 중단되기를 원했다. 대신에 그는 자신의 감정을 숨기지 않고 자신이 원하는 것을 직접적으로 요청하는 방법을 발견하기를 원했다.

나는 그에게 여자 친구에게 공격적이 된 최근의 상황을 상기하도록 요청했다. 존은 헬렌이 그에게 아무런 애정을 표현하지 않은 것으로 보여 기분이 나빴던 몇 주 전의 경우를 지적했다.

그는 헬렌에게 자신이 원하는 것을 요청하는 대신 그녀에게 잔소리를 했고 헬렌은 시선을 피하는 것으로 대응했다. 결국 그는 그녀에게 소리를 질렀고 집 밖으로 뛰쳐나왔다.

나는 그에게 상상 속에서 헬렌을 다른 방석에 앉히고 번갈아 양쪽의 역할을 하면서 그들의 상호작용을 다시 보여 주도록 요청했다. 존은 동의했다. 이것이 우리의 회기 계약의 시작이었다.

그가 '헬렌'과 이야기했을 때, 그는 그녀에게 다음과 같이 말했다. "난 늘상 이런 식으로 당신과 말다툼하는 것을 원하지 않아. 그러나 나는 또 그렇게 하고 있는 나 자신을 발견하곤 해. 어떻게 해야 할지 모르겠어."

그는 원하지 않았지만 다시 계속했다. 나는 이 갈등을 찾아냈고 이것을 3단계로 들어가는 열쇠로 사용했다.

3단계: 관련된 초기 장면 재경험

이 세 번째 단계에서 당신은 섬세한 작업을 해야 한다. 당신은 내담자에게 어린 시절로 '돌아가게' 하고 당시에 고통스러웠을 법한 상황을 재경험하도록 요청하는 것이 필요하다. 하지만 이 경험이 치료적인 것이 되려면 내담자는 또한 지금-여기서의 당면한 현실을 알고 있어야만 한다. 자아상태의 용어로 설명하면 내담자는 심지어 어린이 자아 각본 기억에 접근하는 동안에도 어른 자아의 기능에 쓰이는 얼마간의 에너지를 계속 유지해야만 한다.

왜 이것이 필수적인가? 왜냐하면 재결정의 중심 특징이 내담자가 '과거'의 장면을 재경험하고 있는 동안에 '현재'의 자원과 만나기 때문이다. 그러한 현재의 자원에 접근하기 위해서, 내담자는 현재에 대한 인식을 잊지 말고 보유하고 있어야 한다.

내담자가 일시적이나마 모든 어른 자아상태의 기능을 포기하고 완전히 어린이 자아상태로 이동했다면 그 내담자는 단지 기억하고 있던 고통스러운 경험을 다시 하고 있는 것뿐이게 된다. 새로운 자원이 도입되고 있지 않으므로 그 장면의 결말은 내담자의 아동기에 있었던 것과 동일한 것이 될 것이다. 결과는 반(反) 치료적인 것이 될 것이다. 즉, 내담자는 단순히 자신의 기억을 강화하는 창고에 변화하지 않은 장면을 추가한 것뿐일 것이다.

교류분석가들은 3단계의 치료 목표를 성취하기 위하여 다양한 기법들을 고안해 왔다. 널리 쓰이는 두 가지 기법은 다음과 같다.

- 초기 장면 작업
- 의자 기법

초기 장면 작업

이 기법의 이름이 의미하는 것처럼 초기 장면 작업은 내담자에게 아동기의 한 장면을 재경험하도록 권유하는 것을 의미한다. 이 장면은 여러모로 내담자의 현재 생활에서 보고된 고통스런 상황에 대한 대체물일 것이다.

초기 장면 작업에서도 당신과 내담자는 실제로는 '과거를 가지고 작업하는' 것이 아님을 유의해야 한다. 과거 속에서 일하는 것은 불가능하다. 대신에 당신이 할 수 있는 것은 과거 장면에 대한 내담자의 현재 기억을 경험하도록 돕는 것이다. 과거 장면 그 자체는 더 이상 바뀔 수가 없다. 그러나 내담자는 과거 장면에다 성인으로서 이용할 수 있는 자원과 선택들을 도입함으로써 그 장면에 대한 '현재 경험'을 바꿀 수 있다. 이것은 다음에 내담자가 과거의 장면과 유사한 일이 현재에서 실제로 일어날 때 그에 대한 반응을 바꾸도록 도와준다.

초기 장면 작업을 시작하기 위한 한 가지 접근법은 간단히 내담자에게 "이 모든 것은 당신의 어린 시절로부터 어떤 것을 생각나게 합니까?"라고 묻는 것이다. 만약 그가 어떤 기억을 떠올린다면 당신은 그에게 '거기 있으라'고 요청하고 계속 진행해서 당신이 최근 장면 작업에서 한 것처럼 현재 시제로 이야기하라.

또 다른 방법은 최근 장면으로부터 내담자의 기억을 거꾸로 더듬어 올라가서 점점 더 멀리 내담자의 과거로 도달하는 장면들에 들어가는 것이다. 이러한 모든 장면들을 연결해 주는 요소는 내담자가 경험한 '라켓 감정'이다. 그러므로 내담자가 2단계에서 최근 장면에 대한 자신의 경험을 기술할 때 당신은 "그래, 결국 당신은 느꼈네요(라켓 감정의 이름을 대라). 약 1년 전의 당신의 기억으로 돌아가서 마침내 같은 방식으로 느낀 어떤 장면을 상기해 보시겠어요?"라고 물어볼 수도 있었을 것이다.

내담자가 그러한 장면을 상기했을 때 그에게 보통 때와 같이 현재 시제를 사용하여 그것을 간단하게 기술하도록 요청하라. 일단 그가 그렇게 했다면 그에게 당분간 그 장면을 개의치 말라고 요청하라. 당신의 첫 번째 질문을 반복하라. 그러나 이번에는 그가 위와 동일한 라켓 감정을 느꼈던, 이를테면 5년 전의 장면으로 되돌아가라고 요청하라.

이런 방식으로 더욱 초기의 장면으로 거슬러 올라가라. 보통 내담자는 그의 아동기 장면에 다시 연결될 수 있다. 마침내 그는 더 초기의 장면을 상기할 수 없다고 말한다. 그가 그렇게 말하면 그가 회상했던 가장 초기의 장면으로 작업을 계속하라.

대부분의 교류분석가들은 이른바 초기 장면은 '영상 기억'을 표현한다는 것에 동의한다. 즉, 당신은 유아기라기보다는 아동 중기와 후기의 장면을 가지고 작업하는 것이다. 이것은 아마 내담자가 실제로 문제의 각본 결정을 만들기 시작했던 그 장면은 아닌 것 같다. 그것은 아마도 더 이른 아동기에 만들기 시작했던 어떤 결정을 굳건하게 하는 근거가 되어 왔을 가능성이 더 큰 것으로 보인다. 그렇지만 경험으로 볼 때 그 영상 기억을 가지고 작업을 하는 것은 각본 결정을 변화시키는 수단으로서는 효과적일 수 있다.

가끔 내담자는 자신의 아동기 기억의 전부나 대부분을 분명하게 기억하고 있지는 않을 것이다. 그녀는 말하자면 십대 이전의 장면은 어느 것도 상기할 수 없다고 말할 수도 있을 것이다. 이런 경우, 당신은 그녀가 상기할 수 있었더라면 상기하였을 수도 있을 초기 장면을 만들어 보라고 권유를 하는 것이다. 그런 다음 계속해서 상상으로 만든 그 장면을 가지고 작업하는 것이다.

의자 기법

당신은 2단계에서 최근의 장면을 가지고 작업을 하였기 때문에 이미 내담자에게 자신을 한 의자에 앉도록 하고 또 다른 한 의자에 앉아 있는 가공의 사람과 이야기를 해 보도록 권유했을 것이다. 만약 그렇다면 당신은 이미 의자 기법을 시작한 것이다. 이제 당신은 3단계로의 이행을 위한 다양한 선택을 가지게 된 것이다.

(a) 당신은 내담자에게 간단하게 이런 의사교환이 자신의 어린 시절로부터 무엇인가를 기억나게 하는지 물어볼 수 있을 것이다(예를 들면, 자신의 어머니나 아버지와의 대화가 기억이 난다든지 하는 것). 만약 기억이 난다고 하면 그에게 그 기억상의 인물을 다른 의자에 앉도록 하고 그 인물과 대화를 해 보도록 권유하라.

(b) 혹은 내담자에게 '마스크를 벗도록' 권유할 수 있다. 그가 다른 방석에 앉아 있는 사람에게 계속 이야기를 할 때, 라켓 감정으로의 이행을 예의 주시하라. 내담자가 라켓 감정으로 이행하는 그 순간에 내담자에게 다음과 같이 말하라. "지금 건너편에 있는 그를(그 사람의 이름을 대라) 보세요. 당신이 그렇게 할 때 당신이 보고 있는 그 사람은 실제로는 '그'(이름을 댈 것)의 얼굴을 가지고 마스크를 한 다른 사람이라는 걸 알게 될 겁니다. 만약 당신이 알고 싶다면 건너편에 가서 마스크를 벗기세요(내담자가 그렇게 하는 것을 기다려라). 자, 그 마스크 뒤에 누구의 얼굴이 보이십니까?"

보여진 얼굴은 흔히 부모 표상의 얼굴이다. 때때로 내담자
는 자신의 얼굴을 보기도 한다. 그는 아마 몇몇 상징적인
인물의 얼굴을 볼 수도 있을 것이다. 함께 작업을 할 얼굴
은 그가 맨 처음 본 얼굴이다.

(c) 당신이 아직 2단계에서 의자 기법을 사용하지 않았다면
3단계에서 해도 좋을 것이다. 내담자가 최근의 장면에서
표현하고 있는 어떤 '갈등'을 주시하라. 예를 들면, 다음과
같다.

"나는 과로로 너무 피곤하지만 그것을 멈출 수 없을 것 같아
요."

"나는 내가 어떻게 느끼는지에 대해 나의 남편에게 정말 이
야기하고 싶어요. 그러나 여하튼 말을 못하겠어요."

"늘 똑같습니다. 나는 한동안 다이어트를 해서 정말로 살을
잘 뺐는데, 그다음에는 폭식하고 다시 살이 찌는 식이죠."

내담자가 그 갈등을 두 개의 의자를 이용해 두 편으로 나
누도록 권유하라. 그런 다음 그에게 교대로 개개의 편에
'있도록' 하고 혼자 '나'를 사용해서 이야기하도록 권유하
라. 위에서 든 첫 번째 예로 설명을 하면 당신은 그에게 한
의자에 앉도록 해서 과로로 지친 자신의 편이 '되도록' 하
고 두 번째 의자에는 그럼에도 불구하고 과로를 계속하는
자신의 편이 '되도록' 하는 것이다.

(d) 가끔 특별히 내담자가 재결정 작업에 친숙할 때 그 내담자는 자신이 다른 의자에 특정한 부모나 부모 표상을 앉혀 놓고 '이야기하기'를 원한다는 것을 이미 알고 있을 것이다. 이런 경우 당신의 응답은 보통 그 계약을 받아들여 그 내담자가 그러한 두 개의 의자를 사용한 대화를 진행하도록 권유하는 것이다(그것이 내담자의 각본 변화를 촉진시키는 방식으로서 당신에게 이해되는 경우에 한해서만이다).

난국

초기 장면에서든 의자 기법에서든 이 난국에 처하게 되는 시점에서 내담자는 상상 속에서 다른 사람과의 의사교환을 시작한다. 한 사람은 '자신'으로, 다른 사람은 '타인'으로 경험될 것이다.

초기 장면 작업에서 '자신'은 아이로서의 내담자일 것이다. '타인'은 보통 아동기에 내담자에게 영향력을 행사해 온 것으로 인지되는 다른 인물들일 것이다. 두 개의 의자 작업에서 '자신'과 '타인'은 두 개로 양분된 갈등일 것이다. 대화가 전형적으로 진행되면서 '자신'은 어린이 자아상태로 나타나게 될 것이고 반면에 '타인'은 어버이 자아상태로 판명될 것이다.

거의 언제나 '자신'은 그러한 교환에서 불리한 입장을 취하는 것으로 시작할 것이다. '타인'은 유리한 입장으로 경험될 것이다. '자신'은 궁핍하고, 방황하고, 학대받고, 박탈되고, 토라지는 등의 특징을 가질 것이다. '타인'은 으스대고, 잔인하고, 억누르고, 압제적이고, 매정한 등의 특징을 가질 것이다(McNeel, 1976).

이러한 상황에서 내담자는 '자신'과 '타인' 사이의 갈등에 교착 (膠着)되는 일이 흔하게 발생한다. 이 교착점은 '난국'(impasse)으로 알려져 있다(Goulding & Goulding, 1979; Perls, 1971, 1976 비교). 최근 TA 연구에서는 모든 난국이 내담자의 자아상태 구조에 있는 일종의 어버이 자아와 어린이 자아 사이의 심리 내적 갈등을 모델로 하고 있다고 밝히고 있다(Mellor, 1980a). 내담자의 내적인 대화에서 어버이 자아는 '각본 메시지'(6장 참조), 예를 들면, '너여서는 안 돼.'와 같은 각본 메시지를 반복한다. 그러면 그 각본 메시지를 들은 어린이 자아는 변화를 위한 자동적인 욕구로 응답한다. 이 각본 메시지를 예로 든다면, '나는 나이기를 원해.'라고 응답하는 것이다. 내적 갈등의 각 측면은 동일한 힘과 내담자가 많은 에너지를 쓰지만 그 각본 속에 묶인 채로 끝나는 결과를 가지고 밀고 나아가는 것이다.

두 의자 기법에서, 양편은 대화 속에서 어떤 논쟁에 휩쓸려 들거나 한 편이 다른 편 역할을 거절할 것을 요구하기 때문에 난국은 갈등을 수반하는 것이 분명하다. 난국이 초기 장면 작업에서 일어날 때 그러한 갈등적 요소가 가끔 즉각적으로 명백해지는 것은 아니지만 항상 존재한다. 왜냐하면 초기 장면의 그 아동은 만약 그렇게 하면 어떤 강력한(어버이 자아) 인물이 주는 분노, 신체적 상해, 조롱, 유기(遺棄)와 같은 부정적인 응답에 맞닥뜨리게 될수도 있다고 믿고 있기 때문이다.

난국은 '유형 1' '유형 2' '유형 3'으로 분류된다. 이 세 유형은 관련된 각본 결정이 만들어진 아동기에서의 세 가지 다른 발달단

계에 적용된다. 내적인 갈등상의 문젯거리들은 그러한 발달단계
에 있는 아동에게 전형적으로 일어나는 것들이기 때문이다. 난국
의 각 유형은 각본의 그런 측면이 아이에 의해 결정되는 그 발달
단계에 따라서 각본의 특정한 구성요소와 관계를 맺는다. (당신은
6장의 인생각본에 대한 기술, 특히 '대항각본'과 '진정한 각본'의 구별에
대한 기술을 다시 참조해 보는 것이 도움이 된다는 것을 알 수 있을 것
이다.) 세 가지 유형의 난국을 요약하면 다음과 같다.

- '난국 유형 1'은 아동이 일관성 있는 언어능력을 가지게 되
  는 아동 후기에 만들어진 각본 결정에 관계된 갈등이다. 그
  러므로 난국 유형 1에서 야기되는 문젯거리들은 '대항각본'
  과 관계가 있을 것이다. 여기서의 갈등 혹은 투쟁들은 그 아
  동이 해야만 하거나 하지 말아야 할 것에 관한 것, 그리고 사
  회적으로 수용될 수 있거나 수용되지 못하는 것으로 보이는
  행동들의 종류에 관한 것이다.
- '난국 유형 2'에서 문제의 각본 결정들은 그 아동이 언어를 기
  초적으로만 사용하는 아동 초기에 만들어진 것들이다. 그러
  므로 우리는 '진정한 각본'을 구성하는 결정들을 참고하는 것
  이다. 여기에서의 갈등 내용은 6장에서 기술한 Goulding 내
  외의 12가지 각본 주제(Goulding & Goulding, 1976), 예를
  들면, '아동은 살아남아야 하나 바로 죽어야 하나? 자신이어
  야 하나 다른 누군가여야 하나? 중요한 존재가 될 것인가 중
  요하지 않은 존재가 될 것인가?'와 같은 주제를 만들어 낸다.

- '난국 유형 3'을 대표하는 갈등은 심지어 진정한 각본보다 더 이전의 발달단계에 있는 유아에게서 일어나는 것들이다.[2] 이 유아는 사실상 거의 언어 명령이 없을 것이다. 이런 갈등에서 야기되는 문젯거리들은 모든 유아가 맞이해야만 하는 발달적인 투쟁을 반영한다. 예를 들면, 유기 대 함몰, 소멸 대 소멸되는 것, 가치 있음 대 가치 없음, 기본적 신뢰 대 기본적 불신이다(Cornell & Landaiche, 2006; Erikson, 1950; Gobes, 1985; Haykin, 1980; Klein, 1987).

세 유형의 난국 알아보기

난국의 세 가지 유형을 서로서로 구별할 수 있는 실제적인 단서는 무엇인가? 여기에 몇 가지 지침이 있다.

- 난국 유형 1: 유형 1의 교환에서 어버이 자아는 아동이 자신의 '대항각본' 결정에 대한 응답으로 각본 메시지를 별 뜻 없이 말한다. 그러므로 당신은 어버이 자아의 편에서 말하는 다음과 같은 슬로건을 들을 수 있을 것이다.

  '다 큰 소년들은 울지 않는 거야.'

---

2) Eric Berne은 각본의 형성에서 초기 단계를 단지 간략하게 언급했을 뿐이다. 그는 이것을 '프로토콜'이라고 불렀다(Berne, 1961: 118). Berne 이후 TA는 이러한 초기 발달단계적 작업의 중요성에 관해 대상관계이론으로부터 많은 것을 배워 왔다. 이 책에서 주어진 표현들은 당신이 이 주제를 계속적으로 수행하고자 한다면 당신에게 훌륭한 출발점을 제공해 줄 것이다.

'네가 자초한 일이다.'
'최상의 것만이 가치를 가진다.'
'칠전팔기'

어린이 자아로서 '자신'은 이 명령들을 퉁명스럽게 따르거나 그 명령들에 반발한다.

- 난국 유형 2: 여기 상상으로 만든 어버이 자아는 내담자인 그녀가 '진정한 각본'을 결정하고 있었을 아동 초기에 인식했을 더 가혹하고 더 징벌적인 각본 메시지를 표현할 것이다.

'네가 태어나지 않았으면!'
'그거 하면 죽일 거야.'
'입 좀 다물어. 그리고 제기랄 똑똑한 척하지 마.'

'자신'은 난국 유형에서보다 그 어린이 자아의 초기 발달단계에 적합한 행동 단서를 보여 줄 것이다. 불평을 하거나 성내는 것 대신에 이 어린이 자아는 쓸모없고, 궁지에 몰리고, 격분하거나 절망하는 것과 같은 감정을 느낄지도 모른다.

- 난국 유형 3: 난국 유형 3을 대상으로 작업할 때, 특히 언어를 거의 사용하지 않고 작업할 때 처음에는 갈등의 어떤 편이 어버이 자아를 대변하는지 그리고 어떤 편이 어린이 자아를 대변하는지 분간하기가 어려울 것이다. 유형 3에서의 '타인'은 종종 내담자가 가지고 있지 않거나 위협이 되는 것으로 느끼는 인격의 양상을 대변하기도 한다. 이 '타인'은 종종

유아의 마법적 사고에 뿌리를 둔 상징적인 방법으로 그려지기도 한다. '자신'은 결국 악마, 횡포한 늑대, 축축한 슬픔의 회색 구름, 혹은 자신의 등에서 느끼고 있었던 고통에게 이야기하는 것으로 끝날 수도 있을 것이다. 이러한 상징적인 모습의 인물들은 명백하게 위협적이고 치명적인 특성을 가졌음에도 불구하고 내담자에게 항상 긍정적인 취지를 가지고 있다(Mellor, 1980a; Stewart, 1996a: 190-1, 200-4). 종종 이 긍정적인 취지는 몇 가지 종류의 통제를 수반한다. 예를 들면, 등의 고통은 내담자가 너무 열심히 일하는 것을 멈추게 해 주는 긍정적 취지를 가지고 있는 것으로 밝혀진다. 공식적으로 난국이론에서 '타인'으로서 경험되는 실체는 어버이 자아로 모델화되고 반면에 '자신'은 어린이 자아로 모델화된다.

내담자가 보여 주는 이런 자아상태의 갈등이 어떤 것이든, 당신이 해야 할 일은 내담자가 그것을 해결하도록 돕는 것이다. 그녀는 바로 현시점에서의 자원에 접촉해서 그것을 사용하겠다고 결정함으로써 이것을 해결할 수 있다.

난국 해결의 과정은 다음과 같이 요약될 수 있다. 첫째, 내담자는 내면적인 부모 없이도 생존할 수 있는 자신의 능력과 접촉한다. 지금 어린이 자아상태에서 더 이상 '그 부모를 자신의 곁에 묶어 둘' 필요가 없다는 것을 깨닫고 다음으로 자신이 스스로에게 부과해 온 어버이의 속박들로부터 빠져나오는 것이다. 내담자는 라켓 감정을 놓아주고 그 아래에 숨겨져 있던 진정한 감정과 조우함으로써 이 과정상의 어떤 지점에서도 해방감을 느낄 수 있다. 최종적으로 내담자는 내적인 부모와 화해를 성취한다. 이러한 단계들은 반드시 한 회기 안에서 모두 완료되어야 할 필요는 없다. 다음 섹션에서 나는 당신의 내담자가 난국에서 탈출해서 재결정으로 이동하도록 당신이 도와주는 데 사용할 수 있는 다양한 실제적인 기법들을 예증하는 기록물들을 제공할 것이다. (만약 당신이 실제적인 재결정 기법에 대한 더욱 확대된 기록물을 읽고자 한다면 Goulding & Goulding(1979) 그리고 Joines & Stewart(2000)에서 그것을 발견할 수 있을 것이다.) 유형 3에 해당하는 난국의 해결은 당신이 직관적으로 예상하는 방식으로 가능할 것이다. 그 방식들은 상당한 신체적 방임(방석 치기, 소리 지르기, 구토)과 언어를 거의 혹은 아예 사용하지 않는 것을 포함한다. 그 난국이 이런 종류의 유형 3의 작업 속에서 해결된다면 내담자에게 미치는 효과는 보통 인지적이라기보다는 신체적인 것이다. 즉, 내담자는 해방감이나 이완감을 경험할 것이고 종종 수면을 취하고 싶어 할 수도 있다. 그렇지만 유형 3을 해결할 수 있는 또 다른 방식이 있는데, 그것은 아주 다른 것으로 들리겠지만 내담자에게는 위의 방식과 동등하게 유효한 것이다. 여기 그 난국의 충돌을 빚는 양편은 어른 자아가 하는 방식으로 언어를 사용하여 본격적으로 차분하게 협상에 임하는 것이다. 해방감을 느끼는지는 분명하지 않다. 협상의 종결은 양쪽이 최소한 각자의 욕구를 만족시키는 행동에 관한 절충안을 협상했을 때 성취된다.

내담자가 유형 1의 난국을 해결했을 때 그 직후나 즉각 유형 2나

유형 3의 난국과 조우할 수도 있을 가능성을 경계하라(Goulding, 1977). 이런 일은 아마 내담자가 진정한 각본에 기원한 신념을 막아 내기 위해 자신의 대항각본을 사용해 왔다면 일어날 수도 있을 것이다(6장의 '각본의 역동성'에 관한 섹션 참조). 내담자가 난국 유형 1을 해결함에 따라 대항각본 신념을 놓아준다. 그렇게 하면서 그녀는 '진정한 각본'으로부터 그 신념을 드러내고 그다음 유형 2나 유형 3의 난국으로 이동하는 것이다.

존: 3단계

　최근의 장면을 다시 이야기하면서 존은 어떤 갈등을 강력하게 말로 표현했다. 그래서 나는 그에게 지금 한 방석에 헬렌에게 계속 싸움을 걸어왔던 자신의 편을 앉힐 수 있는지를 물어보았다. 다른 방석에는 자신의 공격적인 성향을 멈추고 그 대신에 자신의 욕구를 공개하기를 원하는 상대편을 놓도록 권유했다. 그는 그렇게 했고 양쪽 간의 대화를 시작했다.

　나는 이 시점에서 존의 어려움의 근저에 어떤 각본 신념이 있는지를 확신할 수 없었다. 그래서 나는 그가 '미지의 변화를 위한 계약'(앞부분 참조)을 할 건지를 물어보았다. 그는 만약 자신이 지금 자기 제한적이거나 고통스러운 아동기적 결정을 알아차리게 되면 그것을 새로운 결정으로 바꾸겠다고 동의했다. 이것은 지금 우리의 회기 계약이다.

존은 자신의 '말다툼하는 편'을 '타인'으로 경험했다. 나로부터 어떠한 중재도 받지 않고 그는 재빨리 그 '말다툼하는 편'이 호통치고 폭력적인 자신의 아버지임을 밝혀냈다. 그리고 그는 '아버지'를 다른 방석에 두었고 대화를 계속했다.

그런 다음 그는 이 단계의 재결정 작업에서 전형적인 의사교환으로 나아갔다(McNeel, 1976). '자신'으로서 존은 어린이 자아였다. 그는 그의 '아버지'에게 자신을 혼자 놔두고, 멀리 가 버리라고 하고 자신만의 일을 하게 놔두라고 큰 소리로 요구했다. 그러나 그는 이러한 요구를 비효과적인 불리한 입장에서 했다. 존이 이것을 했을 때 그는 그 회기에서 자신의 여자친구와의 최근 관계에서 보여 주었던 것과 똑같은 퉁명스런 분개의 라켓 감정을 다시 보여 주었다.

한편 '아버지'는 유리한 어버이 자아의 입장에서 존을 비웃었다. 의사교환 전체는 존이 아동기에서 자신의 아버지와의 관계에서 '고착'되었던 방식의 재연이었다. 성인이 된 지금도 존은 자신의 머릿속에서 아동기에서 했던 것과 같은 방식으로 '아버지'에게 집착하고 있었다.

이 단계에서 나는 어떤 유형의 난국이 문제가 되는지 확신할 수 없었다. 내가 추측컨대 현재의 의사교환은 유형 1을 가리키지만 그 밑에 유형 2의 난국이 있지 않나 하였다.

4단계: 현재의 자원 가져오기

4단계에서는 다음의 두 가지 원칙이 적용된다.

- 내담자는 당신의 자원을 빌리지 않고 자신만의 현재 자원을 그 의사교환으로 가져와야 할 필요가 있다.
- 내담자는 어린이 자아상태에 머무를 필요가 있다. 동시에 내담자는 어른 자아적인 자각을 반드시 보유하고 있어야 한다.

내담자 자신만의 자원을 권유하기

당신이 재결정 작업에 충실히 관여하는 과정에서 내담자가 새로운 결정을 완전히 만들지는 않았지만 만들기 직전에 있는 것으로 보일 때 내담자를 도와서 재결정으로 나아가게 하고픈 유혹이 자주 일어날 수 있다.

존과 함께했던 작업에서 그는 그런 시점에 도달했다. 그는 상상 속에서 횡포한 아버지에게 이야기하고 있었다.

존: (성깔을 내면서) 내 등에서 내려와요, 아빠! 좀 내려올 래요?

나는 아래처럼 그 대화에 참여하고 싶은 유혹에 빠졌다.

상담자: [본의가 아님] 좋아요. 바로 그를 뿌리쳐요! [내담자에게

방석을 준다.] 구석으로 그를 날려 버려요! 어서요, 당신의 등에서 그를 내려오도록 해요. [내담자는 방석을 던진다.] 잘했네요!

이 가상의 예에서 상담자는 내담자를 새로운 응답으로 이끌려고 하고 있다. 이런 종류의 중재는 상담실에서의 한 편의 극적인 드라마를 의미한다. 그런 분위기 속에서 상담자와 내담자 모두는 내담자가 진정으로 변화했다고 느낄 수도 있다.

그리고 어떤 의미에서는 그 변화가 진정한 것이라고도 할 수 있다. 내담자는 자신의 내적인 '아버지'의 중압감에 대해 새로운 반응을 하였기 때문이다. 그럼에도 그 변화를 추동하는 역학적 에너지는 내담자 본인으로부터 왔다기보다는 주로 상담자에게서 온 것이다. 그는 자신의 아버지에 대한 순응에서 빠져나왔지만 대신에 상담자에게 순응하게 된 것이다. 그러므로 그는 자신의 주위에 상담자를 두는 한에서만 그 변화를 유지할 수가 있을 것이다. 그는 아마 당분간은 상담자나 혹은 대체 어버이 자아로서 상담자를 내면화함으로서 그럭저럭 잘해 나갈 수 있을 것이다. 그러나 그가 상담자를 잃는다면 당연히 그 변화도 잃게 되는 것이다.

재결정 작업이 진행되는 동안 내담자를 '이끌' 때마다 당신은 내담자가 그런 식으로 당신에게 순응하는 위험성을 증가시키는 것이다. 이 위험을 피하기 위해서 당신은 다음의 두 가지 실제적인 지침을 사용할 수 있을 것이다.

1. 재결정 작업에서 내담자를 이끌기보다는 내담자 뒤에서 내담자의 순간순간을 주시하라.
2. 내담자의 '화성인'을 계속 예민하게 알아차리고 있어라. 내담자가 당신에게 순응을 하고 있는지 반항을 하고 있는지를 지시해 주는 비언어적 단서들을 경계하라.

그런 다음 당신은 내담자를 따라가고 당신과 그가 '고착되는' 지점에 이른다고 가정해 보라. 만약 내담자가 고착에서 풀려나기를 선택했다면 그렇게 하는 것은 당신의 몫이 아니라 내담자의 몫이다. 자, 당신은 이 시점에서 어떤 기여를 하겠는가? 당신은 다음의 두 가지 중에서 어느 하나 혹은 둘 다를 할 수 있을 것이다.

- 내담자가 자신의 고착을 충분히 알아차리도록 권유하라.
- 내담자가 자신이 가진 현재의 자원을 알아차리도록 권유하라.

당신이 이러한 목적을 위해 사용할 수 있는 몇 가지 중재 사항들이 아래에 있다.

'강화' 사용하기

'강화'는 내담자가 자신의 고착에 대한 자각을 높이도록 권유하는 중재다(McNeel, 1976). 존과 함께한 나의 작업에서 내가 어떻게 강화를 사용했는지 보게 될 것이다.

존: [성깔을 부리면서] 내 등에서 내려와요, 아빠! 좀 내려와 줄래요?

상담자: [무거운 방석을 가져다 내담자의 어깨 위에 놓는다.] 자, 여기 당신의 등에 그가 있네요. 그의 무게를 느껴 보세요.

존: [약한 목소리로] 참나, 진짜 무겁네요, 아빠. 나는 정말정말 당신이 내려 누르는 걸 못 견디겠어요.

상담자: 자, 당신이 얼마나 못 견디겠는지 느껴 보세요. 자, 어서 정말로 축 늘어져 보세요. 지금 시험 삼아 아버지에게 '아빠, 난 매우 약하고 힘이 아주 없어요. 당신이 나의 등에서 내려오게 할 방법이 전혀 없네요.'라고 말해 보세요.

이것들과 같은 강화로 당신은 내담자에게 일상적인 각본적 응답의 수위를 올리도록 요청하고 있는 것이다. 내담자가 오래된 응답 패턴이 너무 불편해서 자발적으로 그것에서 벗어나게 될 것이라는 희망에서 그렇게 하는 것이다. 존과 나는 이런 식으로 우리의 의사교환을 계속했다.

존: ['아버지'에게] 아빠, 나는 아주 약하고 힘이 없어요. …… 할 방법이 없습니다. 염병할, 이거 참 어처구니가 없네! [웃음을 터뜨린다. 그 방석을 등에서 끌어내 자신의 앞에 있는 바닥에 떨어뜨린다. 그런 다음 똑바로 선다.]

상담자: 당신이 그를 떼어 낸 것 같네요. 무엇을 보고 웃었습니까?

존: 음, 나는 축 처져 앉아 있었습니다. 그리고 내가 해야만 하는 모든 것은 손을 뻗어 그를 드러내는 것뿐이란 생각이 드니 갑자기 웃음이 났습니다.

상담자: 그래, 시험 삼아 그에게 '아빠, 나는 당신을 내 등에서 내려오게 할 만큼 충분히 힘이 세요.'라고 말해 보세요.

존: ['아버지'에게 강한 목소리로] 아빠, 나는 당신을 내 등에서 내려오게 할 만큼 충분히 힘이 세요.

상담자: 정말이죠? [이 의혹은 당신이 내담자가 무엇인가를 말하도록 자극할 때 적합성을 점검하는 데 유용하다.]

존: 물론이죠, 정말입니다.

종종 효과적인 또 다른 강화는 '당신은 얼마나 오래 기다릴 것입니까?'라는 방책이다. 어떤 사람이 각본 속에 종종 있을 때 그는 누군가가 과거에서 변화하기를 기다리고 있는 것이다(Goulding & Goulding, 1979). 마법적인 어린이 자아의 신념은 만약 그 사람이 아주 화가 나 있거나 분노하고 있거나 어쩔 줄 몰라 하고 있다면 과거에서 온 다른 사람이 결국 그걸 바꾸어서 내담자가 아동기에 자신이 되었으면 하고 바랐던 것과 같이 된다는 것이다. 강화는 이러한 점을 이용하고 있다. 아래 또 다른 내담자 마저리와 함께한 작업에서 그 예를 찾아볼 수 있다.

마저리: ['어머니'에게] 어머니, 나는 당신이 우리가 어렸을 때 나와 남동생을 대했던 방식에 정말 비통해했어요.

상담자: '그리고 나는 …때까지 계속 비통함을 느낄 겁니다.'

마저리: 나는 항상 당신 때문에 비통해할 거 같아요.

상담자: 그럼, 그녀에게 '어머니, 나는 남은 인생 동안 당신 때문에 계속 비통해할 겁니다.'라고 말하세요.

마저리: 예, 나는 당신이 했던 것 때문에 일생 동안 내내 당신에게 비통해할 거라고 생각합니다. [그녀는 아직도 라켓 감정 속에 있다. 그러므로 상담자는 단계적으로 수위를 높인다.]

상담자: 자, 그녀에게 '어머니, 나는 당신이 죽었어도 남은 인생 동안 계속해서 당신에게 비통한 감정을 가질 겁니다.'라고 말하세요.

마저리: [잠시 중단, 숨을 멈춘다.]

상담자: 숨 쉬세요.

마저리: [호흡을 한다. 울기 시작한다.]

상담자: [잠시 멈춤] 자, 당신이 준비가 되면 지금 당신의 어머니에게 말하고 싶은 것을 말하세요.

마저리: [울면서] 맞아요, 당신은 죽었습니다. 당신은 살아 있었을 때 단 한 번도 나를 사랑한다는 걸 보여 주지 않았습니다. 나는 우리가 그 기회를 놓친 것이 너무 슬픕니다.

마침내 내담자는 라켓적인 비통함에서 진정한 슬픔으로 이동했다. 동시에 그녀는 기다리는 게임을 포기했다. 상담자는 아마 계속해서 그녀가 자신의 어머니로부터 받으려고 기다려 왔던 그 사랑을 다른 사람에게 요청할 수 있는 능력을 지금-여기 가지고 있다는 것을 알아차리도록 권유해 볼 수도 있을 것이다.

강화가 통할 거라는 어떠한 보장도 있을 수 없다. 가끔 내담자는 당신이 생각해 낸 모든 강화에도 불구하고 자신의 라켓 감정에 머무르려고 할 수도 있을 것이다. 그 경우에 당신이 할 수 있는 최상의 선택은 아마 재결정 순서를 중단하고 내담자가 어른 자아로 다시 돌아가도록 권유하는 것일 것이다. 만약 당신이 그 회기 내용을 녹음하고 있다면 당신은 그에게 녹음 내용을 되돌려주고 자신이 오래된 전략에 머물기를 선택한 방식을 알아차리도록 요청하는 것이 좋을 것이다. 그리고 또 당신은 고착 상태에 있고 싶어 하는 어린이 자아적인 동기를 재검토하는 것도 좋을 것이다.

자원의 자각을 권유하기

당신의 목표는 내담자가 어린이 자아상태에 남아 있을 동안 그의 현재 자원을 알아차리도록 권유하는 것이다. 당신의 내담자가 어린이 자아 장면의 한가운데 있을 때 '그럼, 잠깐 멈추고 오늘날 성인으로서의 당신과 어린애로서 되돌아간 당신이 어떻게 다른지를 생각해 보세요.'와 같은 중재를 하는 것은 분명 좋은 생각이 아닐 수도 있다.

위와 같은 중재가 좋은 생각이 아니라면 당신은 내담자가 여전히 과거의 장면을 재경험하고 있는 동안에 자신의 현재 선택을 알아차리도록 요청하는 몇 가지 방법을 발견해야 한다. 그렇게 하는 한 가지 방법은 상상 속의 장면에서 '현재 그의 나이에 머물도록' 권유하고 그와 동시에 자신에게 어른 자아로서 가지고 있는 경험, 지식 등을 주도록 권유하는 것이다. 초기 장면의 작업에 있어서 전형적인 중재는 다음과 같을 것이다.

> 상담자: 그럼, 데이비드, 엄마와 아빠가 서로 때리며 싸우고 있습니다. 그리고 당신은 매우, 매우 당황하고 겁에 질려 있음을 느끼고 있습니다. 이 상황에서 계속 여섯 살의 데이비드로 있으세요. 그리고 서로 싸우는 엄마와 아빠를 계속 보세요. 당신이 그렇게 하는 동안에 자신에게 사람들에 관한 성인 데이비드의 이해와 성인 데이비드의 지식을 주세요. [잠시 멈춤] 지금 당신은 머릿속에서 자신과는 다른 어떤 것을 이야기하고 있습니까?

당신은 또한 내담자에게 자신의 성인으로서의 체구와 힘에 대한 자각을 권유하는 방식으로 행동하도록 요청할 수 있다. 각본 속에 있는 동안 그는 아마 여전히 아동의 체구인 것으로 자신을 상상하고 있었을 것이다.

나는 이 접근법을 존과 함께한 회기를 수 분 정도 진행한 후 사용했다. 자신의 '아버지'를 자신의 앞에 있는 바닥에 내려놓은 후 그는 갑자기 공황상태에 빠지는 것을 느끼기 시작했다. 나는 그가 '아버지'에게 자신이 느끼는 바를 말하라고 요청했다.

> 존: ['아버지'에게, 떨리는 목소리로] 아빠, 나는 당신이 틀렸

다고 말할 수는 없습니다. 나는 당신이 나를 때릴까 봐
너무 두렵고, 나를 다치게 할까 봐 너무 두렵습니다.

상담자: 그럼, 그를 저기 있는 방석에 그대로 두세요. 일어서 주
실래요?[존은 그렇게 한다.] 이제 그를 내려다보세요. 당
신은 그의 머리 끝이 당신 체구의 어디까지 오는지 보여
주시겠어요? 당신의 손으로 나에게 보여 주세요. [존은
허리 높이쯤을 가리킨다.] 그렇게 당신이 일어서서 그를
내려다볼 때 당신은 그에게 말하고 싶은 다른 어떤 것이
있습니까?

존: [잠시 중단] 나는 당신보다 더 키가 큽니다, 아빠. (침착
하게) 당신은 지금 나를 다치게 할 수 없습니다.

상담자: 그에게 그것을 다시 한 번 말하십시오.

존: [강한 목소리로] 당신은 지금 나를 다치게 할 수 없습니
다, 아빠. 당신은 정말 할 수 없습니다.

5단계: 재결정 진술하기

내담자가 준비가 되면 당신은 내담자에게 자신이 만들고 있는
새로운 결정이 무엇이든 그것에 대해 긍정적 진술을 분명히 하라
고 권유해야 한다. 내담자가 그렇게 할 때 내담자는 어린이 자아
상태에 남아 있을 필요가 있다.

보통 이 단계는 4단계부터 연속적으로 자연스럽게 진행된다.
존과 함께한 작업의 일부분을 가지고 이 단계가 어떻게 진행되는

지를 알아보자.

상담자: 그렇게 당신은 당신의 힘을 사용해서 아버지를 당신 등에서 내려놓았습니다. 그리고 당신은 아무 이상이 없고, 그는 지금 더 이상 당신을 다치게 할 수 없습니다. 자, 만약 당신이 아빠에게 말하고 싶은 어떤 것이 있다면 어서 그것을 말하세요.

존: ['아버지'에게] 아빠, 나는 너무 오래도록 내 곁에 당신을 두어 왔다고 느낍니다. 그러나 당신과 똑같이 될 필요는 없겠지요.

상담자: 시험 삼아 그에게 '아빠, 나는 당신과는 다르게 될 수 있습니다.'라고 말해 보세요. [부정적인 말투에서 긍정적인 말투로 바꾸도록 권유함. 의미상의 차이는 없음]

존: 나는 당신과 다르게 될 수 있습니다, 아빠. 그럼요, 나는 될 수 있습니다.

상담자: 정말이죠?

존: 예. 정말입니다.

상담자: 이제 당신은 그와는 어떻게 다르게 될 수 있을 것인지 그에게 말해 주시겠어요?

존: ['아버지'에게] 아빠, 다른 사람으로부터 당신이 원하는 것을 얻기 위해 알고 있었던 유일한 방법은 그들에게 소리치거나 그들을 때리거나 성을 내는 것이었습니다. 그것은 당신의 잘못은 아니겠지요. 당신은 단지 다른 어떤

방법을 몰라서 그랬겠지요.

상담자: 만약 당신이 다른 어떤 방법을 안다면 그에게 말해 주세요.

존: 예, 나는 내가 원하는 것을 사람들에게 요청할 수 있습니다.

상담자: 아빠에게 시험 삼아 '아빠, 나는 내가 원하는 것을 사람들에게 요청할 겁니다.'라고 말해 보세요. ['할 수 있다'에서 '할 것이다'로 이동하는 내담자의 자발적인 의향을 탐색하라.]

존: [강한 목소리로] 아버지, 나는 내가 원하는 것이 있을 때 사람들로부터 원하는 것을 사람들에게 요청할 것입니다. 나는 더 이상 사람들과의 싸움을 선택할 필요가 없습니다.

상담자: 당신 자신에게 당신이 말했던 것이 사실인지 알아내기 위한 시간을 줘 보세요. [잠시 중단] 그게 사실입니까?

존: 예, 사실입니다.

상담자: 당신은 어떻게 느끼십니까?

존: 후련합니다! [미소 짓고 몸가짐을 편안하게 한다.]

상담자: 당신이 후련함을 느끼는 게 놀랍지 않습니다. 잘하셨습니다.

'마지막 반대'에 주의하기

회기 계약을 할 때 당신은 '첫 번째 반대'를 찾고 그것에 직면했다. 이제 그 순서의 종료 단계에서 당신은 '마지막 반대'를 경계해야 한다. 어린이 자아상태에서 어린이 자아와 내담자는 둘 다아마 자신만의 새 결정을 환영할 뿐만 아니라 동시에 그것의 결과를 두려워할 수도 있을 것이다. 자각하지 못한 채 그는 자신이명백하게 만들고 있는 그 새 결정에서 은근슬쩍 빠져나오는 걸추구함으로써 자신의 두려움을 처리하려 할지도 모른다.

이것에 대한 가능한 단서는 '첫 번째 반대'의 경우와 동일할 것이다. 비언어적 출구들은 특히 이 단계에서 흔하게 나타난다. 당신과 내담자가 일부의 재결정 해결에 전형적으로 수반되는 우호적인 관계에 편승하게 되면 특히나 마지막 반대를 지시하는 몇몇 신호를 무시하고픈 유혹에 빠지게 되는 것이다. 그러므로 당신은 항상 경계를 해야 한다. 늘 그렇듯이 내담자가 자신의 진술을 적합하게 전달하는지를 점검하라. 만약 당신이 그가 디스카운트나 재정의를 하고 있다는 신호들을 목격하게 되면 그것들에 직면하라.

어린이 자아 작업 종료하기

어린이 자아상태에서 작업을 하는 것은 내담자 측에서 보면 상당한 에너지가 요구되는 것이다. 그러므로 어린이 자아 작업의 한회기는 상대적으로 짧게 진행하는 것이 중요하다. 어림잡아 20분이내에 끝내는 것이 좋을 것이다. 만약 내담자가 그 시간 이전에분명한 재결정을 만든다면 그 시간에 끝내라. 당신은 내담자에게'조금이라도 더 많은' 변화의 기회를 줄 목적으로 그 작업에 머무르고 싶은 유혹을 받을 수도 있을 것이다. 이렇게 하는 것은 현명

한 일이 아니다. 대신에 내담자가 방금 만든 그 변화를 종료하고
축하하자고 권유하라. 당신과 내담자는 만약 양자가 원한다면 항
상 돌아오고 더 많은 날을 가질 수가 있다. 만약 당신이 내담자의
에너지가 다 소진될 때까지 그 작업에 머무른다면 당신은 내담자
가 변화에 대한 자신의 어린이 자아적인 공포에 반응해서 행동하
고 그 새로운 결정을 전복시킬 다른 방법을 찾게 되는 위험을 증
가시키게 된다.

만약 내담자가 대략 20분 안에 새로운 결정을 만들지 못한다고
하더라도 어쨌든 그 작업을 종료하라. 내담자가 어린이 자아상태
에서 자신의 결정을 변화시킬 준비가 안 된 데에는 어떤 이유가
있을 것이다. 내담자가 어른 자아상태로 돌아오게 되면 당신은 내
담자와 함께 내담자가 어떻게 자신 스스로를 변화하지 못하도록
하는지 논의할 수 있을 것이다. 이러한 어른 자아의 분석은 나중
에 어린이 자아상태에서의 변화를 위한 기반을 내담자 자신에게
줄 수 있도록 도와줄 것이다.

투사물 소거하기

당신이 내담자에게 어른 자아로 돌아오도록 권유하기 전에 당
신이 그가 어린이 자아 작업 동안 상상으로 만들었던 상징적인 사
람들이나 사물을 깨끗하게 제거하도록 요청하는 것이 중요하다.

만약 그가 초기 장면에 있었다면 그가 그 장면을 떠나기 전에
그 장면에 있는 누군가에게 말할 게 더 있는지를 점검하라. 그가
준비가 되면 '상담실로 돌아오라'고 권유하라. 당신은 내담자에게

주위를 둘러보고, 상담실 안에 있는 물건 하나를 골라서 당신에게 그것을 기술해 보라고 권유해도 좋을 것이다.

만약 당신이 의자 기법을 사용하고 있었다면 당신은 반드시 내담자가 상담실에서 상상으로 만들었던 '다른 사람'을 제거할 기회를 가졌음을 분명히 해야 한다. 내가 존과 함께 한 작업에서 사용했던 순서가 전형적인 예가 될 것이다. 당신은 그가 자신의 새로운 결정을 진술하고 나에게 후련함을 느낀다고 했던 것을 기억할 것이다. 그에게 그 변화에 대한 스트로크를 주고 난 후 나는 다음과 같이 진행했다.

상담자: 자, 당신이 그를 방석에서 떼어 내기 전에 아빠에게 그 밖에 또 무언가를 말하고 싶은 게 있습니까?

존: 예. ['아버지'에게] 그건 정말로 당신의 잘못이 아니었습니다. 우리가 서로를 좀 더 알았더라면 좋았을 텐데요. 그러나 우리는 그렇게 하지 못했죠. 그래서 일이 이렇게 된 거라고 생각해요.

상담자: 더 하실래요? [이것은 유용한 다용도의 점검 질문이다.]

존: 안녕히 가세요, 아빠.

상담자: 당신은 지금 그를 떼어 낼 준비가 되었습니까?

존: [상담자에게] 예.

상담자: 좋아요. 어서 그를 방석에서 떼어 내세요. 당신이 그를 떼어 낼 때, 그 방석을 들어서 당신 뒤에 놓음으로써 당신이 그것을 했다는 것을 알리는 신호로 하겠습니까?

존: [그렇게 한다.]

6단계: 재결정 정착하기

이 단계는 내담자가 5단계에서 어떤 재결정을 분명하게 진술했을 때에만 적용할 수 있다. 내담자가 어린이 자아 작업을 종료할 때 당신은 그에게 어른 자아로 돌아오라는 권유를 한다. 내담자가 자아상태를 전환하는 즉시 당신은 내담자에게 자신의 어른 자아 기능과 새로운 어린이 자아 결정 사이를 연결하는 연결고리로 사용할 수 있는 몇 가지 행위에 참가하도록 권유하거나 혹은 몇 가지 감각적 자극을 알아차리도록 권유한다.

이 단계는 단지 수 분 정도가 걸릴 뿐이다. 효과적인 방법은 내담자에게 자신이 방금 상상으로 만든 '다른 이'에게 진술한 새로운 결정이 무엇이든 간에 그것을 당신에게 진술하도록 요청하는 것이다. 존과 함께한 작업을 예로 들어 보겠다.

상담자: [존의 눈을 똑바로 바라본다.] 안녕하세요. 당신은 지금 완전히 돌아와 나에게 말을 하고 있습니까?

존: [마주 본다.] 안녕하세요. 예, 그렇습니다.

상담자: 당신이 다른 방석에 앉아 있는 아버지를 상상하고 있었을 때, 당신은 그에게 다른 사람에게 무언가를 원하면 당신은 그것을 요청할 것이고 더 이상 싸움을 선택할 필요가 있다고는 느끼지 않는다고 말했습니다. [존은 고개

를 끄덕인다.] 지금 나에게 같은 말을 할 수 있는지 확인 해 보실래요? 그리고 그게 진심인지도요. [잠시 멈춤] 만 약 당신이 그것을 말하고 또 진심이라면 어서 나에게 그 것을 말해 주실래요?

존: 예, 진심입니다. 나는 내가 원하는 것을 사람들에게 요청 할 수 있고 나는 그것을 얻기 위해 싸움을 걸 필요가 없 습니다. [그는 '할 것입니다' 대신에 '할 수 있습니다'를 사 용했다. 나는 이것이 '마지막 반대'인지를 조사할 것이다.]

상담자: 그렇죠, 당신은 당신이 원하는 걸 사람들에게 요청'할 수 있습니다'. 그렇게 하실 거죠?

존: [크게 웃는다.] 예, 할 수 있습니다. 그리고 예, 그렇게 하 려고 합니다. [그의 웃음은 새로운 결정에 대한 디스카운 트가 아니라 적합한 진술을 뒤따라 나온 것이다. 그래서 나는 그건 썰렁한 유머의 웃음이 아니라고 판단했다.]

상담자: 훌륭합니다.

7단계: 어른 자아상태의 보고 청취

이 보고 청취는 내담자가 방금 성취한 변화에 대한 어른 자아 의 논의다. 이 논의의 목적은 내담자의 감정 작업에 대한 이해의 틀을 제공하는 것이다. 이것은 재결정이 인지적이고 정서적인 작 업이 지속적인 변화에 가장 효과적인 기초라는 치료자의 가정을 반영하는 것이다.

만약 당신이 내담자와 함께한 작업에서 명시적으로 TA 개념을 사용하기로 결정했다면 당신은 그 개념들을 보고 청취에 들고 들어와도 좋을 것이다. 예를 들면, 당신은 내담자의 라켓 체계에 대한 초기 그림을 그려 보았을 것이다. 그리고 당신과 내담자는 내담자가 어느 각본을 갱신했는지 논의할 수 있었을 것이다. 이것을 시발점으로 하여 당신은 전체적으로 그 체계의 다른 부분들을 포함할 수도 있을 다른 변화들을 추적해 볼 수도 있을 것이다.

당신은 내담자가 재결정을 정착시킨 즉시 어른 자아의 보고 청취를 수행할 것이다. 아니면 다른 때를 기약하고 그것을 남겨 둘 수도 있을 것이다. 늘 그렇듯이 당신과 내담자는 계약 방식으로 서로 간에 이런 선택을 할 것이다.

당신은 몇몇 내담자들과 초기 회기들에서 상당히 많은 인지적인 작업을 해 왔을 것이다. 만약 그렇다면 이 보고 청취는 존과 함께한 나의 작업에서 그랬던 것처럼 당신이 이미 논의해 온 것에 대한 참고사항이 되는 정도일 것이다. 우리가 재결정 작업을 시작했을 무렵 우리는 이미 그의 라켓 체계의 내용을 상세히 재검토했다. 그래서 우리는 단지 그의 오래된 시나리오 중의 어떤 부분을 그가 재결정했는지를 기록하기만 하면 되었다. 존이 방금 끝낸 작업의 한 부분에서 그는 아버지에 의해서 자신에게 모델화되었던 복합적 각본 신념을 놓아주었다. 그 신념은 다음과 같다.

'나는 누구와도 가까이해서는 안 돼. 그리고 내가 만약 다른 사람에게 내가 원하는 것을 공개적으로 요청하게 된다면 그것은 그들과 가까이하는 것과 마찬가지야. 그러므로 원하는 것을 얻기 위해서 내가 할 수 있는 유일한 일은 공격적이 되는 거야.'

회기 계약 재점검하기

보고 청취는 또한 당신의 회기 계약을 재검토하고 그것이 얼마나 완수되었는지를 점검할 수 있는 좋은 기회다. 존의 작업을 예로 들어 보면 그 작업에서의 회기 계약은 지금은 자신에게 자기 제한적인 아동기의 어떤 결정을 갱신하는 것이었다. 그와 나는 그렇게 하기로 동의했다.

8단계: 새로운 행동을 위한 계약

내담자가 어떤 회기에서 재결정을 할 때 당신과 내담자 양자는 극적인 변화로서 이 재결정을 경험할 수 있을 것이다. 그리고 정말 그렇다. 그러나 새로운 결정의 진술은 단지 변화로 가는 관문에 지나지 않는다. 만약 내담자가 재결정을 '통합'해서 자신의 삶에서 그것을 지속하고자 한다면 그는 자신의 새로운 결정과 일치하는 새로운 행동을 실천할 필요가 있다. 처음에는 이러한 새로운 방식의 행동이 어색하게 느껴지는 것이 당연하다. 그는 얼마간은 자신의 새로운 행동 패턴을 몸에 익히기 위해서 굳은 결심을 하고 열심히 노력할 필요가 있다. 실행을 계속하면 더 쉬워질 것이다.

경험을 통해서 보면 이런 일치하는 실행이 없다면 내담자는 자신의 오래된 각본적 전략으로 은근슬쩍 돌아가게 될 가망성이 상당히 많다. 재결정 작업이 아무리 강력하다 하더라도 어린이 자아 상태에 있는 그 사람이 각본으로 돌아가려는 동기가 항상 몇 가지는 있기 마련이다. 특히 그와 관계가 있는 다른 사람들이 그와 함께 변화하지 않는 경우에 이런 일이 일어난다. 그의 배우자나 가족 구성원들은 그가 익숙한 행동 패턴으로 돌아오도록 권유하는 데 있어서 자신들만의 어린이 자아적인 투자를 할 수도 있기 때문이다.

그러므로 재결정 순서에서의 최종 단계는 내담자가 재결정을 실행하기 위해 사용하려고 하는 행동상의 변화에 대해 확고한 계약을 하는 것이다. 8장으로부터 당신은 이미 효과적인 계약 협상을 위해 요구되는 것이 무엇인지를 알고 있다.

만약 당신이 어떤 최근의 장면에서 자신의 행동을 어떻게 변화시킬 건지를 가시화해 보도록 내담자에게 요청함으로써 재결정 순서 중 2단계로 이동했다면 당신은 지금 이 단계로 돌아와서 내담자가 실제로 그러한 행동을 수행하는 계약을 할 건지를 물어볼 수 있을 것이다.

존과 함께한 나의 작업을 예로 들어 보면 그는 여성에게 공격적이 되는 자신의 습관적인 행동 패턴을 깨뜨리길 원한다고 말하는 것으로 시작했다. 그 대신에 그가 선택한 목표는 자신이 원하는 것을 공개적으로 요청하는 것이었다. 이것은 그가 자신의 재결정을 실행하기 위해 사용할 수 있는 행동 계약에 대한 열쇠를 우리에게 주는 것이다. 헬렌은 그가 새로운 행동을 실제로 시험해 볼 수 있는 한 사람이었던 것은 분명하다. 행동 계약의 최종적인 형태는 다음과 같다.

'내주에 나는 헬렌에게 내가 원하는 것을 공개적으로 세 번 요청할 것이다. 그녀가 어떤 응답을 한다고 하더라도 나는 그녀에게 물리적인 폭력을 사용하지 않겠다는 나의 결정을 지킬 것이다. 나는 우리의 다음 회기 때 당신에게 보고할 것이다.'

존과 나는 헬렌이 동의하든 안 하든 헬렌에게 세 가지를 '요청'함으로써 그 계약을 완수하겠다고 기록했다. 다음 회기에서 그는 그 계약을 수행했다고 보고했다. 그는 이어지는 몇 주간 이런 행동을 더 반복하겠다고 말했다.

만약 당신과 내담자가 그렇게 하기로 동의한다면 당신은 내담자가 만들기를 원하는 차후의 변화를 위해 그 재결정 순서를 사용할 수 있다. 그러한 변화들 각각에 대해서도 일정 기간에 걸쳐 새로운 결정을 실행할 행동 계약을 가지는 것이 중요하다. 이것은 내담자가 재결정을 자신의 삶 속으로 충분히 통합하고자 할 때 필요한 것이다.

그리하여 어떤 시기가 되면 당신과 내담자는 서로 간에 언제 상담을 종료해야 할지를 고려하게 될 것이다. 이것은 다음 마지막 장에서 다루게 될 주제다.

『TA 상담 개발』에서 더 읽을거리

　『TA 상담 개발』의 포인트 29는 NLP(신경언어학적 프로그래밍) 기법에 기반해서 난국 해결을 위한 대안적 방법을 기술하고 있다. 포인트 30은 재결정 작업 이후 어떻게 효과적인 끝맺음을 할 것인지에 관해 몇 가지 힌트를 제공하고 있다.

11장
상담 종결

> 종결에 대한 계약 방법
>
> 종결에 대한 기준

Eric Berne은 TA 임상가의 목표는 내담자를 치유하는 것이어야 한다는 사실을 누누이 강조했다. 그러나 상담에서는 어떤 신체적 질환의 '치유'와 같은 분명한 종착점은 없다. 그러면 당신과 내담자는 언제 함께 작업을 끝내야 하는지를 어떻게 판단할 수 있는가?

몇 해 전 『TA 저널(*Transactional Analysis Journal*)』은 전체 호(號)를 치유의 개념에 관한 심포지엄에 할애했다(TAJ, 1980). 그런데 기고자만큼이나 많은 다양한 치유의 기준이 있었다. Berne 자신은 그의 저서에서 다른 관점으로 치유에 대하여 몇 가지 설명을 내놓았다(Stewart, 1992: 79-85; Clarkson, 1992: 27-39 비교).

나는 이어지는 섹션들에서 어느 한 견해가 다른 견해보다 낫다라는 식으로 제안하는 것이 아니라 '치유'에 관한 위의 세 저자들의 견해를 약술하고자 한다. 이러한 모든 다양한 견해들 가운데

한 가지 확고하게 정착된 견해가 있는데 그것은 종결이 당신과 당신의 내담자 간의 계약상의 합의에 관한 문제라는 것이다.

종결에 대한 계약 방법

종결에 적용되는 계약 방법은 TA에서의 초기 치료 단계에서 적용되는 방법과 똑같다. 당신과 내담자 어느 누구도 당신이 계약을 종료하는 문제에 대한 단독 권리를 가지고 있지 않다. 대신에 당신은 서로 끝내는 시간과 방식을 결정하는 협상을 하는 것이다. 만약 당신들이 상호동의에 도달했다면 그리고 양자가 어른 자아에 근거한 자발성임을 표명한다면 그때서야 비로소 종결을 위한 계약을 하게 되는 것이다.

사실 당신과 내담자는 상담이 '시작'되었을 때 상담 종결에 관한 대부분의 중요한 조항에 이미 동의했을 것이다. 당신은 상담 계약을 협상하는 과정에서 그렇게 한 것이다(5장 참조). 이 초기 단계에서 당신은 내담자와의 작업 진행에 대한 전제조건으로서 당신이 수립하기를 원했던 계약 종결에 대한 몇 가지 규칙들을 진술했을 것이다. 그 규칙들에는 만약 어느 한 당사자에 의한 조기 종결의 경우 발생하게 될 사항에 대한 조정사항들도 포함될 것이다. 당신은 또한 초기 회기 수에 관해서도 동의했을 것이다. 당신은 아마 이 회기들의 마지막은 결과물의 검토에 할애한다고 계약했을 것이고, 그런 다음 당신과 내담자는 상담 종결이나 차후 회기를 갖느냐를 계약했을 것이다.

후속 점검

TA에서는 후속 면담의 사용에 관련한 표준 절차가 없다. 나는 후속 면담을 가지지 않고 그 대신에 상담 종결 전에 끝내야 할 것은 모두 끝내는 것을 선호한다. 만약 당신이 후속 면담을 결정한다면 어린이 자아상태에 있는 내담자가 당신이 '우리는 헤어지되 헤어진 것이 아니에요.' 혹은 '당신은 만약 우리가 일을 제대로 처리하지 못했다고 밝혀질 경우엔 다시 돌아와야 합니다.'와 같은 메시지를 전달하고 있는 것으로 인식할 위험성을 무릅쓰고 있는 것이라고 나는 믿는다.

동시에 나는 내담자에게 '문은 항상 어디로든 열려 있습니다.'라는 걸 분명히 한다. 내담자인 그녀와 나는 우리가 함께한 현재의 작업에 대해 명확한 종지부를 찍는다. 만약 미래에 어떤 시기가 와서 그녀가 자신에게 새로운 변화의 영역을 열기를 원하게 되어 자신이 그렇게 하기를 바란다면 다시 나에게 연락을 할 수 있을 것이다. 그때 그녀와 나는 우리가 새로운 계약을 기꺼이 시작하고, 그리고 시작할 수 있는지를 탐색하면서 새로이 시작할 수 있다.

종결에 대한 기준

당신은 변화란 각본에서 벗어나서 자율성으로 이동하는 것을 의미하는 것임을 알고 있다. 그러나 여태까지 완전히 각본에서 자유롭게 된 사람은 아무도 없다. 어느 누구도 항상 백퍼센트 자율적일 수는 없는 것이다. 그럼, 어떤 기준에서 당신은 계약 종결을 결정할 때를 정할 수 있는가?

계약 완료

사실 모든 TA 상담은 계약에 의거한 것이므로 계약의 완료는 항상 종결을 위한 최소한의 구비조건이라는 인식이 있다. 그렇지만 계약 완료는 다른 것들을 상당히 많이 의미할 수 있다. 당신의 계약은 아마도 상대적으로 몇몇 사소한 행동 변화에 관한 것일 것이다. 이와는 다른 중차대한 행동 변화에 관한 것이라면 내담자는 아마도 자신의 각본에서 주요한 부분의 재결정을 수반하는 계약을 완료할 것이다. 이런 중차대한 것에 대한 완료나 그것들 사이에서의 어떤 점진적인 완료가 적절할 것이다. 그것은 당신의 내담자가 원하는 것과 당신이 기꺼이 같이 작업하기를 원하는 것에 달려 있다.

Berne: '치유'의 네 단계

Eric Berne(1961, 1972)은 네 단계의 치유가 있음을 제안했다.

- 사회적 통제력(social control)
- 증상의 완화(symptomatic relief)
- 전이 치유(transference cure)
- 각본 치유(script cure)

그는 이러한 네 단계의 치유가 대체로 변화과정이 진행되는 동안 연속적으로 뒤따른다는 것을 제안했다.

사회적 통제력

우리는 어떤 사람이 자신의 행동에 책임을 지고, 각본행동에 덜 참여하고, 자율적인 행동 사용을 증가시킬 때 그 사람은 '사회적 통제력'을 발휘한다고 말한다. 그 사람은 자신의 부모가 준 메시지를 반드시 변경하지 않고서도, 혹은 자신의 아동기에서부터 지니고 온 충족되지 못한 욕구를 해결하지 않고서도 사회적 통제력을 성취할 수 있다.

이것을 자아상태의 용어로 표현하면 사회적 통제력은 내담자가 비록 어버이 자아와 어린이 자아의 내용이 여전히 변하지 않은 채로 있다고 하더라도 어른 자아로부터 자신의 행동을 통제한다는 것을 의미할 것이다.

증상의 완화

두 번째 단계인 '증상의 완화'에서 내담자는 단순히 어른 자아가 계속 자신의 각본행동을 통제만 하는 것이 아니라 어린이 자아나 어버이 자아에서 변화를 만들기 시작하여 이러한 행동들에 참여하고 싶은 의향이 줄어드는 걸 느끼게 된다. 그러한 시간이 증가되면 그는 각본에 전혀 들어가지 않고서도 문제를 풀게 된다.

전이 치유

전이 치유에서 어린이 자아에 있는 내담자는 상담자를 자신의 원래 부모에 대한 대체자로 보게 된다. 그 새로운 '부모'는 원래의 부모보다 더 긍정적인 메시지를 주기 때문에 내담자는 더 많은 위안을 얻을 수 있다. 만약 이 단계에서 상담 종결이 발생한다면 내담자는 그가 이전에 자신의 원래 부모를 곁에 묶어 두려고 했던 것과 같은 방식으로 자신의 머릿속에서 '상담자를 곁에 묶어 두는' 조처를 취해야만 할 것이다.

각본 치유

Berne은 1961년에 출간된 자신의 저서에서 네 번째 단계와 치유가 가장 완료된 단계를 설명할 때 '정신분석학적 치유'를 이야기했다. 후에 그가 자신의 인생각본 이론을 개발하고 있었을 때 그는 그 단계를 '각본 치유'로 바꾸었다(Berne, 1972). 이것은 우리가 재결정이란 제목하에서 10장에서 만났던 어른 자아의 조력을 받는 어린이 자아상태에서의 근본적인 변화들을 필연적으로 의미하는 것이다. 만약 각본 치유가 성취되면 내담자는 심지어 상담자의 도움이 상담 종결로 인해 철회가 될 때조차도 각본에서 벗어나는 자신의 움직임을 유지할 수 있다.

Berne이 제안한 '치유'의 네 단계는 각본으로부터 벗어나는 정도가 증가됨을 대변하는 것으로 볼 수 있다(만약 우리가 다시 3장의 라켓 체계에 대한 기술로 돌아가 생각해 본다면 Berne의 '사회적 통제력'의 단계는 우리가 '라켓 체계를 방해하는 것'이라고 부른 것과 밀접하게 대응한다. 반면에 '각본 치유'는 라켓 체계로부터 자유로이 벗어나는 것으로 해석할 수 있다). 나는 대부분의 교류분석가들이 내담자가 증상의 완화나 전이 치유 단계들에서 종결하기보다 각본 치유를 성취하는 것을 크게 선호할 거라고 확신한다. 사실 당신이 10장에서 알게 되었겠지만 재결정 접근법의 목표 중 하나는 전이 치유 단계를 완전히 할 필요가 없도록 만드는 것이다.

그러나 가끔 변화의 범위는 이용 가능한 시간이나 자원에 따라 제한된다. 내담자는 자신이 이러한 덜 완료된 단계들 중의 하나를 성취했을 때 멈추는 것을 전적으로 달가워할 수도 있을 것이다. 늘 그렇듯이 계약적인 합의가 열쇠가 된다.

Erskine: 변화의 여섯 단계

Richard Erskine(1973)은 내담자가 치료에서 겪을 것으로 예상할 수 있는 변화의 여섯 단계를 제안했다. 그 단계는 다음과 같다.

1. 방어하기
2. 화내기
3. 마음의 상처
4. 자신을 문제로 인정하기
5. 변화에 책임지기
6. 부모를 용서하기

이 단계들은 단지 유연한 길잡이로서 제시된 것이다. 만약 내담자가 이들 영역에서 자신의 변화를 강화하기를 원한다면 하나 또는 그 이상의 단계들을 다시 겪어 볼 수 있을 것이다.

1단계: 방어하기

내담자는 최초의 '방어' 단계에서 자신만의 부적절한 패턴과 부모의 부적절한 패턴 둘 다를 방어하려고 할 것이다. 그는 전형적으로 "모든 사람들이 내가 하는 식으로(내 부모님들이 하던 식으로) 행동하지(느끼지) 않나요?"라고 말할 수도 있을 것이다. 이 오래된 패턴들은 아무튼 친숙한 것이라고 느끼면서 그는 아마 여전히 변화에 대한 자신의 동기를 확신하고 있지 못한 것이다.

2단계: 화내기

'화내기' 단계로 이동하면서 내담자는 시한이 지난 아동기 전략들을 따름으로써 자신을 제한해 온 방식들을 의식하기 시작한다. 그는 또 이러한 전략들의 기원은 충족되지 못한 아동기 때의 바람으로 거슬러 올라간다는 것을 알게 되고 자신의 부모에게 화를 내는 것으로 응답한다.

3단계: 마음의 상처

자신이 가지고 있는 화를 경험하거나 표현하면서 지금 그는 아동기 때에 충족하지 못한 욕구들에 대해 여전히 느끼고 있는 '마음의 상처'와 접촉하게 될 것이다. 이 단계에서 긍정적으로 여겨지는 사람들은 부모들이다. 반면에 내담자는 자신을 부정적으로 경험한다. 그가 자신의 현재 문제들의 근원에 대한 통찰을 증가시킬수록 그는 아마도 상담을 그만두려고 애쓸 것이다. 그렇지만 통찰은 변화와 똑같은 것이 아니며 이 단계에서의 종결은 시기상조일 것이다.

4단계: 자신을 문제로 인정하기

네 번째 단계는 '자신을 문제로 인정하기'로서 내담자는 자신이 여전히 재연하고 있는 아동기 때의 행동 패턴을 선택한 것이 자신이라는 걸 알게 된다. 이것을 알게 됨으로써 현재의 문제의 책임이 자신에게 있다는 걸 알게 된다. 이 단계에서 다시 내담자는 조급하게 종결하려고 애쓸 것이다. 이것은 바로 그가 지금 만들 수 있는 변화들을 충분하게 인식함에 따라 어린이 자아상태에서 공포를 경험하고 있기 때문일 것이다.

5단계: 변화에 책임지기

만약 내담자가 계속 상담을 받고 있다면 그는 아마 '변화에 책임지기' 단계로 이동할 것이다. 그의 자기 진술은 '나는 오래되고 고통스러운 변화를 반복할 필요가 없다.'이다. 이 진술을 가지고 그는 변화에 대한 자신의 계약을 승인하고 그것을 성취하기 위해 의욕적인 행위를 할 것이다.

6단계: 부모를 용서하기

이 최종 단계에서 내담자는 '나의 부모는 자신들이 할 수 있는 최선의 직분을 다했다.'라고 스스로에게 이야기하면서 부모에게 용서를 베푼다. 그렇게 함으로써 그는 또한 그의 부모를 자신의 주위에 묶어 두려는 욕구에서 마침내 자신을 자유롭게 한다. 여기에서 '부모'는 내담자가 스스로 구축한 내적인 부모를 우선적으로 의미한다. 만일 실제의 부모가 아직도 살아 있다면 그는 부모와 화해하게 될 것이다.

만약 당신이 내담자와 함께한 작업에 무언가가 덜 완료됐다는 느낌이 들면 당신은 Erskine의 단계를 통하여 심적인 점검을 하는 것이 유용하다는 것을 발견할 것이다. 예를 들어, 내담자가 부모와 같은 인물들에게 쌓인 화를 표현하고 그 즉시 계속해서 자신이 만들려고 의도했던 행동 변화를 상술한다. 하지만 내담자는 이러한 행동 변화를 만드는 게 어렵다는 것을 발견한다. 이것은 아마도 내담자가 아동기 때 부모가 충족시켜 주지 못한 욕구가 준 그 마음의 상처를 느끼는 것을 아직 허용하고 있지 못하기 때문일 것이다. 내담자가 이 감정을 경험하고 표현할 때까지는 자신이 바라는 성인적인 변화를 만들기보다는 내적으로 '부모를 자신의 곁에 묶어 두는' 데 에너지를 사용하게 될 가능성이 많을 것이다.

Woollams: 재결정과 스트레스에 대한 응답

내담자는 보통 스트레스에 대한 응답으로 각본 속에 들어간다. Stanley Woollams(1980)는 '스트레스 척도'라는 개념을 개발하는 데 이 사실을 사용했다. 그는 재결정은 양자택일적인 문제가 아니라는 견해를 확립했다. 그 대신에 사람은 더 크거나 더 적은 정도로 재결정을 한다. Woollams는 재결정의 정도가 크면 클수록 사람들은 각본 속에 들어가지 않고 견뎌 낼 수 있는 스트레스 수준이 더 커진다고 제안했다.

Woollams는 객관적으로 측정 가능한 용어로 자신의 '스트레스 척도'를 공식화하지 않았다. 그러나 당신은 그것이 치료와 종결을 결정하는 데 사용할 수 있는 유용한 주관적 아이디어임을 발견하게 될 것이다. 변화에 관한 '척도'라는 바로 그 개념은 당신과 당신의 내담자 둘 다 아무도 완벽하게 변화할 수는 없다는 사실을 분명하게 알게 해 준다. 그 대신에 내담자가 점진적으로 증가하는 변화의 정도를 성취하는 것은 가능할 것이다. Woollams는 이것이 스트레스를 받는 상황에서 각본에서 벗어나 있을 수 있는 내담자의 능력이 증가함으로써 측정될 수 있다고 제안하였다.

아마 내담자는 자신이 이러한 능력을 충분히 개발했다고 느끼는 때가 올 것이다. 단언컨대 내담자는 상담 과정에 계속 참여함으로써 더욱 높은 정도의 재결정을 항상 성취할 수 있을 것이다. 그러나 이런 여분의 가능한 성취는 더 이상 그가 그것을 성취하는 데 구비되어야 하는 시간과 비용의 추가 지출을 합당화할 정도로 충분히 중요한 것은 아닐 것이다. 이런 거래의 마감 시점에 이르게 되어 당신과 내담자 양자의 어른 자아로부터 동의가 이루어지면 당신은 그것을 종결해도 되는 합리적인 이유로 판단해도 좋을 것이다.

존: 상담 끝맺기

당신은 5장에서 존과 내가 10회기 동안 만나는 것에 처음에 동의한 것을 알고 있을 것이다. 우리는 열 번째 회기를 결과물에 대한 평가와 우리의 상담계약의 연장 가능성을 검토하는 데 사용하기로 하였다.

마침내 우리는 이후 회기의 목적에 대한 재검토를 하고 차후 10회기 동안 더 상담을 계속하기로 결정했다. 18회기에서 우리는 종결을 논의했다. 우리는 20회기가 우리의 마지막 회기가 될 것임을 상호 결정하는 데 이르렀다.

19회기 중에 나는 존에게 상담 기간 동안 자신이 만든 변화들의 요약을 준비하는 과제를 해서 그것을 종결 회기에 가지고 오겠느냐고 물어보았다. 그는 그렇게 했고 우리는 그것을 마지막 보고 청취를 위한 기초 자료로 사용했다.

존의 작업: 개요

우리 둘 다 모두에게 존의 작업에서의 전환점은 그가 비상구를 닫았던 회기였던 것 같다. 당신은 7장에서 내가 6회기 전에 이미 그 가능성을 제기했음에도 11회기까지 비상구를 기꺼이 닫지 않으려고 했던 것을 알고 있을 것이다. 여러 회기 동안의 중재를 통하여 그는 시한을 둔 비상구 닫기에 동의했다.

존이 12회기가 되었을 때 흡연을 중단하겠다고 나에게 보고했다. 그는 나로부터 어떤 특정한 요청도 받지 않고 그것을 했다. 실제로 그는 이전에 그것을 해야겠다고 계획하지는 않았고 그게 어떤 특별한 의지력이 필요하다고 느끼지도 않았다. 우리가 함께한 작업의 끝 무렵에 그는 여전히 담배를 피우지 않았다. 나는 이것을 자신에게 해를 가하지 않겠다는 존의 어른 자아의 약속이 어린이 자아상태에 있는 존한테 이미 '들렸었고' 그래서 자신의 초기 결정, '나는 존재해서는 안 돼.'를 재결정하기 위해 자발적으로 움직였음을 의미하는 것으로 해석했다(나는 여기서 비상구 닫기는 모든 흡연자들에게 이와 유사한 결과를 즉각 가져다줄 거는 내용을 첨가하고 싶었다. 그러나 불행하게도 그렇게 되지는 않았다).

또한 12회기에서 존은 내가 8장에서 기술했던 '다른 사람들과 가까워지는' 것에 관련한 전체적인 치료 계약을 했다. 당신은 우리가 12회기에서 동의한 행동 지표는 존이 자신의 여자 친구의 말에 귀를 기울이고 그가 그녀에 대한 응답으로 자신이 느끼는 바를 그녀에게 이야기하는 것임을 상기할 수 있을 것이다. 뒤이은 두 회기에서 그는 자신의 전체적인 계약 목표 성취를 촉진하는 행동 계약을 두 개 더 했다. 하나는 자신의 부모에 대해서 자신이 어떻게 느끼는지를 그들에게 알리고 그 느낌을 공유하는 것이었다(13회기). 다른 하나는 헬렌이 자신을 떠날지도 모른다는 자신의 공포를 헬렌에게 털어놓고 그녀가 자신과 머무르길 원한다는 것을 말하는 것이었다(14회기).

그다음에 나는 존에게 재결정 작업을 하자고 권유하기로 결정했고 그는 동의했다. 15회기에서 그는 내가 10장에서 상세히 묘사했던 두 개의 의자 기법을 사용하여 자신의 아버지와 의사교환을 하는 것을 완료했다. 비상구를 닫음으로써 존은 이미 다른 사람에게 해를 가하지 않겠다는 어른 자아의 약속을 받았다. 이제 그는 또한 폭력을 사용하지 않고 자신의 욕구가 충족되도록 요청하는 어린이 자아적인 결정을 하고 있는 중이다. 잔여 회기를 통틀어 그는 자신의 재결정을 확고하게 하기 위한 행동을 계속 실천하였다.

17회기에서 나는 존에게 나란히 방석에 앉아 있는 자신의 부모와 부모와 같은 인물을 상상하도록 요청했다. 나는 그에게 그 사람들 각자에게 차례대로 무슨 일이 있어도 자신은 계속 살아가고 건강할 거라고, 다른 사람들이 계속 살아가고 건강하게 할 거라

고, 계속 제정신일 거라고 역설할 것을 권유했다(이 표현들은 비상
구 닫기에 착수하는 어른 자아에 대한 어린이 자아의 대응물을 긍정적으
로 표현한 것이다). 존은 그렇게 했다. 자신의 '어머니'에게 이야기
할 때 그는 처음에는 격렬한 분노에 휩싸였고 그다음 방석을 두들
겨 패면서 그 감정을 표출했다. 그다음에 그는 자신의 '어머니'가
멀리 가 버려서 자신은 완전히 버려진 채 홀로 남게 될지도 모른
다는 자신의 초기 두려움을 재경험함으로써 공포의 감정 속으로
이동했다. 그가 현시점에서 자신이 가진 자원을 이 경험에 가지고
들어오게 되면서 그는 '어머니'에게 "나는 당신이 없어도 살아남
을 수 있습니다."라고 말할 수 있었다. 여기 '할 수 있다'라는 단어
는 어떤 출구가 아니다. 그의 각본 신념은 자신의 어머니를 자신
의 곁에 묶어 두지 않고서는 생존 '할 수 없다'였다. 이러한 작업
부분을 가지고 존은 자신이 이미 12회기 무렵에서 만들기 시작했
던 기존의 재결정을 다시 점검하고 강화하고 있는 것이다.

　18회기에 존은 "나의 친구들이 내가 달라 보인다고, 특히 더 건
강하고 편안해 보인다고 말하네요."라고 보고했다. 나도 또한 그
에게서 그런 변화들을 볼 수 있었고 그에게 나도 그렇게 보인다
고 확답해 주었다. 그것은 우리 둘 모두에게 그가 효과적인 재결
정을 만들었다는 것을 또 한 번 알게 해 주는 것이었다. 그는 자신
이 헬렌을 공격적으로 대하지 않고 자신이 원하는 것을 공개적으
로 요청하는 행동을 계속했다고 말했다. 존의 보고로 판단해 보건
대 그녀는 여전히 이러한 새로운 행동에 적응 중이었다. 그와 그
녀는 둘 다 그것을 환영했고 그에 어떻게 대처해야 하는지를 완

전히는 몰랐다. 이따금 헬렌은 존이 예전의 익숙했던 각본적 의사교환에 다시 돌아오도록 권유했다. 그는 여전히 가끔 분노를 느꼈지만 예전보다 덜 강렬하고 덜 자주 각본적인 의사교환을 했다. 그는 자신이 상담에 참여하여 미래에는 그렇게 하지 않을 거라는 자신감을 느낀 이후로 헬렌에게 어느 때라도 물리적인 폭력을 사용하지 않았다.

존은 헬렌과 지속적인 관계에 머무르길 진정으로 원한다고 말했다. 19회기에 그는 그녀와 함께 아이를 가진다는 생각을 좋아하게 되었다고 자발적으로 말했다. 그가 말했듯이 이것은 그에게 상당한 변화였다. 지금까지 그는 아이들을 성가신 것으로 여겼고 자신이 아버지가 된다는 생각을 확실히 갖고 있지 않았다.

그의 진술은 나에게도 놀랄 만한 것이었고 그때 어떻게 대처해야 할지를 몰랐다. 20회기에 우리가 작별인사를 한 후 나는 존이 아이들에 대해 수용적으로 생각하게 된 것은 역시 자신 속에 있는 어린이 자아를 더 많이 받아들였던 것을 의미한 것이 아닐까 하고 생각해 보았다.

후기

이 책의 원고를 출판업자에게 넘겨 주기 몇 주 전에, 나는 존과 함께 작업을 했던 도심의 거리를 따라 차를 몰고 있었다. 나는 자동차의 창문으로 바깥을 내다보았고, 존이 보도를 따라 걸어가고 있었다. 그는 유모차를 밀고 있었으며, 그 안에는 어린애가 있었다. 나는 차를 멈추고 큰 소리로 존을 부르지 않았다. 그래서 나는 유

모차에 있는 유아가 그와 헬렌의 아이인지는 모른다. 그러나 내가
본 바로는 존과 아이 모두가 산책을 즐기고 있는 것처럼 보였다.

참고문헌

Allen, J. and B. Allen (1997). "A New Type of Transactional Analysis and One Version of Script Work with a Constructionst Sensibility", *Transactional Analysis Journal, 27*(2): 89-98.

American Psychiatric Association (2000). *DSM-IV-TR (Diagnostic and Statistical Manual of Mental Disorders)* (fourth edition, text revision). Washington: American Psychiatric Association.

Bandler, R. and J. Grinder (1975). *The Structure of Magic.* I. Palo Alto: Science and Behaviour Books.

Barnes, G. (1977). "Introduction", pp. 3–31 in G. Barnes (ed.), *Transactional Analysis After Eric Berne.* New York: Harper's College Press.

Berne, E. (1961). *Transactional Analysis in Psychotherapy.* New York: Grove Press.

Berne, E. (1964a). *Games People Play.* New York: Grove Press.

Berne, E. (1964b). "Trading Stamps", *Transactional Analysis Bulletin, 3*(10): 127.

Berne, E. (1966). *Principles of Group Treatment.* New York: Oxford University Press.

Berne, E. (1972). *What Do You Say After You Say Hello?* New York:

Grove Press.

Boliston-Mardula, J. (2001). "Appetite Path Model: Working with Escape Hatch Resolution with Clients who Use Drugs and Alcohol", *TA UK, 61* (Autumn): 9–14.

Bowlby, J. (1969). *Attachment and Loss,* Vol. 1: "Attachment". Harmondsworth: Penguin.

Boyd, H. (1976). "The Structure and Sequence of Psychotherapy", *Transactional Analysis Journal, 6*(2): 180-3.

Boyd, H. and L. Cowles-Boyd (1980). "Blocking Tragic Scripts", *Transactional Analysis Journal, 10*(3): 227-9.

Clarkson, P. (1987). "Metaperspectives on Diagnosis", *Institute of Transactional Analysis News, 18* (Winter): 6-11.

Clarkson, P. (1989). *Gestalt Counselling in Action.* London: Sage.

Clarkson, P. (1992). *Transactional Analysis Psychotherapy: An Integrated Approach.* London: Routledge.

Cornell, W. (1986). "Setting the Therapeutic Stage: The Initial Sessions", *Transactional Analysis Journal, 16*(1): 4–10.

Cornell, W. and H. Hargaden (2005). *From Transactions to Relations: The Emergence of a Relational Tradition in Transactional Analysis.* Chadlington: Haddon Press.

Cornell, W. and N. Landaiche (2006). "Impasse and Intimacy: Applying Berne's Concept of Script Protocol", *Transactional Analysis Journal, 36*(3): 196–213.

Cowles-Boyd, L. (1980). "Psychosomatic Disturbances and Tragic Script Payoffs", *Transactional Analysis Journal, 10*(3): 230–1.

Crossman, P. (1966). "Permission and Protection", *Transactional Analysis Bulletin, 5*(19): 152-4.

Drye, R. (2006). "The No-Suicide Decision: Then and Now", *The Script, 36*(6): 3-4. (Reprinted in *Insititute of Transactional Analysis News, 27* (October 2006): 1-6.

Drye, R., R. Goulding and M. Goulding (1973). "No-Suicide Decisions: Patient Monitoring of Suicidal Risk", *American Journal of Psychia-*

try, 130(2): 118-21.

Dusay, J. (1966). "Response to Games in Therapy", *Transactional Analysis Bulletin, 5*(18): 136-7.

English, F. (1971). "The Substitution Factor: Rackets and Real Feelings", *Transactional Analysis Journal, 1*(4): 225-30.

English, F. (1972). "Rackets and Real Feelings, Part II", *Transactional Analysis Journal, 2*(1): 23-5.

English, F. (1976a). "Racketeering", *Transactional Analysis Journal, 6*(1): 78–81.

English, F. (1976b). "Differentiating Victims in the Drama Triangle", *Transactional Analysis Journal, 6*(4): 384–6.

English, F. (1977). "What Shall I Do Tomorrow? Reconceptualizing Transactional Analysis", pp. 287–347 in G. Barnes (ed.), *Transactional Analysis After Eric Berne*. New York: Harper's College Press.

Erikson, E. (1950). *Childhood and Society*. New York: W.W. Norton.

Erskine, R. (1973). "Six Stages of Treatment", *Transactional Analysis Journal, 3*(3): 17–18.

Erskine, R. (1980). "Script Cure: Behavioral, Intrapsychic and Physiological", *Transactional Analysis Journal, 10*(2): 102–6.

Erskine, R. (1991). "Transference and Transactions: Critique from an Intrapsychic and Integrative Perspective", *Transactional Analysis Journal, 21*(2): 63–76.

Erskine, R. and J. Moursund (1988). *Integrative Psychotherapy in Action*. Newbury Park, CA: Sage.

Erskine, R. and M. Zalcman (1979). "The Racket System: A Model for Racket Analysis", *Transactional Analysis Journal, 9*(1): 51–9.

Fisch, R., J. Weakland and L. Segal (1982). *The Tactics of Change: Doing Therapy Briefly*. San Francisco, CA: Jossey-Bass.

Gobes, L. (1985). "Abandonment and Engulfment: Issues in Relationship Therapy", *Transactional Analysis Journal, 15*(3): 216–19.

Goulding, M. and R. Goulding (1979). *Changing Lives Through Rede-*

cision Therapy. New York: Brunner/Mazel.

Goulding, R. (1977). "No Magic at Mt. Madonna: Redecisions in Marathon Therapy", pp. 77–95 in G. Barnes (ed.), *Transactional Analysis After Eric Berne*. New York: Harper's College Press.

Goulding, R. (1985). "History of Redecision Therapy", pp. 9-10 in L. Kadis (ed.), *Redecision Therapy: Expanded Perspectives*. Watsonville, CA: Western Institute for Group and Family Therapy.

Goulding, R. and M. Goulding (1972). "New Directions in Transactional Analysis", pp. 105-34 in C. Sager and H. Kaplan (eds), *Progress in Group and Family Therapy*. New York: Brunner/Mazel.

Goulding, R. and M. Goulding (1976). "Injunctions, Decisions and Redecisions", *Transactional Analysis Journal, 6*(1): 41–8.

Goulding, R. and M. Goulding (1978). *The Power is in the Patient*. San Francisco, CA: TA Press.

Guichard, M. (1987). "Writing the Long Case Study", workshop presentation, EATA Conference, Chamonix (unpublished).

Haykin, M. (1980). "Type Casting: The Influence of Early Childhood upon the Structure of the Child Ego-State", *Transactional Analysis Journal, 10*(4): 354-64.

James, J. (1976). "Positive Payoffs after Games", *Transactional Analysis Journal, 6*(3): 259-62.

Joines, V. (1982). "Similarities and Differences in Rackets and Games", *Transactional Analysis Journal, 12*(4): 280-3.

Joines, V. and I. Stewart (2002). *Personality Adaptations: A New Guide to Human Understanding in Psychotherapy and Counselling*. Nottingham and Chapel Hill, NC: Lifespace.

Kadis, L. (ed.) (1985). *Redecision Therapy: Expanded Perspectives*. Watsonville, CA: Western Institute for Group and Family Therapy.

Klein, J. (1987). *Our Need for Others and its Roots in Infancy*. London: Tavistock.

Levine, S. (1960). "Stimulation in Infancy", *Scientific American,*

202(5): 80-6.

McNeel, J. (1976). "The Parent Interview", *Transactional Analysis Journal, 6*(1): 61-8.

Mearns, D. and B. Thorne (2007). *Person-Centred Counselling in Action* (2nd ed. published 1999). London: Sage.

Mellor, K. (1979). "Suicide: Being Killed, Killing and Dying", *Transactional Analysis Journal, 9*(3): 182–8.

Mellor, K. (1980a). "Impasses: A Developmental and Structural Understanding", *Transactional Analysis Journal, 10*(3): 213–22.

Mellor, K. (1980b). "Reframing and the Integrated Use of Redeciding and Reparenting", *Transactional Analysis Journal, 10*(3): 204–13.

Mellor, K. and E. Sigmund (1975a). "Discounting", *Transactional Analysis Journal, 5*(3): 295–302.

Mellor, K. and E. Sigmund (1975b). "Redefining", *Transactional Analysis Journal, 5*(3): 303–11.

Mothersole, G. (2006). "Contracts and Harmful Behaviour", pp. 87–97 in C. Sills (ed.), *Contracts in Counselling and Psychotherapy* (2nd ed.). London: Sage.

Moursund, J. and R. Erskine (2004). *Integrative Psychotherapy: The Art and Science of Relationship*. Belmont, CA: Wadsworth.

Novellino, M. (2005). "Transactional Psychoanalysis: Epistemological Foundations", *Transactional Analysis Journal, 35*(2): 157–72.

Perls, F. (1971). *Gestalt Therapy Verbatim*. Des Plaines, IL: Bantam.

Perls, F. (1976). *The Gestalt Approach and Eyewitness to Therapy*. Des Plaines, IL: Bantam.

Piaget, J. (1951). *The Child's Conception of the World*. London: Routledge and Kegan Paul.

Pulleyblank, E. and P. McCormick (1985). "The Stages of Redecision Therapy", pp. 51-9 in L. Kadis (ed.), *Redecision Therapy: Expanded Perspectives*. Watsonville, CA: Western Institute for Group and Family Therapy.

Rogers, C. (1961). *On Becoming a Person: A Therapist's View of Psy-*

chotherapy. London: Constable.

Rowan, J. (1981). "Diagnosis", *Self and Society,* 9(4): 153-60.

Ruppert, E. (1986). "Relationships and Script Transformation" (unpublished).

Scheflen, A. (1972). *Body Language and Social Order*. Englewood Cliffs, NJ: Prentice-Hall.

Schiff, J., A. Schiff, K. Mellor, E. Schiff, J. Fishman, L. Wolz, C. Fishman and D. Momb (1975). *The Cathexis Reader: Transactional Analysis Treatment of Psychosis*. New York: Harper and Row.

Sills, C. (ed.) (2006). *Contracts in Counselling and Psychotherapy* (2nd ed.). London: Sage.

Sills, C. and H. Hargaden (eds) (2003). *Ego States*. London: Worth Publishing.

Spitz, R. (1945). "Hospitalism: Genesis of Psychiatric Conditions in Early Childhood", *Psychoanalytic Studies of the Child,* 1: 53-74.

Steere, D. (1982). *Bodily Expressions in Psychotherapy*. New York: Brunner/Mazel.

Steiner, C. (1966). "Script and Counterscript", *Transactional Analysis Bulletin,* 5(18): 133-5.

Steiner, C. (1974). *Scripts People Live: Transactional Analysis of Life Scripts*. New York: Grove Press.

Stewart, I. (1987). "Time-Frames, Theory and Therapy", audiotape of workshop presentation, ITAA Conference, Chicago. Hobart: Repeat Performance Tapes.

Stewart, I. (1992). *Key Figures in Counselling and Psychotherapy: Eric Berne*. London: Sage.

Stewart, I. (1996a). *Developing Transactional Analysis Counselling*. London: Sage.

Stewart, I. (1996b). "The Development of Transactional Analysis", in W. Dryden (ed.), *Development of Psychotherapy: Historical Perspectives*. London: Sage.

Stewart, I. (2001). "Closing Escape Hatches: Always Therapeutic, Never Routine", TA UK, 60, Summer (reprinted in *The Script, 31*(4), May 2001).

Stewart, I. (2006). "Outcome-Focused Contracts", pp. 63–73 in C. Sills, (ed.), *Contracts in Counselling and Psychotherapy* (2nd ed.). London: Sage.

Stewart, I. and V. Joines (1987). *TA Today: A New Introduction to Transactional Analysis*. Nottingham and Chapel Hill, NC: Lifespace.

Summers, G. and K. Tudor (2000). "Co-creative Transactional Analysis", *Transactional Analysis Journal, 30*(1): 23–40.

Szasz, T. (1961). *The Myth of Mental Illness*. New York: Harper and Row.

Thomson, G. (1983). "Fear, Anger and Sadness", *Transactional Analysis Journal, 13*(1): 20–4.

Tilney, T. (1998). Dictionary of Transactional Analysis. London: Whurr Publishers. *Transactional Analysis Journal* (1980), 10(2), Symposium Issue on "Cure".

Ware, P. (1983). "Personality Adaptations", *Transactional Analysis Journal, 13*(1): 11-19.

White, J. and T. White (1975). "Cultural Scripting", *Transactional Analysis Journal, 5*(1): 12–23.

Woollams, S. (1977). "From 21 to 43", pp. 351–93 in G. Barnes (ed.), *Transactional Analysis After Eric Berne*. New York: Harper's College Press.

Woollams, S. (1980). "Cure!?", *Transactional Analysis Journal, 10*(2): 115–17.

Woollams, S. and M. Brown (1978). *Transactional Analysis*. Dexter: Huron Valley Institute.

Zalcman, M. (1986). "Racket Analysis and the Racket System", workshop presentation, EATA Conference, Noordwijkerhout (unpublished).

Zalcman, M. (1987). "Game Analysis and Racket Analysis", pp. 11–14 in *Keynote Speeches Delivered at the EATA Conference, July 1986*. Geneva: European Association for Transactional Analysis.

Zigler, E. and L. Phillips (1961). "Psychiatric Diagnosis: A Critique", *Journal of Abnormal and Social Psychology, 63*: 607–8.

찾아보기

저자 소개

Ian Stewart

Ian Stewart 박사는 유럽교류분석협회(EATA) 및 국제교류분석협회(ITAA) 회원으로서 영국 The Berne Institute 공동 소장을 맡고 있다. 그는 교류분석에 대한 다양한 책을 저술해 왔고, 현재 유럽교류분석협회 발행인, 국제교류분석협회의 자격관리위원장으로 활동하고 있다.

역자 소개

최외선(이학박사)
영남대학교 명예교수
한국미술치료연구소 소장
한국미술치료학회 고문
한국교류분석학회 고문

최웅용(철학박사)
대구대학교 산업복지학과 교수
한국에니어그램협회 회장
한국좋은인간관계학회 회장
한국교류분석학회 부회장

김갑숙(가정학박사)
영남대학교 환경보건대학원 미술치료학과 교수
한국미술치료학회 회장
(사)밝고 아름다운 세상 이사
한국교류분석학회 자격관리위원장

제석봉(교육학박사)
대구 가톨릭대학교 명예교수
한국TA연구소 소장
(사)밝고 아름다운 세상 이사장
한국교류분석학회 회장

TA 상담의 실제

Transactional Analysis Counselling in Action, 3rd Edition

2013년 9월 10일 1판 1쇄 인쇄
2013년 9월 16일 1판 1쇄 발행

지은이 • Ian Stewart
옮긴이 • 최외선 · 최웅용 · 김갑숙 · 제석봉
펴낸이 • 김진환
펴낸곳 • (주) **학지사**

　　　　　121-837 서울시 마포구 서교동 352-29 마인드월드빌딩 5층
대표전화 • 02)330-5114　　　팩스 • 02)324-2345
등록번호 • 제313-2006-000265호

홈페이지 • http://www.hakjisa.co.kr
커뮤니티 • http://cafe.naver.com/hakjisa

ISBN 978-89-997-0223-5 93180

정가 15,000원

인터넷 학술논문 원문 서비스 **뉴논문** www.newnonmun.com

이 도서의 국립중앙도서관 출판시도서목록(CIP)은 서지정보유통지
원시스템 홈페이지(http://seoji.nl.go.kr)와 국가자료공동목록시스템
(http://www.nl.go.kr/kolisnet)에서 이용하실 수 있습니다.
(CIP제어번호: CIP2013017524)